EINE Welt
Texte der Stiftung Entwicklung und Frieden

Band 11

Tanja Brühl, Tobias Debiel, Brigitte Hamm,
Hartwig Hummel, Jens Martens (Hg.)

Die Privatisierung der Weltpolitik

Entstaatlichung und Kommerzialisierung im Globalisierungsprozess

EINE Welt-
Texte der Stiftung Entwicklung
und Frieden

Verlag J.H.W. Dietz Nachfolger · Bonn

EINE Welt. Texte der Stiftung Entwicklung und Frieden.
Redaktion: Thomas Siebold, Tobias Debiel

Die Deutsche Bibliothek – CIP-Einheitsaufnahme

Die Privatisierung der Weltpolitik : Entstaatlichung und
Kommerzialisierung im Globalisierungsprozess /
Tanja Brühl, … (Hg.). – Bonn : Dietz, 2001
(EINE Welt – Texte der Stiftung Entwicklung und Frieden ; Bd. 11)
ISBN 3-8012-0299-2

Copyright © 2001 by Stiftung Entwicklung und Frieden
Gotenstraße 152, 53175 Bonn, http://sef-bonn.org
Alle Rechte: Verlag J.H.W. Dietz Nachfolger GmbH
In der Raste 2, D-53129 Bonn
Umschlaggestaltung: Groothuis & Consorten
Druck und Verarbeitung: Ebner Ulm
Printed in Germany 2001

Inhalt

5

Vierter Teil:
Menschenrechtspolitik jenseits der Staaten

Fünfter Teil:
Privatisierung der Um-Weltpolitik

Gerät die Weltpolitik zunehmend in private Hände?

Der vorliegende Band wirft Schlaglichter auf eine neue und rasante Entwicklung: Private Akteure mischen sich immer stärker in die Weltpolitik ein. Häufig übernehmen transnationale Unternehmen (*transnational corporations*, TNCs) und nichtstaatliche Organisationen (*non-governmental organizations*, NGOs) vormals staatliche Aufgaben. Bislang öffentliche Tätigkeits- und Handlungsfelder werden zunehmend kommerzialisiert. Diese »Privatisierung der Weltpolitik« ist ein widersprüchlicher, bislang nur in Ausschnitten beachteter Aspekt der Globalisierung. Führt er zu größerer Beteiligung der Bürger oder zum Bedeutungszuwachs exklusiver Clubs? Haben die Politikerinnen und Politiker vor den globalen Herausforderungen kapituliert und überlassen zunehmend den Privaten das Feld? Was bedeutet ein solcher Trend für Transparenz, Rechenschaftspflicht, aber auch Effektivität von Weltpolitik?

Dies sind die Ausgangsfragen, die internationale Autorinnen und Autoren analysieren. Wir haben die Autoren zu zugespitzten Essays – durchaus jenseits des vorherrschenden *Mainstreams* – ermuntert. Die verschiedenen Beiträge zeigen auf, wie sich der Privatisierungtrend in den verschiedensten Politik-, Wirtschafts- und Lebensbe-

11

reichen bricht: Eine Kurzübersicht an dieser Stelle soll als kleine Lesehilfe dienen und Appetit auf vertiefte Lektüre machen.

Dušan Reljić, bis Sommer 2000 Leiter des Medien- und Demokratieprogramms am Europäischen Medieninstitut in Düsseldorf, arbeitet in seinem Beitrag heraus, wie die Weltöffentlichkeit durch den Vormarsch der Megamedien immer stärker kommerziell beeinflusst wird und sich auch die Politikmuster an diese Logik anpassen. Er wirft einen Blick auf das Kartenwerk der internationalen Informationskanäle und diskutiert, wie sich über profitorientierte Interessen hinaus auch ein öffentliches Interesse im Zeitalter von transnationaler Kommunikation und Internet bewahren lässt. Seine These: Wir befinden uns auf dem Weg zu einer paradoxen Informationsordnung. Einerseits sind Information und Öffentlichkeit zunehmend einer privatwirtschaftlichen Logik unterworfen. Andererseits setzt der Staat große Kräfte daran, ungehinderten Zugang zur Privatsphäre seiner Bürger zu erlangen.

Dass der Privatisierungtrend bereits historisch angelegt ist, analysiert *Kees van der Pijl*, Professor an der University of Sussex in Brighton. Sein Blick in die Geschichte – insbesondere der transatlantischen Beziehungen – legt offen, in welcher Weise exklusive private Politiknetzwerke und *think tanks* – von den britischen Freimaurern bis hin zum Weltwirtschaftsforum in Davos – die liberale Weltordnung geprägt und verändert haben. Er fügt zahlreiche Beispiele zu einer Indizienkette zusammen. Demnach haben sich der Privatwirtschaft verbundene Persönlichkeiten und Gremien auf transnationaler Ebene effektiv vernetzt mit dem Ziel, die liberale Gesellschaftsordnung auch im Weltmaßstab durchzusetzen und abzusichern.

Zur Jahrtausendwende sind TNCs nicht nur Lobbyisten bei staatlichen Entscheidungsträgern, sie sind auch im multilateralen Rahmen »hoffähig« geworden. Der *Global Compact*, den UN-Generalsekretär Kofi Annan ins Leben rief, markiert dabei einen Einschnitt: Die Weltorganisation versucht, von den Ressourcen und der Expertise multinationaler Unternehmen zu profitieren. Ist dies der Beginn einer ertragreichen *public-private partnership*? Oder lässt sich die UNO »über den Tisch ziehen«? *James A. Paul*, Direktor des *Global Policy Forum* in New York, zieht eine sehr kritische Zwischenbilanz. Er ist besorgt, dass die Legitimität der Vereinten Nationen – ihr größtes Kapital – angesichts der Geschäftspraktiken schweren Schaden nehmen wird. Deshalb favorisiert er das Gegenmodell eines »Bürgerpaktes« (*Citizen Compact*), in dessen Rahmen die Bürger auf UN-Ebene ihre Möglichkeiten zur Kontrolle von Unternehmen ausbauen können.

Phyllis Bennis vom *Institute for Policy Studies* in Washington führt das Thema weiter aus. Sie untersucht in pointierter Weise, wie die Vereinten Nationen ihre Finanzkrise mit Hilfe der Wirtschaft überwinden wollen. Nach dem Motto *do ut des* – man könnte auch sagen: »eine Hand wäscht die andere« – versprechen sich die Unternehmen als Gegenleistung für mögliches Entgegenkommen freilich einen Prestigegewinn und wollen mit dem Renommee der Vereinten Nationen werben. Bennis moniert, dass es vielen Unternehmen nun leicht fallen dürfte, sich trotz einer zweifelhaften menschenrechtlichen und ökologischen Bilanz mit dem UN-Logo »reinzuwaschen«.

Mit den internationalen Finanzmärkten, wo sich private Rating-Agenturen eine bemerkenswerte Schlüsselstellung angeeignet haben, befasst sich *Ernst Hillebrand*, Projektleiter bei der Friedrich-Ebert-Stiftung in Bonn. Private Rating-Agenturen beurteilen nicht nur die Kreditwürdigkeit privater Schuldner, sondern auch von souveränen Staaten und entscheiden mit ihren zu dürren Buchstabenkombinationen geronnenen »Ratings« darüber, ob und zu welchen (Zins-)Bedingungen Länder auf den internationalen Finanzmärkten Kapital aufnehmen können. Dass die Einschätzungen dieser Agenturen nicht nur ökonomistisch verengt, sondern auch falsch sein und krisenverschärfend wirken können, hat spätestens die Asien-Krise vor Augen geführt. Wenn der globalisierte Kapitalismus auf die von den Rating-Agenturen aufgestellten »Ampeln« schon offenbar nicht verzichten kann, dann sollten sie doch zuverlässiger funktionieren, also auf »rot« springen, bevor die Krise nicht mehr beherrschbar ist. Hillebrand setzt bei der Berücksichtigung mittel- und langfristiger Aussichten in den Ratings auf Gewerkschaften und andere soziale Bewegungen des Südens sowie auf zivilgesellschaftliche Kräfte des Nordens: Sie könnten Druck ausüben, bei den Ratings die politischen Bewertungen realistischer zu gestalten und soziale und ökologische Faktoren einzubeziehen.

Die operative Not- und Entwicklungshilfe ist ein weiterer Bereich, in dem der Staat immer weniger direkt in Erscheinung tritt. Hier sind es *Non-Profit*-Organisationen, die im Auftrag nördlicher Staaten Funktionen übernehmen, die vormals Regierungen des Südens zugedacht waren. Die neue Rolle der NGOs ist dabei ebenso bemerkenswert wie ambivalent, wie *Bernd Ludermann*, Redakteur der Fachzeitschrift »der überblick«, darlegt. Zwei seiner Ergebnisse: Geberregierungen lagern verstärkt die Durchführung von Hilfsprogrammen aus; doch dies bedeutet keineswegs, dass politische Entscheidungen privaten Akteuren überlassen würden. Eher agieren Entwicklungsorganisationen in manchen Fällen als »privater Arm der Geber«. In einigen Ländern des Südens werden staatliche Funktionen demgegenüber durchaus umfassend von nördlichen NGOs übernommen. Doch ist dies nur unzulänglich mit dem Begriff der »Entstaatlichung« zu erfassen, da es in diesen Weltregionen oftmals gar keinen funktionierenden Staat gegeben hatte.

Neben dem von NGOs übernommenen »Weltmarkt für Hilfe« ist zunehmend auch ein »Weltmarkt für Sicherheit« entstanden. *Peter Lock*, Experte für die politische Ökonomie bewaffneter Konflikte und Koordinator bei EART e.V. (*European Association for Research on Transformation*), schlüsselt in seinem kenntnisreichen Beitrag auf, wie der Privatisierungstrend sich im Sicherheitssektor – dem originären Bereich staatlicher Hoheit – festgesetzt hat. Nahezu alle Weltregionen sind betroffen, wobei Form und Ausmaß variieren. Lock argumentiert, dass das Schrumpfen der regulären Ökonomie im neoliberal geprägten Globalisierungsprozess zu gewaltoffenen Räumen geführt hat. In diese dringen kommerzielle Sicherheitsakteure ein, die nicht nur polizeiliche Aufgaben wahrnehmen, sondern auch als militarisierter Werkschutz, Söldnertruppe und Militärberater auftreten. Lock sieht die Gefahr, dass das Konzept einer »Sicherheit für alle« durch eine »Sicherheit *à la carte*« (bzw. *à la* Kreditkarte) abgelöst wird, und fordert die Beibehaltung bzw. Entwicklung einer einheitlichen, demokratisch gestalteten Rechtssphäre.

Dass der Privatisierungstrend neben vielfältigen Gefahren auch interessante Neuorientierungen bietet, offenbart nicht zuletzt der Menschenrechtsbereich. *Andrea Liese*,

Politikwissenschaftlerin an der Universität Bremen, wendet sich der Rolle lokaler und transnationaler NGOs zu. Sie untersucht neue Koalitionen zwischen NGOs, aufgeschlossenen Regierungen und zum Teil auch privatwirtschaftlichen Akteuren, die bei der Setzung und Umsetzung der Menschenrechte zusammenarbeiten und zu einem Wandel weg von Staatlichkeit beitragen. Führt diese Tendenz dazu, dass universelle Werte verstärkt gefördert werden und mehr Transparenz erreicht wird? Oder unterliegen NGOs aufgrund ihrer schwachen finanziellen Ausstattung dem Druck der Kommerzialisierung und den Versuchungen abgeschotteter Exklusivität? Liese identifiziert auch im Menschenrechtsbereich die Logik der Privatisierung, hebt jedoch zugleich hervor, dass handlungsfähige Menschenrechts-NGOs gut mit einer internationalen Öffentlichkeit rückgekoppelt sind.

Neben NGOs befassen sich zunehmend auch Konzerne mit dem Menschenrechtsschutz und prägen so die Menschenrechtspolitik jenseits der Staaten mit. Sind sie die neuen Beschützer der Menschenrechte? Wird der Staat damit aus der Verantwortung entlassen, oder können durch die Privaten Fortschritte bei der Setzung menschenrechtlicher Standards angestoßen werden? *Rainer Braun*, Referent im New Yorker Büro der Friedrich-Ebert-Stiftung, diskutiert diese Frage am Beispiel von Verhaltenskodizes. Er weist nach, dass sich bei der Exportfertigung in Entwicklungsländern über Marktmechanismen durchaus eine Verbesserung der Menschenrechtslage erreichen lässt. Voraussetzung ist freilich, dass Verbraucher über ihre Kaufpräferenzen einen entsprechenden Druck ausüben und Unternehmensmanager in der Verfolgung einer sozialverträglichen Produktionsweise profitable Geschäfts-

16

strategien erkennen. Zugleich mahnt Braun, dass dieser Ansatz nur in bestimmten Marktsegmenten wirksam sein und nicht den Anspruch einer universellen Umsetzung der Menschenrechte erfüllen kann.

Auch in der Umweltpolitik gibt es neue Konstellationen. Bei manchen Themen haben sich auf Weltebene Staaten, internationale Organisationen, NGOs und Unternehmen zusammengetan, um in einer *public-private partnership* Umweltstandards zu setzen oder in zweckorientierten Koalitionen die Klimapolitik voranzutreiben. *Jürgen Maier*, Geschäftsführer des NRO-Forums Umwelt & Entwicklung, hebt am Beispiel der Klimapolitik Grenzen und Versagen staatlicher Entscheidungsträger hervor. Bei privatwirtschaftlichen Akteuren sieht er sowohl Bremser als auch Antreiber einer neuen Klimapolitik – je nach dem, ob es sich um die »fossile« Industrielobby oder aber um die Gewinner des Strukturwandels handelt. Sein Plädoyer gilt der ausdrücklichen Berücksichtigung des vielfältigen Akteursspektrums, um statt Mauscheleien hinter den Kulissen mehr Transparenz zu ermöglichen. Von Regierungen fordert er *leadership*, die sich auf die Setzung von Regelungen konzentriert und die Ausführung eher an private Akteure delegiert.

Mit der Patentierung genetischer Ressourcen behandelt ein weiterer Beitrag die Regulierung natürlicher Lebensgrundlagen. Patente auf Leben sind dabei ein hervorstechendes Beispiel, wie selbst die Kontrolle über gemeinschaftliche Güter zunehmend kommerzialisiert wird. *Florianne Koechlin*, Geschäftsführerin des Blauen-Instituts im schweizerischen Münchenstein, analysiert diesen problematischen Privatisierungstrend, bei dem es um die Monopolisierung von Kontrolle und Geld geht – mit teilweise gravierenden Folgen insbesondere in der Landwirtschaft. Gerade von kritischen NGOs und aufgeschlossenen Regierungen erhofft sie sich Impulse, die einer maßlosen privaten Verfügungsgewalt über die Ernährungsgrundlagen dieser Erde Grenzen setzen.

»Die Privatisierung der Weltpolitik« ist doppelgesichtig. Die Autorinnen und Autoren dieses Bandes blicken auf beide Seiten der Medaille: Sie untersuchen kritisch und doch aufgeschlossen, ob sich dieser Trend als Hemmnis oder als Chance für eine gerechte und wirksame Regelung globaler Probleme erweist. Die Beiträge kommen zu durchaus unterschiedlichen Ergebnissen, die das Herausgeberteam nicht immer teilt, aber stets lesenswert und anregend findet. Trotz aller Vielfalt gibt es zentrale Gemeinsamkeiten: Den Privatisierungstrend streitet kein Autor ab, vielmehr tritt der Formwandel der Weltpolitik in jedem der Beiträge deutlich und differenziert zutage. Und alle Artikel heben hervor, dass Gestaltung und Verregelung der Privatisierungstrends notwendig sind. Auch wenn Funktion und Wirksamkeit von Staatlichkeit zahlreichen Veränderungen unterliegen, spielen staatliche Akteure und die durch sie konstituierten multilateralen Organisationen bei der Einbettung der neuen Entwicklungen immer noch eine gewichtige Rolle – ja, sie sind in vielen Fällen mehr denn je zur Regelsetzung gefordert. Wie sich die verschiedenen Tendenzen der Privatisierung in ein Muster einfügen, wie sich Spielräume für politische Gestaltung ausloten und Alternativen formulieren lassen, wollen wir mit dem Einleitungsbeitrag zur Debatte stellen. *Hartwig Hummel*, Politikwissenschaftler an der TU Braunschweig, hat diesen Überblick maßgeblich verfasst und

zeichnet stellvertretend für das Herausgeberteam verantwortlich.

Idee und Konzept des Buches wurden im Herbst 1999
in der Projektgruppe Global Policy von Weltwirtschaft,
Ökologie & Entwicklung e.V. (WEED) entwickelt, einem
Kreis engagierter Wissenschaftlerinnen und Wissenschaftler. Die Projektgruppe hat seit Beginn der neunziger
Jahre zunächst die deutsche UN-Politik intensiv verfolgt
und sich – damals noch als »UNO-Projektgruppe« – immer
wieder öffentlich mit Analysen und Vorschlägen zu Wort
gemeldet. Erinnert sei an »UN-williges Deutschland«,
einen Report zur deutschen UNO-Politik, der im Sommer
1997 in der Reihe EINE Welt erschienen ist. In der jüngsten
Zeit hat sich der Blickwinkel auf Merkmale und Gestal-
tungsmöglichkeiten des Globalisierungsprozesses gewei-
tet. So haben wir in der WEED-Studie »Belohnen – Beschämen – Bestrafen« (Bonn, April 1999) globale Vereinbarungen auf ihre Durchsetzungsmöglichkeiten hin überprüft.

Mit »Privatisierung der Weltpolitik« betreten wir Neu-
land, das nach unserer Einschätzung erst an wenigen
Plätzen erkundet ist und sich als vielgestaltig erweist.
Unser Wunsch ist, nicht nur weitere Expeditionen anzure-
gen, sondern auch Wege aufzuzeigen, auf denen man sich
besser in der neuen Geographie der Weltpolitik orientieren
kann.

Die Herausgeberinnen und Herausgeber danken der
Stiftung Entwicklung und Frieden, die dieses Buchprojekt
ermöglicht und mit kritischer Sympathie gefördert hat. Die
intensive Zusammenarbeit hat – wie nicht zuletzt der
angesprochene Band »UN-williges Deutschland« zeigt –

eine ertragreiche Tradition, die wir gerne weiterführen wollen.

Tanja Brühl, Tobias Debiel, Brigitte Hamm,
Hartwig Hummel, Jens Martens

Bonn, im Januar 2001

Einleitung

HARTWIG HUMMEL*

Die Privatisierung der Weltpolitik
Tendenzen, Spielräume und Alternativen

Die Konferenz der Vereinten Nationen über Umwelt und Entwicklung (*United Nations Conference on Environment and Development*, UNCED), die 1992 in Rio de Janeiro stattfand, dürfte als Wendepunkt in die Geschichte der Weltpolitik eingehen. Hier bezog eine von den Mitgliedstaaten getragene UN-Institution ganz offen private Akteure in den politischen Prozess mit ein. Private Unternehmen, zusammengeschlossen im *Business Council on Sustainable Development* (BCSD), propagierten in Rio erfolgreich marktwirtschaftliche Lösungen für ökologische Probleme, während ein buntes Bündnis gemeinnütziger Nichtregierungsorganisationen (*non-governmental organizations*, NGOs) nachhaltige Entwicklung mit der breiten Mobilisierung der Gesellschaften im Rahmen der Agenda 21 verknüpfen konnte. Spätestens seit dem Erdgipfel von Rio ist offenkundig, dass Weltpolitik längst nicht mehr nur eine Sache der durch Regierungen und internationale Organisationen vertretenen Staaten ist. Private Akteure spielen eine immer größere Rolle sowohl bei weltpolitischen Entscheidungsprozessen als auch bei der praktischen Umsetzung dieser Politik, wie die Beiträge des vorliegenden Sammelbandes an vielen Beispielen eindrucksvoll dokumentieren.

---

* Für die Projektgruppe Global Policy von Weltwirtschaft, Ökologie und Entwicklung e.V. (WEED).

Private Weltpolitik

Private Akteure beeinflussen die Setzung globaler Standards durch die Staaten, wenn beispielsweise eine breite Kampagne von NGOs die Staaten zur Ächtung von Landminen bewegt und dafür verdientermaßen den Friedensnobelpreis erhält. Private Akteure sind selbst an der Standardsetzung beteiligt, wenn die von der Weltbank einberufene *World Commission on Dams*, in der Vertreter der Wirtschaft, der Gesellschaft und der Staaten sitzen, Kriterien für den Umgang mit Großstaudammprojekten erarbeitet oder wenn im ICANN (*Internet Consortium on Assigned Names and Numbers*), dem Verkehrsamt des Internet, Vertreter aus Wirtschaft, Behörden, Wissenschaft und Gesellschaft – letztere neuerdings sogar durch virtuelle Wahlen legitimiert – die Standards für den Internetverkehr festlegen.

Private Akteure setzen Weltpolitik um, wenn im Rahmen des Klimaschutzes mit Emissionslizenzen gehandelt wird (Maier)[1], wenn sich Unternehmen durch Verhaltenskodizes zur Einhaltung menschenrechtlicher oder ökologischer Standards verpflichten und Konsumenten sich an »ethischen Produkten« orientieren (Braun), wenn NGOs die Einhaltung der Menschenrechte überwachen (Liese) oder die Durchführung demokratischer Wahlen beobachten, oder wenn private Träger eine immer größere Verantwortung bei der Durchführung der Entwicklungs- und Nothilfe übernehmen (Ludermann).

---

1 Alle Angaben ohne Jahreszahl beziehen sich auf Beiträge in diesem Band.

Die Privatisierung der Weltpolitik geht manchmal so weit, dass die Nationalstaaten ganz in den Hintergrund treten und private Akteure sich gleich transnational konstituieren und direkt weltpolitisch aktiv werden. In der Klimapolitik steht zum Beispiel die transnationale NGO Greenpeace gegen die transnationale Konzernallianz der *Global Climate Coalition*, die sich für den Erhalt des energiepolitischen *Status quo* einsetzt (Maier). Transnationale private *think tanks* und Diskussionsforen wie der Club of Rome, die Trilaterale Kommission oder die Weltwirtschaftsforen in Davos beeinflussen als Vordenker die Richtung der Weltpolitik (van der Pijl).

Selbst die Finanzierung der zentralen weltpolitischen Institution, der UNO, scheint zum Teil in private Hände überzugehen. Im Jahr 1997 verkündete der US-Mediengroßunternehmer Ted Turner, er wolle den Vereinten Nationen eine Milliarde US-Dollar spenden. Diesen Betrag hatte er innerhalb eines Jahres durch Aktiengewinne verdient. Die Summe entsprach damals etwa zwei Dritteln des Betrags, den die USA der Weltorganisation schuldeten. Der großzügige Milliardär wollte mit seiner Spende der Blockadepolitik des republikanisch dominierten US-Kongresses gegenüber der UNO entgegentreten (Bennis).

Spätestens an dieser Stelle stellt sich Unbehagen ein. Werden die Vereinten Nationen zu einem Wohltätigkeitsverein degradiert, der auf private Spenden angewiesen ist (Paul)? Haben einzelne private Spender inzwischen mehr Gewicht als Regierungen großer Staaten (wobei nicht vergessen werden darf, dass nur ein winziger Bruchteil der Menschheit über ähnliche Ressourcen wie Ted Turner verfügt)? Bietet privates Engagement – wie im Falle der Entwicklungshilfe (Ludermann) – den Staaten einen Vorwand, sich ihren weltpolitischen Verpflichtungen und Verantwortlichkeiten zu entziehen? Bedeutet Privatisierung – wie im Falle der Patentierung von Lebewesen (Koechlin) – nichts anderes als die exklusive private Aneignung von Gemeineigentum?

Bedenklich stimmt, wie weit die Privatisierung der Weltpolitik bereits fortgeschritten ist. Kernaufgaben der Staaten wie die Gewährleistung der öffentlichen Sicherheit werden inzwischen teilweise von privaten Sicherheitsdiensten und Söldnern übernommen (Lock). Große Medienkonzerne wie CNN können durch ihre Berichterstattung humanitäre Interventionen auslösen (Reljić). Überforderte private Rating-Agenturen lenken durch ihre Länderbewertungen die Weltfinanzflüsse und tragen durch Fehleinschätzungen immer wieder zum Ruin ganzer Volkswirtschaften bei (Hillebrand). Und der Einsatz von UN-Generalsekretär Kofi Annan für Partnerschaften zwischen transnationalen Konzernen und UN-Institutionen im Rahmen der *Global-Compact*-Initiative wird von Kritikern als Ausverkauf der UNO an private Geldgeber gebrandmarkt (Paul, Bennis).

Gegenwärtig wird die Privatisierung der Weltpolitik kontrovers diskutiert. Während Anhänger von *Global Governance* die Mitwirkung privater Akteure als Stärkung der Weltpolitik grundsätzlich begrüßen, lehnen sie linke Kritiker als Ausdruck eines zutiefst undemokratischen, neoliberalen Politikverständnisses ab.[2] Die Beiträge des

---

2 Das Konzept von *Global Governance* geht vom Verlust nationalstaatlicher Steuerungskapazitäten aus und bezieht sich auf neue politische Ordnungsstrukturen für die Lösung grenzüberschreitender Probleme. Diese neuen Ordnungsstrukturen sollen durch formelle und informelle Regelungen miteinander vernetzter staatlicher und nichtstaatli-

vorliegenden Sammelbandes legen eine differenziertere Bewertung nahe. Privatisierung, so die hier vertretene These, erweitert unter gewissen Bedingungen die Kapazitäten und die Wirksamkeit einer global ausgerichteten Politik und insbesondere des Systems der Vereinten Nationen. Insofern ist sie zu begrüßen. Die Legitimität von privater Weltpolitik, das heißt ihre allgemeine Anerkennung und kollektive Verbindlichkeit, kann aber nur durch gleichzeitige Demokratisierung und Verrechtlichung des privaten Engagements gewährleistet werden; mit anderen Worten: Privatisierung bedarf eines öffentlichen Rahmens. Die Beiträge dieses Sammelbandes belegen in unterschiedlicher Weise, dass gegenwärtig dieser notwendige Rahmen nicht oder jedenfalls nicht in ausreichendem Maße existiert. Es ist deshalb eine wichtige politische Aufgabe, Bedingungen dafür zu schaffen, dass die Beteiligung privater Akteure zu einer fairen und gerechten Weltpolitik führen kann.

Nachfolgend werden die Beiträge des vorliegenden Sammelbandes systematisch ausgewertet, um diese These näher zu begründen. Zunächst soll aber geklärt werden, was den besonderen Charakter von »Weltpolitik« eigentlich ausmacht und was als »Privatisierung« zu bezeichnen ist. Danach geht es um den historischen Kontext, in dem sich die gegenwärtige Privatisierung der Weltpolitik vollzieht, um schließlich die einzelnen Argumente zur

---

cher Akteure von der lokalen bis zur globalen Ebene geschaffen werden (Messner/Nuscheler 1996). Als prägnanter Einstieg in die Kontroverse über *Global Governance* eignet sich das Themenheft »Re-Regulierung der Weltwirtschaft« der Zeitschrift Prokla (Prokla-Redaktion 2000). Eine kritische Prüfung des *Global-Governance*-Konzepts findet sich in Brand et al. 2000.

Bewertung der Privatisierung der Weltpolitik vorzustellen.

Wandel der Weltpolitik

Die Bedeutung des Begriffs Weltpolitik hat sich gewandelt. Ursprünglich meinte der Begriff Weltpolitik die Summe der nationalstaatlichen Außenpolitiken oder, noch zugespitzter, die auf Weltherrschaft gerichtete Außenpolitik einer Großmacht, also das, was vor dem Zweiten Weltkrieg Geopolitik genannt wurde. Inzwischen bezieht sich dieser Begriff aber nicht mehr auf nationalstaatliche Machtpolitik, sondern bedeutet global ausgerichtete Politik im Sinne der Regelung globaler Probleme mit Anspruch auf globale Verbindlichkeit.

Die Vorstellung, dass es so etwas wie Weltpolitik im modernen Sinne gibt, hat sich erst im Laufe des 20. Jahrhunderts allgemein verbreitet (van der Pijl). Davor dominierte die Ansicht, dass Politik im Sinne kollektiv verbindlicher Regelungen mit nationalstaatlicher Politik gleichzusetzen sei. Allgemein als verbindlich anerkannte Regelungen jenseits der Nationalstaaten waren schwer vorstellbar, schon weil die Idee einer staatenübergreifenden Identität und Rechtsgemeinschaft kaum existierte. Im Gegenteil: für viele rechtfertigte die Staatsräson die Durchsetzung eigener nationaler Interessen notfalls mit militärischer Gewalt ohne Rücksicht auf die Interessen anderer. Die Folgen sind bekannt: imperialistische Kriege zwischen Staaten, die gewaltsame Öffnung vieler Gesellschaften für Freihandel und »Zivilisierung«, die Unterwerfung ganzer Kontinente unter koloniale Herrschaft und letztlich zwei verheerende Weltkriege.

Erst die Erfahrungen der beiden Weltkriege überzeugten politische Akteure und Öffentlichkeit von der Notwendigkeit einer Weltpolitik jenseits nationaler Außenpolitik und öffneten den Blick für die gemeinsamen Interessen der Menschen. Dieser Prozess vollzog sich in mehreren Etappen. Er war und ist immer wieder von Rückfällen in die alte Machtpolitik begleitet. Gegen Ende des Ersten Weltkriegs wurde das Selbstbestimmungsrecht der Völker proklamiert, mit dem Imperien und Kolonialreiche ihre Legitimation verloren und das Recht zum nationalen Zusammenschluss für alle Völker anerkannt wurde. Das nationale Selbstbestimmungsrecht besitzt einen ambivalenten Charakter: Es kann zu nationalistischer Borniertheit führen und Gewalt gegen »die Anderen« begünstigen. Es enthält aber auch ein emanzipatorisches Potenzial und bildet in historischer Perspektive eine wichtige Grundlage für die weltweite Durchsetzung der Demokratie als »Volksherrschaft«.

Der Völkerbund und seine Nachfolgerin, die UNO, verhalfen trotz aller Unvollkommenheiten der Idee einer institutionalisierten und geregelten internationalen Zusammenarbeit zum Durchbruch. Die Erfahrungen der verheerenden Weltkriege schlugen sich in der Ächtung des Kriegs als Mittel zur Durchsetzung nationaler Interessen nieder, zunächst im Briand-Kellogg-Pakt von 1928[3], dann

---

3 Auf Initiative des US-Außenministers Kellogg und des französischen Außenministers Briand unterzeichneten im Jahr 1928 in Paris 15 Staaten eine internationale Konvention, die den Krieg als Mittel zur Lösung zwischenstaatlicher Streitigkeiten ächtete. Bis Ende 1929 traten 54 Staaten dieser Konvention bei.

in der Charta der Vereinten Nationen von 1945. Auf der Konferenz von Bretton Woods wurde 1944 eine liberale Weltwirtschaftsordnung vereinbart, die die wirtschaftliche Entwicklung zum gemeinsamen Interesse der Menschheit machte und einen erneuten Zusammenbruch der Weltwirtschaft verhindern sollte. Spätestens mit der Allgemeinen Erklärung der Menschenrechte von 1948 setzte sich die Idee der prinzipiellen Gleichheit und Gleichberechtigung aller Menschen durch. Zur Weltpolitik gehört seit dem eingangs erwähnten Erdgipfel von Rio auch der Grundsatz der Nachhaltigkeit.

Die UNO: Gefangen in der Staatenwelt

Es gibt keinen Weltstaat als Ort für Weltpolitik, und viele halten aus guten Gründen die Errichtung eines solchen Weltstaates auch nicht für erstrebenswert. Statt dessen existiert ein Geflecht aus internationalen Organisationen und Regimen, Weltkonferenzen, völkerrechtlichen Vereinbarungen usw. als institutionelle Basis für Weltpolitik. Nach wie vor kommt dem System der Vereinten Nationen der höchste Grad an Legitimität für weltpolitische Entscheidungen zu. Nur die UNO kann sich auf eine – zumindest was die Staaten angeht – universelle Repräsentativität berufen und nur sie besitzt eine umfassende Regelungskompetenz. Doch als zwischenstaatliche Organisation bleibt das UN-System der widersprüchlichen Logik staatlicher (Außen-)Politik verhaftet. Einerseits sind die Staaten für die UNO unverzichtbar, da letztlich nur sie über die notwendigen Sanktionsmittel zur Durchsetzung von politischen Entscheidungen verfügen. Andererseits gehorcht staatliche Außenpolitik der Logik der Staatsräson und des Machtkalküls, zu der auch (Geheim-)Diplomatie und Elitenorientierung gehören. Jede noch so uneigennützig gemeinte, sich den Interessen der Menschheit verpflichtende staatliche Außenpolitik steht immer im Verdacht, letztlich partikularen Interessen zu dienen oder eine beschränkte Sichtweise globaler Probleme widerzuspiegeln.

Aus diesem Grund bleibt die Legitimität einer UN-zentrierten Weltpolitik prekär. Legitimität bedeutet, eine politische Ordnung als verbindlich anzuerkennen. Heute orientiert sie sich an demokratischen Grundnormen und fairen Verfahren (*Input*-Legitimität) und an der effektiven und gerechten Leistungserbringung (*Output*-Legitimität) (Scharpf 1998; 1999). Die Legitimität einer UN-zentrierten Weltpolitik beruht nicht darauf, dass die UNO schon alle Ansprüche an eine demokratische, faire, effektive und gerechte Weltpolitik erfüllt, sondern bisher lediglich darauf, dass die UNO in dieser Hinsicht das vermeintliche Höchstmaß des historisch Möglichen verkörpert. Die Verknüpfung der Legitimität der UNO mit den sich verändernden historischen Bedingungen bedeutet aber, dass die UNO unter dauerndem Reformdruck steht, will sie nicht an Legitimität verlieren.

Die Staatszentriertheit der UNO zog und zieht Reformbemühungen jedoch immer wieder enge Grenzen. Reform hieß in der UNO lange Zeit nur die veränderte Machtverteilung zwischen Staaten, genauer gesagt Regierungen.

Mit der Entkolonisierung erhielten immer mehr Nationen, genauer gesagt die jeweils international anerkannten Regierungen, Sitz und Stimme im UN-System. Weder Parlamente noch politische Parteien, und mit wenigen

Ausnahmen[4] auch nicht die großen Interessenverbände waren zunächst direkt in die Weltpolitik eingebunden. Die westlichen Länder, die bei der Gründung der UNO die Mehrheit in der UN-Generalversammlung stellten, fanden sich unversehens in der Minderheit. Sie konnte aber bisher Forderungen nach weitergehenden demokratischen Reformen der UNO gerade wegen ihrer Staatszentriertheit entkräften. Die mangelnde demokratische Repräsentativität der betreffenden Regierungen oder die politische Korruption war ein Argument, das Verlangen der Länder des Südens nach erweiterter Mitgliedschaft im UN-Sicherheitsrat, nach mehr Entwicklungshilfe oder nach einer Neuen Weltwirtschaftsordnung zurückzuweisen.

Bemühungen der UN-Generalsekretäre zur Reform der Weltpolitik im Sinne zukunftsweisender Visionen für die Menschheit, die zum Beispiel in der Arbeit der Brandt-, Brundtland-, Palme- und vieler anderer Weltkommissionen oder in den Vorschlägen des früheren UN-Generalsekretärs Boutros Boutros-Ghali für eine *Agenda for Peace* und eine *Agenda for Development* zum Ausdruck kamen, wurden ebenfalls durch die Logik staatlicher Außenpolitik gebremst. Das Festhalten am Prinzip der nationalen Souveränität und die Orientierung der Außenpolitik an nationalen Interessen durchkreuzte viele Reformpläne. Die USA als das Land, dem die UNO ihre Existenz verdankt, geben seit den achtziger Jahren mit ihrer finanziellen Erpressung der UNO, ihrem Austritt aus einigen UN-

---

4 Die bekannteste Ausnahme ist die Internationale Arbeitsorganisation (International Labour Organisation, ILO). Dort wird jeder Mitgliedstaat durch vier Delegierte vertreten, von denen zwei Regierungsvertreter sind und jeweils ein weiterer die – von der Regierung – nominierten nationalen Arbeitgeberverbände bzw. Gewerkschaften vertritt.

Institutionen und ihrer Missachtung des UN-Gewalt-
monopols ein besonders unrühmliches Beispiel dafür ab.

Privatisierung zwischen Entstaatlichung und Kommerzialisierung

Aufgrund dieser Erfahrungen erscheint die Öffnung der
Weltpolitik für Akteure jenseits der nationalen Regierungen grundsätzlich notwendig und begrüßenswert. Mit
dieser Öffnung verbinden sich Hoffnungen auf breitere
Repräsentativität und Legitimität, auf Zugang zu neuen
personellen, finanziellen und ideellen Ressourcen, auf
bessere Effizienz und Effektivität der Weltpolitik.

Grundsätzlich müssen zwei Arten privater Akteure
voneinander unterschieden werden: NGOs als zivilgesellschaftliche Organisationen und privatwirtschaftliche Unternehmen. Entscheidend ist jeweils die Handlungslogik
der Akteure, die sich idealtypisch wie folgt beschreiben
lässt: Staatliche Politik orientiert sich an Machtinteressen
und an (Rechts-)Prinzipien. NGOs leben von freiwilligem
Engagement ohne Gewinnerzielungsabsicht, wobei sie
nicht nur gemeinnützig tätig sind, sondern durchaus auch
Partikularinteressen vertreten können. Wirtschaftsunternehmen wiederum basieren auf Kosten-Nutzen-Kalkülen
und Gewinnerwartungen. Auf diese Weise lässt sich präzi-
sieren, was Privatisierung der Weltpolitik bedeutet: Sie
umfasst erstens die Entstaatlichung der Politik, indem
Zwang und Verbindlichkeit durch freiwilliges Engagement ersetzt werden. Sie betrifft zweitens die Kommerzialisierung der Politik, die auf Rationalisierung durch

Marktmechanismen und durch Orientierung am Eigennutz abzielt.

Entstaatlichung und Kommerzialisierung können sich gegenseitig ergänzen, zum Beispiel beim Drängen auf öffentliche Transparenz, wenn NGOs die öffentliche Rechtfertigung der Politik verlangen und Wirtschaftsunternehmen die Transparenz staatlichen Handelns zum Zwecke besserer Kalkulierbarkeit einfordern. Die beiden Handlungslogiken der Privatisierung können aber auch in einem Spannungsverhältnis zueinander stehen. Während sich NGOs meist dadurch legitimieren, dass sie keine Gewinnabsichten hegen, werden privatwirtschaftliche Unternehmen gerade zu dem Zweck gegründet, Gewinne zu erzielen.

Van der Pijl macht in seinem Beitrag am Beispiel privater *think tanks* auf einen weiteren Aspekt der Entstaatlichung der Weltpolitik aufmerksam. Danach bedeutet Privatisierung nicht mehr nur, dass private Akteure versuchen, staatliche Außenpolitik zu beeinflussen, sondern dass sich die privaten Akteure nun auch transnational organisieren und jenseits der Staaten direkt in die Weltpolitik eingreifen. Diese Beobachtung könnte auf einen allgemeinen Trend weg vom Wechselspiel pluralistisch bestimmter nationaler Außenpolitiken hin zu transnationalem Pluralismus weisen. Dies würde bedeuten, dass es in manchen Fällen wenig sinnvoll erscheint, Akteursgruppen nach formellen Kriterien zu unterscheiden. Maier zeigt dies am Beispiel der Klimapolitik und argumentiert, dass sich nicht Staaten, NGOs oder Wirtschaftsunternehmen gegenüberstünden, sondern ein »fossiles« Bündnis (»traditionelle« Wirtschaftssektoren, mit ihnen verbundene Gewerkschaften und Wirtschaftsbürokratien, Schwellenländer) und ein Agenda-21-Bündnis (*new economy*, Umweltverbände, Umweltbürokratien, Inselstaaten). Ähnliche Hinweise finden sich auch bei Ludermann, der auf einen Entwicklungshilfe-Komplex aus NGOs, Entwicklungshilfebürokratien der Geberstaaten, lokalen *Counterparts*, Entwicklungs-Consultings und Internationalen Organisationen verweist.

Die privaten Akteure in der Weltpolitik nach rein formellen Kriterien zu identifizieren, ist auch deswegen problematisch, weil die Grenzen zwischen den Akteursgruppen oft verschwimmen. Wenn sich NGOs professionalisieren, ist der Schritt zur Kommerzialisierung nicht weit, wie Ludermann am Beispiel der Entwicklungshilfe-NGOs zeigen kann. NGOs ohne ökonomisch tragfähige Mitgliederbasis sind oft von staatlicher Finanzierung abhängig. Die Gefahr besteht daher, dass sie zu staatlich gesteuerten Quasi-NGOs (QUANGOs) mutieren. Die Verstaatlichung von NGOs kann sogar so weit gehen, dass ein Schweizer Privatverein wie das Internationale Komitee vom Roten Kreuz (IKRK) einen völkerrechtlichen Status erhält. Andererseits können privatwirtschaftliche Akteure gemeinnützige Stiftungen gründen (van der Pijl). Internationale Organisationen können faktisch den Charakter von NGOs bekommen, wie das Beispiel von UNICEF zeigt, einer UN-Institution, die sich überwiegend durch private Spenden finanziert. Internationale Organisationen können auch privatwirtschaftlichen Unternehmen ähneln, was beispielsweise auf die *International Finance Corporation* (IFC) zutrifft, die zur Weltbankgruppe gehört. Noch komplizierter wird die Sache im Falle der *World Commission on Dams*, wo verschiedene Akteursgruppen eine gemeinsame Institution gegründet haben. In all diesen Fällen kommt es

weniger auf formelle Kriterien an als vielmehr auf die
Handlungslogik der Beteiligten.

Fünf Ursprünge der Privatisierung

In den Beiträgen dieses Sammelbands kommt zum Ausdruck, dass die gegenwärtige Privatisierung der Weltpolitik sich nicht, wie manche Kritiker meinen, auf eine einzige
Ursache zurückführen lässt, sondern einen komplexeren
Hintergrund hat. Insgesamt sind fünf Ursprünge der Privatisierung erkennbar:

Erstens ist Privatisierung nichts Neues, sondern, wie
van der Pijl zeigt, integraler Bestandteil der Entwicklung
liberaler Gemeinwesen und ursprünglich sogar Ausdruck
der Befreiung von obrigkeitsstaatlicher Bevormundung
und ständischen Fesseln. Liese entdeckt die Anfänge von
Menschenrechts-NGOs bereits im 19. Jahrhundert und
Ludermann verortet die Entstehung von entwicklungspolitischen Hilfswerken in der Zeit der beiden Weltkriege.
Allerdings blieben private Akteure lange Zeit auf ihren
jeweiligen nationalstaatlichen Raum beschränkt und organisierten sich nur langsam transnational (Schrader 2000,
Kap. 1).

Zweitens kommt in der Privatisierung der Weltpolitik
die Entwicklung einer globalen Zivilgesellschaft seit den
sechziger und siebziger Jahren zum Ausdruck. Dieser
Politisierungsschub hängt unter anderem mit der von
Reljić beschriebenen Ausbreitung neuer Informationstechnologien und Massenmedien zusammen, die es erst
möglich machten, die Welt als »Eine Welt« wahrzunehmen. In den Beiträgen sind zahlreiche Hinweise auf diesen

Privatisierungsschub zu finden: Ludermann entdeckt eine Politisierung und Expansion der entwicklungspolitischen Hilfswerke in den sechziger und siebziger Jahren, Liese eine Zunahme der Menschenrechts-NGOs seit Mitte der siebziger Jahre. Dieser Trend verstärkte sich in den achtziger und neunziger Jahren durch die Ausbreitung der neuen sozialen Bewegungen (van der Pijl, Liese, Ludermann, Maier).

Drittens wird die Privatisierung der Weltpolitik als Folge des politischen Durchbruchs neoliberaler Politikkonzepte beschrieben, die mit den Namen Reagan und Thatcher verbunden sind. Zentrale Bestandteile des neoliberalen Programms sind der Abbau der Wohlfahrtsstaaten im Norden und der Entwicklungsstaaten im Süden, also Wandel der Staatlichkeit bis hin zur Entstaatlichung, sowie die Öffnung nationaler Ökonomien und die Privatisierung des Staatssektors, also Kommerzialisierung. Paul und Bennis dokumentieren in ihren Beiträgen, dass die UN-Institutionen einerseits halfen, die neoliberale Politik beispielsweise durch die Strukturanpassungsprogramme des IWF zu exekutieren, andererseits aber die Sozial- und Entwicklungsprogramme der UNO selbst in die Kritik der neoliberalen Hardliner vor allem in den USA gerieten. Lock zeigt eindrucksvoll, dass die neoliberale Offensive inzwischen auch Kernbereiche staatlicher Funktionen wie Militär, öffentliche Sicherheit oder Strafvollzug betrifft, ja in manchen Fällen sogar eine Entwicklungsblockade beim Aufbau von Staatlichkeit im Süden oder gar den Zerfall von Staatlichkeit zur Folge hat.

Damit verbunden wird, viertens, Privatisierung der Weltpolitik als Ausdruck des Strukturwandels der Weltwirtschaft gesehen. Transnationale Konzerne und Investitionsfonds expandieren derart, dass ihnen teilweise eine größere Macht zugeschrieben wird als den (meisten) Staaten, die es sich daher gar nicht mehr erlauben können, jene zu ignorieren. Auch UN-Generalsekretär Kofi Annan reagiert mit seinem Projekt eines *Global Compact* auf diese Entwicklung, wie Paul und Bennis darlegen. Braun verweist darauf, dass die wirtschaftliche Entgrenzung staatlich gesetzte Standards unterläuft und die Durchsetzung sozialer Menschenrechte daher (auch) auf die Selbstregulierung der Unternehmen durch freiwillige – oder auch von sensibilisierten Verbrauchern erzwungene – Verhaltenskodizes angewiesen ist. Hillebrand zeigt, dass private Finanzinstitutionen auch bei der Kreditvergabe an Staaten inzwischen auf einige wenige private Rating-Agenturen zurückgreifen, denen sie zugestehen, die Kreditwürdigkeit von Staaten beurteilen zu können.

Fünftens schließlich führen einige Autoren das Ende des Kalten Kriegs als Ursache der Privatisierung der Weltpolitik an. Reljić betont, dass dies einer verstärkten kommerziellen Orientierung Vorschub leiste, weil sich Weltpolitik nun nicht mehr so sehr an ideologischen Kontroversen orientiere. Van der Pijl argumentiert ähnlich: privatwirtschaftliche Akteure seien jetzt nicht mehr gezwungen, ihre unmittelbaren ökonomischen Eigeninteressen der Vertretung gemeinsamer Interessen im Ost-West-Systemkonflikt unterzuordnen. Lock und Ludermann meinen, dass das Ende des Ost-West-Konflikts im Süden die Entstaatlichung beschleunigt habe. Die Großmächte hätten sich von der Alimentierung der Stellvertreterkriege im Süden zurückgezogen und die Versorgung der Krisenregionen nun im Rahmen der Nothilfe humanitären NGOs überlassen. Lock führt Privatisierungstendenzen im Sicherheitsbereich wie das Söldnerwesen, transnationale terroristische Netzwerke oder Rüstungstransfers zum Teil ebenfalls auf die Entstaatlichung von Gewaltpotenzialen aus der Zeit des Kalten Kriegs zurück.

Komplexe Privatisierung

Die Privatisierung der Weltpolitik stellt also ein komplexes Phänomen dar. Nicht zuletzt deshalb herrscht in der Debatte über Weltpolitik Unklarheit darüber, wie das Engagement privater Akteure bewertet werden soll. Die systematische Auswertung der Beiträge dieses Sammelbandes soll helfen, mehr Klarheit in diese Debatte zu bringen.

Ein Punkt muss vorab festgehalten werden: Alle Autorinnen und Autoren unterstellen, wenn auch aus unterschiedlichen Gründen, dass private Akteure nicht mehr aus der Weltpolitik wegzudenken sind. Daher geht es im folgenden nicht darum, die Privatisierung der Weltpolitik grundsätzlich in Frage zu stellen, sondern darum, über ihr Ausmaß, ihre Bedingungen und ihre konkreten Ausprägungen zu diskutieren. Dabei sollten zwei Erkenntnisinteressen auseinander gehalten werden: erstens die Frage nach den spezifischen Bedingungen für das (bessere) Funktionieren von Weltpolitik durch Einbeziehung privater Akteure und zweitens die Frage nach den (notwendigen) Anforderungen bezüglich ihrer Legitimität.

Die Frage nach der Legitimität privater Weltpolitik bedarf einiger Vorbemerkungen. Bei der hier geführten Diskussion geht es um die Legitimität einer auf dem UN-System gründenden Weltpolitik, an der sich in zunehmendem Maß private Akteure, das heißt NGOs und Unternehmen, beteiligen. Die Debatte dreht sich darum, unter welchen Umständen ihr Engagement beanspruchen kann, allgemein zu gelten und Anerkennung zu finden. Dies wird nur unter zwei Bedingungen geschehen: erstens, wenn das private Engagement an demokratische Grundnormen und faire Verfahren gebunden ist, damit sich nicht bestimmte Akteure einseitig und rücksichtslos durchsetzen, und zweitens, wenn privates Engagement zu einer effektiven und gerechten Leistungserbringung führt, das heißt die Ziele der UNO besser und umfassender erfüllt werden.

Die folgenden Passagen fassen zusammen, wie in den einzelnen Beiträgen die Privatisierung der Weltpolitik in Bezug auf die vier folgenden Punkte bewertet wird und welche politischen Schlussfolgerungen sich daraus ergeben. Die vier Punkte beziehen sich auf die Unumgänglichkeit der Privatisierung, die Bedingungen ihrer Effektivität, ihre Legitimität hinsichtlich eines demokratischen und fairen Pluralismus und ihre Legitimität hinsichtlich einer effektiven und gerechten Weltpolitik.

Liberale Ordnung und private Weltpolitik

Nach liberalem Verständnis muss privates Engagement grundsätzlich als legitim gelten, denn moderne Weltpolitik gründet auf einem liberalen Politikverständnis, dessen Kern die Emanzipation der Zivilgesellschaft und der Privatwirtschaft von obrigkeitsstaatlicher Bevormundung ist (van der Pijl).[5] Lange Zeit behinderten nationalstaatliche

---

5 In der Präambel der Charta berufen sich die Gründer der UNO nicht auf die Staaten, sondern auf die »Völker« der Vereinten Nationen. In Artikel 71 der UN-Charta geben sie der UNO die Möglichkeit, Abma-

Machtpolitik und ideologische Polarisierung die Entfaltung der liberal verfassten Weltpolitik und beschränkten sie faktisch auf internationale, zwischenstaatliche Beziehungen. Die Entstehung einer Weltgesellschaft und Weltöffentlichkeit (Reljić), die Globalisierung der Wirtschaft (Hillebrand) und nicht zuletzt das Ende des Kalten Kriegs (Lock) befreiten die liberale Weltpolitik von den bisherigen Einschränkungen. Die Privatisierung der Weltpolitik ist Ausdruck dieses historischen Fortschritts.

Mit der Emanzipation privater Akteure steigen die Erwartungen und Anforderungen an das UN-System, das auch wegen seiner staatszentrierten Strukturen immer deutlicher an die Grenzen seiner Handlungsfähigkeit gerät. Behindert wird das UN-System vor allem durch die Logik nationalstaatlicher Außenpolitik, gegenwärtig am deutlichsten sichtbar in der Obstruktionspolitik der USA gegenüber der UNO (Bennis, siehe auch Bennis 2000, Hüfner/Martens 2000, Kap. 6), durch die Komplexität der Weltprobleme wie zum Beispiel in der Klimapolitik oder im Umgang mit Bürgerkriegen und durch die Transformation der Nationalstaaten selbst, die insbesondere in der Wirtschafts- und Währungspolitik ihre Souveränität eingebüßt haben. Daher braucht die UNO dringend privates Engagement, unter anderem, um die USA wieder zu UN-konformem Verhalten zu veranlassen, um auf allen Ebenen Maßnahmen zum Klimaschutz oder zur nachhaltigen

---

chungen zwecks Konsultation zwischen dem Wirtschafts- und Sozialrat (*Economic and Social Council*, ECOSOC) und nichtstaatlichen Organisationen zu schließen. Auch andere UN-Organisationen wie zum Beispiel die UNESCO (*United Nations Educational, Scientific and Cultural Organization*) sehen die Mitwirkung nichtstaatlicher Organisationen vor (Schrader 2000, 14-15).

Entwicklung durchzuführen und um die Stabilität der Weltwirtschaft zu gewährleisten.

Dies bedeutet, dass neben den staatlichen Akteuren auch zivilgesellschaftlichen und privatwirtschaftlichen Akteuren ein legitimer Platz in der Weltpolitik zukommen muss. Die Frage, wie dieser Platz aussehen soll und wie insbesondere das Verhältnis zwischen den staatlichen und den privaten Akteuren zu bestimmen ist, ist damit allerdings noch nicht beantwortet.

Stärken und Schwächen privater Weltpolitik

Wird nach den Bedingungen für effektive(re) private Weltpolitik gefragt, so wird aus den Beiträgen deutlich, dass zivilgesellschaftliche und privatwirtschaftliche Akteure hier bestimmte komparative Vorteile, aber auch Nachteile gegenüber staatlichen Akteuren besitzen. Wenn diese Vor- und Nachteile erkannt werden, lassen sich überzogene Erwartungen korrigieren und die jeweiligen Handlungspotenziale besser nützen.

Konsens besteht dahingehend, dass der wichtigste komparative Vorteil vieler NGOs in ihrer politischen Unabhängigkeit besteht. Dies verleiht ihren Argumenten und Aktionen in der Öffentlichkeit eine hohe Glaubwürdigkeit. Die NGOs können diese Unabhängigkeit nützen, um Kooperation zwischen misstrauischen Staaten oder Unternehmen zu ermöglichen, beispielsweise wenn es um Menschenrechtskonventionen (Liese), lokale Entwicklungsprojekte (Ludermann) oder Unternehmensstandards (Braun) geht. Die NGOs wirken durch ihre Argumente auf weltpolitische Entscheidungen ein, soweit diese auf Konferenzen, in internationalen Organisationen oder bei der Ausgestaltung und Umsetzung internationaler Verträge oder Standards einem öffentlichen und rationalen Diskurs zugänglich sind (van der Pijl, Koechlin, Maier). Sie können ihre öffentliche Reputation aber auch in politische und ökonomische Macht umsetzen, indem sie Wähler und die von ihnen abhängigen Institutionen (Parteien, Parlamente, Regierungen) beeinflussen (van der Pijl) oder Verbraucher zu einem bestimmten Verhalten gegenüber privatwirtschaftlichen Unternehmen motivieren (Liese, Braun).

NGOs können auch Ressourcen mobilisieren, etwa um rasch und flexibel auf Notfallsituationen zu reagieren (Ludermann) oder Opfer von Menschenrechtsverletzungen zu unterstützen (Liese). Allerdings sind den NGOs hier organisatorische und finanzielle Grenzen gesetzt. Je mehr sich NGOs professionalisieren und an Effizienzkriterien orientieren und je mehr sie eigene Bürokratien entwickeln, desto mehr können freiwilliges Engagement und gleichberechtigter Diskurs, die Quellen ihrer Stärke, leiden. Andererseits werden NGOs vermutlich gar nicht die Professionalität staatlicher Bürokratien oder die Effizienz von privatwirtschaftlichen Unternehmen erreichen, solange sie ihrer ursprünglichen Handlungslogik verbunden bleiben. Außerdem entwickeln professionelle und bürokratische Apparate zwangsläufig ein Eigenleben, nicht zuletzt wegen ihres permanenten Finanzierungsbedarfs.

Nur wenige NGOs verfügen über eine breite Mitgliederbasis und können ihre Arbeit allein durch Mitgliedsbeiträge und Einzelspenden finanzieren. Viele NGOs sind auf Fremdfinanzierung durch öffentliche Stellen, private Stiftungen oder andere Finanzquellen angewiesen (Liese). Diese finanzielle Abhängigkeit kann die politische Unabhängigkeit der NGOs gefährden. Sie kann so weit gehen, dass NGOs faktisch zu Ausführungsagenturen staatlicher Bürokratien werden oder zu kommerziellen Dienstleistungsunternehmen mutieren. Damit verlieren sie aber gerade ihren Hauptvorteil und die Grundlage ihrer öffentlichen Reputation, nämlich ihre Unabhängigkeit. Hinzu kommt, dass NGOs auf die Massenmedien angewiesen sind, nicht nur um ihre Anliegen an die Öffentlichkeit zu tragen, sondern auch um Ressourcen einzuwerben. Sie müssen sich deren Arbeitsweise anpassen und die damit häufig verbundenen kommerziellen Rücksichtnahmen in Kauf nehmen. Auch diese Anpassung an die »Megamedien« kann die Glaubwürdigkeit der NGOs beeinträchtigen (Reljić).

Die komparativen Vorteile privatwirtschaftlicher Akteure bestehen darin, dass sie nicht nur über Ressourcen verfügen, die diejenigen der Staaten oder NGOs oft übersteigen, sondern auch unter dem dauernden Druck der Märkte stehen, effizient zu wirtschaften und sich immer wieder neu an veränderte Situationen anzupassen. Die marktwirtschaftliche Rationalität kann sich in gewissem Rahmen auch die Weltpolitik zunutze machen. Für die Klimapolitik beispielsweise schreibt Maier funktionierenden und transparenten Marktmechanismen eine höhere Rationalität und Effizienz zu als staatlichen Regelungen, die vielfältigen populistischen und lobbyistischen Zwängen unterliegen. Auf die Rationalität der Privatwirtschaft hofft auch UN-Generalsekretär Kofi Annan mit seiner Idee eines *Global Compact*. Er geht davon aus, dass gerade die transnationalen Konzerne ein Eigeninteresse an einem funktionierenden UN-System haben und daher bereit sind, zu dessen Finanzierung beizutragen, wenn Staaten wie die

USA ihren finanziellen Verpflichtungen nicht mehr nachkommen (Paul). Ähnliche Argumente sind auch in anderen Zusammenhängen zu hören. In der Debatte über die soziale Verantwortung von Unternehmen oder über ethische Standards in der Ökonomie wird von vielen Gruppen betont, ein ethisches Verhalten liege im langfristigen Eigeninteresse der Unternehmen, und bei der Klimapolitik hofft Maier auf aufgeklärte Unternehmen, die die unausweichliche Wende weg von fossiler und hin zu erneuerbarer Energie unterstützen.

Die Rationalität von Marktmechanismen und unternehmerischem Handeln hat aber Grenzen. Die für Kosten-Nutzen-Kalküle notwendigen Bewertungen können oft gar nicht vorgenommen werden oder unterliegen kontroversen politischen Einschätzungen. Die Bewertung von Länderrisiken durch private Rating-Agenturen verdeutlicht dies (Hillebrand). Auch im Falle der Menschenrechtspolitik ist die Nutzung von Marktmechanismen für die Einhaltung sozialer Mindeststandards zwar in einer Reihe von Fällen möglich, jedoch an sehr spezifische Rahmenbedingungen gebunden (Braun).

Vermeintlich gemeinnützige Ausgaben wie die Unterstützung des UN-Systems tätigen die Unternehmen offenbar meist nur, soweit sie daraus einen Nutzen durch Werbung oder Imageaufbesserung gewinnen können. Spenden von Unternehmen an die UNO blieben bisher jedenfalls – mit Ausnahme der Spende von Ted Turner – weit hinter den Erwartungen des Generalsekretärs zurück (Paul, Bennis). Das viel beschworene aufgeklärte Eigeninteresse der Unternehmen an der Sicherung eines weltpolitischen Rahmens wird sich wahrscheinlich erst dann in entsprechende Finanzierungsleistungen umsetzen, wenn sich die großen transnationalen Konzerne als Gruppe selbst dazu verpflichten und durch diese Gruppenverpflichtung Trittbrettfahrer-Verhalten einzelner Unternehmen erschweren. Der Druck der Weltöffentlichkeit oder die Drohung, von transnationalen Unternehmen Weltsteuern nach dem Muster der Tobin-Tax[6] zu erheben, könnte die Bereitschaft zu einem derartigen freiwilligen Beitrag an die UNO sicher erhöhen.

Die Möglichkeiten einer »ethischen« Ökonomie werden oft überschätzt, wie Braun am Beispiel freiwilliger Verhaltenskodizes betont. Offen bleibt zum Beispiel, wie weit sich die ethische Verantwortung eines Unternehmens auf vor- und nachgelagerte Wirtschaftsprozesse erstreckt. Unklar bleibt auch, wie die Privatwirtschaft die Vielzahl konkurrierender Standards vereinheitlichen und ihre Einhaltung glaubwürdig garantieren will. Die »ethische« Ökonomie bleibt letztlich auf zentrale politische Instanzen und auf unabhängige Kontrollinstitutionen angewiesen. Dies sprengt aber den rein ökonomischen Rahmen. Wie sehr die Ökonomie eines staatlichen und öffentlichen Rahmens bedarf, zeigt übrigens auch die Ausbreitung von kriminellen und Gewaltökonomien als Folge der weltweiten Entstaatlichungstendenzen (Lock).

Auch aus einem anderen Grund bleibt private Weltpolitik auf einen staatlichen Rahmen angewiesen. Die staatlich verfassten internationalen Institutionen wirken als Fokus für die Organisation privater Akteure (van der Pijl). NGOs nützen Weltkonferenzen, um sich zu Bündnissen zusammenzuschließen und sich auf gemeinsame Plattfor-

---

6 James Tobin, Nobelpreisträger für Wirtschaft, schlug 1978 vor, alle Devisentransaktionen mit einer Steuer zu belegen.

men zu einigen. Die Akkreditierung von NGOs durch den Wirtschafts- und Sozialrat der Vereinten Nationen (Schrader 2000) kann ihre Reputation stärken. Teilweise ist das Engagement von NGOs ohne staatlichen Rahmen gar nicht möglich, so zum Beispiel im Menschenrechtsbereich (Liese). Und die Nothilfe oder die humanitäre Arbeit ist gerade in Kriegssituationen häufig auf den Schutz durch die Staatengemeinschaft angewiesen (Ludermann, Liese).

Nur die Staaten mit ihren Sanktionsmitteln sind dazu in der Lage, Verbindlichkeit durch Recht und Gesetz herzustellen. Der staatliche Rechtsrahmen ist Bedingung für einen funktionierenden Markt und damit auch für die Kommerzialisierung der Weltpolitik. Dafür gibt es nicht nur offenkundige Beispiele wie den Handel mit Emissionszertifikaten in der Klimapolitik (Maier) oder den Patentschutz in der Biotechnologiebranche (Koechlin), sondern auch überraschende Zusammenhänge wie den zwischen der Entwicklung privater Rating-Agenturen und staatlichen Vorschriften über die Bonität der Investitionen von US-Pensionsfonds (Hillebrand).

Globaler Pluralismus

Die Privatisierung der Weltpolitik soll aber nicht nur unter dem Gesichtspunkt ihrer Effektivität diskutiert, sondern auch auf ihre Legitimation hin überprüft werden. Privates Engagement in der Weltpolitik kann nur dann als legitim gelten, wenn es nicht zu einer einseitigen und rücksichtslosen Interessendurchsetzung durch einzelne Gruppen führt. Dies bedeutet, dass die liberale Grundordnung der Weltpolitik und ihre Grundprinzipien geachtet werden und die einzelnen Akteure sich in Form von *checks and balances* wirksam gegenseitig kontrollieren müssen.

Die Beachtung der liberalen Grundordnung ist durchaus keine Selbstverständlichkeit. Das Wirken antidemokratischer Netzwerke oder *think tanks*, für die van der Pijl Beispiele nennt, sprengt den Rahmen eines akzeptablen Pluralismus. Auch die Aufweichung verbindlicher menschenrechtlicher oder ökologischer Standards durch vage *Codes of Conduct* muss bedenklich stimmen (Braun). Die Privatisierung der Sicherheit sprengt vollends den Rahmen des Akzeptablen, da damit eines der Grundprinzipien der liberalen Weltordnung, das staatliche Gewaltmonopol nach innen und das Gewaltmonopol des UN-Sicherheitsrats auf der Ebene der Weltpolitik, ausgehebelt wird (Lock).

Das Wirken privater Akteure wird oft zu pauschal als Demokratisierung des UN-Systems begrüßt, ohne zu berücksichtigen, dass es sich in Wirklichkeit um eine sehr einseitige Demokratisierung handelt. Offenkundig verstärkt die Privatisierung der Weltpolitik die Dominanz des Nordens. NGOs aus dem Süden fehlen in der Regel die Möglichkeiten, auf Weltpolitik Einfluss zu nehmen, und auch die anwaltschaftliche Vertretung der Interessen des Südens durch NGOs aus dem Norden wirft vielfältige Probleme auf (Ludermann, Liese). Noch weiter verstärkt wird die Dominanz des Nordens durch die Partizipation transnationaler Konzerne in der Weltpolitik; dies wird auch durch noch so große Transparenz ihres Engagements nicht gemildert.

Die Verfügung über finanzielle Ressourcen bestimmt oft über die Chancen privater Akteure, sich an UN-Debatten zu beteiligen oder sich in der durch die »Megamedien« geprägten Weltöffentlichkeit (Reljić) Gehör zu verschaffen. Wenn hier keine kompensatorischen Maßnahmen ergriffen werden, beispielsweise durch öffentliche Fonds für die Partizipation finanzschwacher Organisationen an Weltkonferenzen oder durch die Bereitstellung öffentlich-rechtlicher Medien, die der ganzen Welt Zugang zur Weltöffentlichkeit bieten, wird sich die Privatisierung der Weltpolitik kaum eine wirklich allgemeine Anerkennung verschaffen und zu ihrer weiteren Demokratisierung beitragen können.

Problematisch erscheint auch, dass sich hinter der Entstaatlichung der Weltpolitik in einigen Fällen nicht die Verbesserung der Effektivität, sondern die einseitige Durchsetzung von Partikularinteressen verbirgt. Paul nennt als Beispiel die Tabakindustrie, die in den USA die Kampagne gegen die angeblich überbürokratisierte und undemokratische UNO unterstützt, um die Bemühungen von UN-Organisationen zur Eindämmung des gesundheitsschädlichen Rauchens zu torpedieren. Auch die *Global-Compact*-Initiative von Kofi Annan wird aus diesem Grund argwöhnisch betrachtet, insbesondere wenn die UNO fragwürdige Allianzen mit Konzernen aus der Rüstungsindustrie oder mit notorischen Umweltverschmutzern und Menschenrechtsverletzern eingeht (Paul, Bennis). Maier nennt ein Beispiel aus der Klimapolitik, wo die Interessenvertreter der »fossilen« Industriezweige sich für Marktmechanismen einsetzen, um die Emissionsreduktionen dem Süden aufzubürden und einen industriellen Strukturwandel im Norden abzuwehren. Diese Erfahrungen machen Öffentlichkeit und NGOs misstrauisch, und daher geraten nun auch exklusive weltpolitische Gremien wie das jährliche Weltwirtschaftsforum in Davos zunehmend unter Druck. Eine partikularistische Interessenpolitik bedroht die Reputation des UN-Systems. Sie kann nur durch Transparenz und öffentliche Kontrolle eingedämmt werden. Diskrete Rücksichtnahmen auf Konzerninteressen darf sich die UNO nicht leisten.

Prioritätenverschiebung durch private Weltpolitik

Die Privatisierung der Weltpolitik muss sich auch durch ihre politischen Ergebnisse rechtfertigen. In den Beiträgen wird in diesem Zusammenhang sowohl die Effektivität als auch die Frage der Gerechtigkeit der Weltpolitik angesprochen. Eine Steigerung der Effektivität des UN-Systems kann dann behauptet werden, wenn seine Reichweite und seine Handlungskompetenzen ausgeweitet werden und wenn die Implementierung der Politik im Sinne der Lösung globaler Probleme verbessert wird. Das Kriterium der Gerechtigkeit bedeutet, dass die Weltpolitik auf Kompromissen und auf Interessenausgleich aufbaut und dass die allgemein anerkannten Grundwerte des UN-Systems geachtet werden.

Die Beiträge lassen keine Zweifel daran, dass die Aktivitäten der NGOs dazu beitragen, den Geltungsbereich der Weltpolitik auszuweiten. Die NGOs haben nicht nur erfolgreich darauf gedrängt, den Regelungsbereich der internationalen Menschenrechtsregime und der globalen Umweltpolitik zu erweitern. Durch Kampagnen zur Ächtung der Nuklearwaffen, zum Verbot der Landminen oder zur Ahndung von Kriegsverbrechen durch ein internationales Strafgericht haben NGOs im Bündnis mit aufgeschlossenen Staaten die Staatengemeinschaft dazu bewegt, die militärische Sicherheitspolitik als Kernbereich staatlicher Machtpolitik weiter zu verregeln und zu beschränken.

Doch dies gilt nicht für alle Politikbereiche. In der Wirtschafts- und Entwicklungspolitik konnte sich eher die neoliberale Linie der Entstaatlichung, das heißt der Einschränkung des Regelungsbereichs der Weltpolitik durchsetzen, jedenfalls für die UN-Programme jenseits der Weltbank und des Internationalen Währungsfonds. Angesichts der vergleichsweise bescheidenen Dimensionen des UN-Apparats und des UN-Haushalts und angesichts der gestiegenen öffentlichen Ansprüche an das UN-System läuft dies eindeutig auf eine Schwächung der Weltpolitik hinaus. Dass sich Staaten wie die USA unter dem Druck neoliberaler Lobbygruppen und mit Schützenhilfe durch private *think tanks* wie der *Heritage Foundation* aus internationalen Organisationen wie der UNESCO oder der UNIDO zurückziehen, dass unbequeme Institutionen wie das *United Nations Centre for Transnational Corporations* (CTC) aufgelöst werden, dass Vorschläge zu einer von staatlichen Beiträgen unabhängigen Eigenfinanzierung internationaler Organisationen, zum Beispiel durch Steuern auf Währungsspekulationen, den internationalen Flugverkehr oder auf Rüstungstransfers, rundweg abgelehnt werden, hängt wahrscheinlich weniger mit einer effizienzsteigernden Verschlankung und Entbürokratisierung zusammen, als vielmehr mit der knallharten Durchsetzung neoliberaler Interessenpolitik (Paul, Bennis). So gesehen verwundert es nicht, wenn im Falle von Schuldenkrisen oder Währungsturbulenzen nicht mehr viel von Entstaatlichung die Rede ist, sondern private Verluste und Risiken über den Internationalen Währungsfonds oder die Weltbank sozialisiert werden.

Privates Engagement trägt in vielen Fällen zweifellos dazu bei, die Gestaltung und Umsetzung der Weltpolitik zu verbessern. Beispiele dafür sind die Durchführung von Entwicklungs- und Nothilfemaßnahmen (Ludermann) und das *Monitoring* internationaler Vereinbarungen durch unabhängige NGOs (Liese). Zu nennen ist hier trotz aller Kritik auch, dass private Unternehmen sich durch eigene Verhaltenskodizes oder die Beteiligung am *Global Compact* grundsätzlich zur eigenen Verantwortung bekennen, Menschenrechts- und Umweltstandards einzuhalten, also diese Verantwortung nicht ausschließlich den Staaten zuordnen.

Marktmechanismen sind aber kein Allheilmittel zur Effizienzsteigerung der Weltpolitik. Sie erfordern die Kalkulierbarkeit von Kosten und Nutzen, oft eine höchst politische Frage. Marktmechanismen beruhen auf knallharter Konkurrenz und berücksichtigen ethische Kriterien nur dann, wenn dies durch externe Spielregeln erzwungen wird. Maier bewertet den Marktmechanismus in der Klimapolitik grundsätzlich positiv. Andere Beiträge stehen Marktmechanismen für die Umsetzung von Weltpolitik eher skeptisch gegenüber, beispielsweise wenn es um die Vermarktung der Weltöffentlichkeit durch die Medien (Reljić), um die Regulierung der globalen Finanzmärkte durch Rating-Agenturen unter Konkurrenzbedingungen (Hillebrand), um die Schaffung von Sicherheit nach dem Prinzip von Angebot und Nachfrage (Lock) oder um die Einhaltung von Menschenrechtsstandards geht.

Angesichts des teilweisen Rückzugs der Staaten aus weltpolitischer Verantwortung, insbesondere angesichts der zunehmenden Unterfinanzierung des UN-Systems, muss die Privatisierung der Weltpolitik zumindest im Bereich der kostenträchtigen Sozial- und Entwicklungsprogramme weniger als Verbesserung, sondern eher als Notbehelf und Billiglösung angesehen werden (Ludermann). Wenn UN-Generalsekretär Kofi Annan daher versucht, über den *Global Compact* private Sponsoren für Entwicklungsprojekte oder Umweltprogramme der Vereinten Nationen zu finden, bedeutet das keine Erweiterung des Handlungsspielraums für Weltpolitik, sondern ein mühsames *fund raising* zum notdürftigen Stopfen von Löchern, die durch ausbleibende Finanzbeiträge der Mitgliedstaaten aufgerissen wurden.

Vollends problematisch wird privates Engagement, wenn es Staaten eine Ausrede verschafft, ihren Aufgaben nicht nachzukommen, wie beispielsweise bei den freiwilligen *Codes of Conduct* transnationaler Konzerne (Braun) oder bei der Sicherung von Wohngebieten durch private Sicherheitsdienste (Lock). Entstaatlichung darf auf keinen Fall so weit gehen, dass sich die Staaten ihren »Pflichtaufgaben« entziehen. Zu den ureigensten Aufgaben der staatlichen Ebene gehört es, durch Gesetze verbindlich Recht zu setzen, und nur die staatliche Ebene ist befugt, notfalls Gewalt zur Durchsetzung von Recht anzuwenden. Wenn die Bildung weltstaatlicher Strukturen, zum Beispiel durch ein Weltparlament oder eine unabhängige, über Sanktionsmöglichkeiten verfügende Weltgerichtsbarkeit, nicht gewünscht wird, müssen diese weltpolitischen Funktionen notwendigerweise weiter von den Nationalstaaten übernommen werden. Auch die NGOs, die durchsetzen konnten, dass die Nuklearwaffen geächtet, die Landminen verboten und die Kriegsverbrechen künftig auch durch einen internationalen Strafgerichtshof geahndet werden, erreichten verbindliche Regelungen letztlich nur durch staatlich garantierte Verrechtlichung.

Ähnlich zwiespältig sieht die Bilanz privater Weltpolitik auch hinsichtlich der für eine allgemeine Anerkennung notwendigen Kriterien Kompromissfähigkeit und Interessenausgleich aus. Die NGOs verschaffen zwar bislang unterrepräsentierten Interessen wenigstens die Chance, in globalpolitische Kompromisslösungen einbezogen zu werden. Und die öffentliche Kontrolle der Weltpolitik durch NGOs zwingt die Staaten zur Rechtfertigung ihres Handelns und in manchen Fällen auch zu ausgewogeneren Entscheidungen. Doch je mehr im Zuge neoliberaler Reformen das Kriterium der Effizienz in den Vordergrund rückt, desto weniger wird auf gerechte Kompromisse geachtet, desto größer ist die Gefahr der Selektivität und der Marginalisierung nicht wettbewerbsfähiger Interessen. Dies ist beispielsweise der Fall, wenn medienträchtige Nothilfeeinsätze an die Stelle mühsamer Entwicklungsprojekte treten (Ludermann), wenn NGOs und UN-Agenturen ihre Arbeitsschwerpunkte nach den Förderprogrammen potenzieller Geldgeber ausrichten (Liese) oder wenn die kurzfristige Rentabilität von Finanzanlagen von Rating-Agenturen höher bewertet wird als die langfristige Stabilität des Weltfinanzsystems (Hillebrand).

Die Entstaatlichung und Kommerzialisierung der Weltpolitik könnte schließlich auch einen fatalen Wertewandel begünstigen. In diesem Zusammenhang werden nämlich offenbar immer weniger die Grundsätze der gemeinsamen Sicherheit, der Solidarität, der demokratischen Partizipation und der Gemeinwohlorientierung betont, sondern immer mehr die auf Eigeninteressen beruhende ökonomische Rationalität kollektiven Handelns. Die ökonomische Rationalität kann aber nur eine schwache Basis für die Legitimation von Weltpolitik bieten, denn Weltpolitik kann letztlich nur durch den Bezug auf die Gemeinschaft der Menschheit, auf Humanität also, dauerhafte Verbindlichkeit erzeugen. Humanität und Solidarität lässt sich aber nicht auf das langfristige oder aufgeklärte Eigeninteresse grundsätzlich egoistischer Akteure verkürzen, sondern muss als Grundlage der Weltordnung und als Wert an sich propagiert werden.

Private Weltpolitik nach Rio und Seattle

Weltpolitik kann sich, will sie kollektive Verbindlichkeit erzeugen, nicht von der Öffentlichkeit lösen. Sie bleibt der Weltöffentlichkeit als dem Kollektiv, für das sie verbindlich sein soll, rechenschaftspflichtig. Gerade angesichts einer UNO, deren notwendige Reform vor allem durch ihre Einbettung in die Staatenwelt bis auf weiteres blockiert bleibt, gilt es, Formen demokratischer Weltpolitik auch jenseits der Nationalstaaten und der zwischenstaatlichen Institutionen und damit jenseits der Logik nationaler Außenpolitik zu finden.

Die Privatisierung könnte durchaus Möglichkeiten zur Erweiterung des Pluralismus und zur Steigerung der Problemlösungskapazitäten der Weltpolitik eröffnen. Entgegen der NGO-Euphorie nach der Rio-Konferenz droht die gegenwärtige Privatisierung aber, zu einem Ausverkauf des UN-Systems an privatwirtschaftliche Interessen zu werden. Es gibt viele Anzeichen für eine Prioritätenverschiebung der Weltpolitik hin zu einem neoliberalen Politikverständnis, in dem eher kurzfristige und kurzsichtige ökonomische Interessen dominieren, und das verbunden ist mit erhöhter Selektivität, Unverbindlichkeit, Intransparenz und Ungleichheit. Diese Entwicklung setzt die Legitimität des UN-Systems aufs Spiel und bedroht letztlich grundsätzlich die Möglichkeit einer Weltpolitik. Spätestens seit den Protesten gegen die WTO-Ministerkonferenz in Seattle im November 1999 ist das Unbehagen an einem UN-System offenkundig geworden, das sich anscheinend vor allem an den Interessen der transnationalen Konzerne orientiert, ein System, das immer mehr Demonstranten nicht mehr reformieren, sondern gänzlich abschaffen wollen.

Soll dieser Legitimationsverlust verhindert werden, ist privates Engagement in einen öffentlichen Rahmen einzubetten mit dem Ziel, dass die Privatisierung einer demokratischen und gerechten Weltpolitik dient. Diesen Rahmen zu schaffen, ist nicht (nur) Aufgabe der Staaten. Sie müsste gleichermaßen im Interesse aller privaten Akteure liegen, die daran interessiert sind, die Weltpolitik zu stärken.

Literatur

Bennis, Phyllis, 2000: Calling the Shots: How Washington Dominates Today's UN, New York, Northampton: Olive Branch Press.

Brand, Ulrich/Achim Brunnengräber/Lutz Schrader/Christian Stock/Peter Wahl, 2000: Global Governance. Alternative zur neoliberalen Globalisierung? Eine Studie von Heinrich-Böll-Stiftung und WEED, Münster.

Hüfner, Klaus/Jens Martens, 2000: UNO-Reform zwischen Utopie und Realität. Vorschläge zum Wirtschafts- und Sozialbereich der Vereinten Nationen, Frankfurt a.M.: Peter Lang.

Messner, Dirk/Franz Nuscheler, 1996: Global Governance. Organi-
sationselemente und Säulen einer Weltordnungspolitik, in: Dirk
Messner/Franz Nuscheler (Hg.): Weltkonferenzen und Weltbe-
richte, Bonn: Dietz, 1996, S. 12-36.

Prokla-Redaktion (Hg.), 2000: Re-Regulierung der Weltwirtschaft,
in: Prokla, 30, 1.

Scharpf, Fritz W., 1998: Demokratie in der transnationalen Politik, in:
Ulrich Beck (Hg.): Politik der Globalisierung, Frankfurt a.M.:
Suhrkamp, S. 228-253.

Scharpf, Fritz W., 1999: Regieren in Europa. Effektiv und demokratisch? Frankfurt a.M.: Campus.

Schrader, Lutz, 2000: NGOs – eine neue Weltmacht. Nichtregierungsorganisationen in der internationalen Politik, Potsdam:
Brandenburgische Landeszentrale für politische Bildung.

Zimmerle, Birgit, 2000: Vom Nutzen und Schaden der Staudämme.
Die Arbeit der World Commission on Dams, in: Entwicklung
und Zusammenarbeit, 41, 7-8, S. 215-217.

Erster Teil:
Weltpolitik in privaten Händen

DUŠAN RELJIĆ

Der Vormarsch der Megamedien und die Kommerzialisierung der Weltöffentlichkeit

Über die »Vernichtung der Entfernung durch Zeit« sinnierte schon vor etwa 150 Jahren kein geringerer als Karl Marx. Er dachte über die Folgen der Beschleunigung aller Formen der »Zirkulation« nach, die sich aufgrund der technischen Erneuerungen im Bereich des Transports und der Kommunikation im Zeitalter der Industrialisierung ergeben hatten. Wie die heutigen »Globalisierungs-Gurus« so sah auch Marx damals, wie die Welt durch die immer bessere und schnellere Kommunikation zu einer Gesamtheit zusammenschmolz, die vornehmlich der Logik des Profits folgte. Allerdings blieben noch für eine lange Zeit alle Formen des Transports und der Informationsvermittlung technisch aufwendig, oft langsam und unzuverlässig und fast immer kostspielig. Erst in unserem Zeitalter ist zum ersten Mal der Zeitfaktor bei der Nachrichtenbeförderung entfallen: Neue Infrastrukturen wie die Datenübertragung per Satellit und das Internet ermöglichen es, fast zeitgleich weltweit Nachrichten zu senden und zu empfangen – und dies zu einem günstigen Preis. Der Faszination, die von der andauernden Beschleunigung und Ausdehnung des Informationsaustausches ausgeht, erliegen nunmehr moderne Autoren, insbesondere die Propheten der »Neuen Ökonomie«: »The Death of Distance« betitelte unlängst der Londoner *Economist* eine Sonderbeilage zum Thema.

Neue Kommunikationstechniken verändern soziale Verhältnisse. Schon 1962 hat der kanadische Medienmystiker Marshall McLuhan das berauschende Konzept vom »Weltdorf« geprägt, in dem Menschen durch vielfältige Kommunikationskanäle die geographische Entfernung sowie die politische und kulturelle Entfremdung überwinden. Vor allem die Verbreitung des Internets hat in den vergangenen Jahren die Vorstellung von einem beschleunigten Zusammenwachsen einer Welt ohne Distanzen und Schranken wieder beflügelt.

Seitdem transnationale Fernsehprogramme wie CNN oder BBC World fast überall zu empfangen sind, gewinnt auch die Idee einer integrierten Weltöffentlichkeit an Boden. Einen besonderen Beitrag dazu leistet die dramatische Krisen-, Kriegs- und Katastrophenberichterstattung im Fernsehen. Das Gefühl, »*live* dabei zu sein« bei Anlässen, die tief in die kollektive Erinnerung eindringen (wer erinnert sich nicht an die Bilder der Bombardierung Bagdads während des zweiten Golfkrieges auf CNN?), unterstützt das Empfinden, Teil einer Weltgesellschaft zu sein. Einzelne Medienforscher sprechen von einem neuen Strukturwandel der Öffentlichkeit: »Ich behaupte, dass globale politische Kommunikation (wie von CNN eingeführt) zur Konstruktion einer globalen Öffentlichkeit führt (...).« (Volkmer 1999, 2).[1]

Unterstellt wird, dass die Ausweitung der transnationalen Medienkommunikation eine »demokratisierende

---

1 Die englischsprachigen Zitate wurden in diesem Aufsatz von der Redaktion ins Deutsche übertragen.

Funktion« hat: Autoritäre Regime sind demnach nicht in der Lage, ihre Länder von Informationen aus dem Ausland gänzlich abzuschotten. Dort, wo die Bevölkerung auch alternativen, politischen Nachrichten ausgesetzt wird, kommt es früher oder später zur Modernisierung und Übernahme demokratischer, das heißt westlicher Modelle. Neu ist diese Annahme nicht: Schon zur Mitte des 20. Jahrhunderts entwickelten vor allem US-amerikanische Politikwissenschaftler theoretische Ansätze, die den Massenmedien im Prozess der Modernisierung und Verwestlichung eine Rolle bei der Förderung von »Empathie« in Entwicklungsländern zumaßen (Lerner 1958).

Nicht wenige Kritiker haben jedoch vor den verführerischen Tönen der »techno-globalistischen Ideologie« gewarnt und ihr eine »realpolitische« Sicht der Dinge entgegen gestellt:

> »Die Erde ist weder eine globale Gesellschaft noch ein ›globales Dorf‹, in dem alle Menschen gleiche Voraussetzungen als Betrachter globaler ›Events‹, von Sportereignissen, TV-Serien oder großen Katastrophen haben. Dieser Planet ist vielmehr ein mannigfaltiges Archipel mit technologisch fortgeschrittenen Gebieten und Sicherheitsghettos auf der einen Seite und immens großen Gruppen von marginalisierten Menschen auf der anderen Seite.« (Matellart 1999, 4).

Als handfeste Beweise führen Globalisierungsskeptiker an, dass die Informationsströme auf einige wenige westliche Länder eingeengt sind und der Besitz über die transnationalen Nachrichtenmedien und die Produkte der Unterhaltungsindustrie in einigen wenigen, vor allem US-amerikanischen Händen konzentriert ist. Das Fazit: »Wir sprechen von einem expandierenden, globalen Markt, aber auch von einem immer enger werdenden öffentlichen Raum. Hingegen sprechen wir kaum über die Teilhabe der Bürger.« (Schechter 1999).

In diesem Beitrag soll zuerst ein Blick sowohl auf das Kartenwerk der internationalen Informationskanäle wie auch auf die Zusammensetzung des dort stattfindenden Nachrichtenflusses geworfen werden. Auf dieser Grundlage erörtere ich die politische und kulturelle Beschaffenheit der globalen – oder präziser gesagt: transnationalen – Kommunikation. Dadurch soll erkennbar werden, inwieweit die Weltöffentlichkeit kommerzialisiert ist, das heißt vor allem besonderen profitorientierten Interessen nützt, oder ob sich in der Weltöffentlichkeit auch allgemeine Interessen Ausdruck verschaffen können und dadurch die Entstehung einer globalen zivilen Gesellschaft gefördert wird. Abschließend wird auf die Zukunft der Nachrichtenmedien und insbesondere der Bewahrung des öffentlichen Interesses im Zeitalter des Internets eingegangen.

Markt, Macht und *Mega-Mergers*: Der globale Vormarsch der Medienkonzerne

Am 10. Januar 2000 wurde die größte »Firmenhochzeit« in der US-Geschichte (und auch in der Mediengeschichte) bekannt gegeben: der Internet-Provider America Online (AOL) fusionierte mit der Mediengesellschaft Time Warner. Der Börsenwert der neuen Firma betrug geschätzte 247 Mrd. US-$ und übertraf somit das jährliche Bruttosozialprodukt Mexikos. Neben der schieren Größe dieses Abschlusses beeindruckte die »Marktkiebitze« besonders, dass mit AOL »eine Firma, die nicht alt genug ist, um Bier kaufen zu dürfen« (Wall Street Journal) ein Medienkonglomerat schluckte, das auf eine über hundertjährige Firmengeschichte zurückblicken kann. Eine globale *Cyber-Marketing-Maschine*, so US-amerikanische Medienforscher, ist entstanden: Millionen lesen die internationalen Ausgaben von Time und People Magazine, AOL besitzt über 100 Mio. Internet-Kunden, CNN erreicht mit seinem Fernsehnachrichtenprogramm mehrere hundert Millionen Zuschauer und Warner Movies verfügt über ein noch größeres Publikum für seine Filme und Videos. Besonders verärgert über die Fusion von AOL und Time Warner waren die größten Konkurrenten, wie die Fernsehsender Disney-ABC und NBC. Sie trugen im Sommer 2000 schwerwiegende Vorwürfe bei der *Federal Communications Commission*, der US-Aufsichtsbehörde für das Kommunikationswesen, vor. Durch die Fusion des weltgrößten Online-Dienstes mit dem Medienkonglomerat, das unter anderen auch das zweitgrößte US-Fernsehkabelnetz betreibt, würde AOL/Time Warner in die Lage versetzt, die Angebotsvielfalt einzuschränken und die Konkurrenz von der Benutzung des Kabelnetzes auszuschließen.

Der *Mega-Merger* AOL/Time Warner war der vorläufige Höhepunkt einer jahrelang andauernden Serie von Fusionen in der globalen Medienindustrie. Zwei Wochen später wurde er gleich noch einmal »getoppt«. Am 24. Januar 2000 verkündeten AOL/Time-Warner und EMI ihre Fusion. Nach Angaben des traditionsreichen Musikunternehmens wird der Anteil von EMI/Warner am Musikweltmarkt bei etwa 20 % und in Europa sogar bei 25 % liegen. Von den *Beatles* bis zu den *Spice girls* – alles in einer Hand.

Die globale Medienindustrie ist den Weg gegangen, den früher lange Zeit fast nur die transnationalen Erdölkonzerne oder Automobilhersteller beschritten haben. Die Zeit der nationalen Medienmärkte ist damit verblichen. Einige wenige, transnationale Korporationen beherrschen den globalen Medienmarkt. Die größten Medien- und Unterhaltungskonzerne der Welt erreichten 1999 folgende Umsätze (nach Angaben der Deutschen Presse-Agentur, in Mrd. US-$, gerundet):

1.	AOL/Time Warner	(USA)	30,0
2.	Walt Disney/ABC	(USA)	23,0
3.	Viacom/CBS	(USA)	18,9
4.	Bertelsmann	(Deutschland)	14,8
5.	News Corporation	(USA)	13,6
6.	Sony	(Japan/USA)	10,5
7.	ATT/Liberty Media	(USA)	7,4
8.	Universal Studios	(USA)	7,2
9.	Comcast	(USA)	5,5

Der globale Vormarsch transnationaler Medienkonzerne ist durch mehrere Entwicklungen begünstigt worden. An erster Stelle sind die neuen Kommunikationstechniken, die allgegenwärtige Deregulierungswelle im Medienbereich sowie die Privatisierung der Fernsehkanäle in Europa und Asien zu nennen (McChesney 1999). In früheren Zeiten überwogen horizontale Konzentrationstendenzen auf nationaler Ebene. Sie bewirkten, dass in einem Staat immer weniger Firmen immer größere Anteile an einem Marktsegment hatten, zum Beispiel im Zeitungswesen. Jetzt aber sind vertikale Konzentrationsbewegungen auf transnationaler Ebene zu beobachten. Nur wenige Firmen sind in der Lage, Medieninhalte herzustellen und durch integrierte Kommunikationskanäle global zu vermarkten – so wie es beispielsweise Marktführer AOL/Time Warner/EMI praktiziert und der neben »klassischen« Distributionswegen wie Buch, Zeitungen, CDs und terrestrisches Fernsehen auch neue Datenträger wie Internet, Breitbandkabel und Satellit mit einbezieht.

Im zweiten Glied des globalen Medienmarktes bewegen sich etwa 40 bis 60 große nationale und regionale Firmen. Die meisten von ihnen – so etwa Dow Jones, Reuters, Havas, Kirch, Mediaset – kommen aus der nördlichen Hemisphäre. Es gibt aber auch Unternehmen aus dem Süden, beispielsweise Globo (Brasil), Clarin (Argentinien) oder Cisneros (Venezuela). Zu den wichtigsten transnationalen Medienakteuren sind in jüngster Zeit auch einige Firmen gestoßen, die in Osteuropa agieren. Beispiele sind das US-Unternehmen Central European Media Enterprises (CME), dessen Fernsehprogramme über 100 Mio. Zuschauer in Ost- und Südosteuropa erreichen, und die russische Media-Most-Gruppe des »Oligarchen« Vladimir Gusinski. »In einigen Beziehungen«, so Mc Chesney, »ähnelt der globale Medien-Sektor mehr einem Kartell als einem Marktplatz voller Wettbewerb, wie er in den ökonomischen Lehrbüchern beschrieben wird.«

Die Ausbreitung transnationaler Medienkonzerne und der weltweite Konsum ihrer Produkte – sei es direkt über die konzerneigenen Kommunikationskanäle, sei es mittels lokaler Medien – ist aber nur eine Erscheinungsform zunehmend integrierter Medienmärkte. Weitere Faktoren sind:

- die steigende Bedeutung der Auslandsberichterstattung für transnationale und lokale Eliten, wobei Wirtschaftsthemen eine besondere Rolle spielen;
- die zunehmende Reichweite nationaler Medienangebote, die auf gleichsprachige Länder ausgedehnt oder in spezifischer Form für die Diaspora in anderen Regionen produziert werden (zum Beispiel türkische Fernsehprogramme für Zentralasien und Westeuropa);
- die Anbindung nationaler Eliten an das Internet.

Das galt bereits zu Zeiten von *Bonanza* und *Lassie*; heute trifft es für Serien wie *Baywatch* und *Beverly Hills 90210* zu. Produkte der US-amerikanischen Unterhaltungsindustrie sind weltweit marktbeherrschend. Wie die US-Zeitschrift The Nation in ihrer Ausgabe vom 29.11.1999 berichtete, befinden sich acht der neun führenden Hollywood-Produktionsfirmen im Besitz der vorhin erwähnten Medienkonzerne. Sie erwirtschaften mehr als die Hälfte ihrer Einnahmen im Ausland. Es haben sich zwar in der Zwischenzeit andere Produktionszentren von Seifenopern und Action-Streifen herausgebildet, etwa in Mexiko City, Bombay oder Hongkong, doch bleibt die kommerzielle Vorrangstellung von Hollywood unangefochten.

Bei der globalen Vermittlung von politischen Informationen besteht ein ähnliches Übergewicht von angelsächsischen Medien. Reuters und AP haben alle anderen Nachrichtenagenturen hinsichtlich Vielfalt und Umfang ihres Online-, Bild- und Videoangebots weit abgeschlagen.[2]

---

2 In einer jüngeren Selbstdarstellung hieß es: »Reuters beliefert die globalen Finanzmärkte und Nachrichtenmedien mit der größten Vielfalt an Informationen und Nachrichten. Die Agentur liefert an über 900 *websites* Nachrichten und Informationen und erreicht damit schätzungsweise 40 Mio. Besucher was ungefähr 140 Mio. *pageviews* pro

Wenig ist geworden aus den langandauernden Bemühungen der blockfreien Staaten und der UNESCO, in den siebziger Jahren des 20. Jahrhunderts eine Neue Internationale Informationsordnung ins Leben zu rufen, in der die Welt nicht nur durch das Prisma der Industriestaaten dargestellt werden sollte. Nach wie vor, so das Ergebnis der britischen Studie »Viewing the World«, die im Juli 2000 in London vorgestellt wurde, besteht ein »ausgeprägtes Ungleichgewicht« in der Art, wie Entwicklungsländer in den Nachrichtenmedien dargestellt werden. Die Studie des *Department for International Development* zeigt auf, dass die britische Bevölkerung zu den Problemen der Entwicklungsländer eine tendenziell negative Einstellung hat, die zum Teil durch die Schwergewichte in der Berichterstattung bedingt ist. Die Berichte seien vor allem auf Naturkatastrophen, bizarre Ereignisse sowie Besuche westlicher Politiker beschränkt. Es gibt wenig Anlass zu der Annahme, dass sich die Berichterstattung in anderen westlichen Ländern hiervon grundlegend unterscheidet.

Monat bedeutet. Reuters bietet den Finanzmärkten globale Lösungen und Technologien, darunter unternehmensweite mediale Integration, Marktinformationen und Datentransfer, Vermögens- und Devisentransaktionen und ebenfalls Risiko- und Handelsmanagement. Es stellt Geschäftskunden Technologien und Internet-Portale zur Verfügung, damit diese ihre Einzelhandelskunden bedienen können. *Reuterspace* konzentriert sich auf Dienstleistungen im Bereich *business-to-business*, *consumer finance* und neue Medien. Reuters ist mit 2.100 Journalisten, Fotografen und Kameraleuten die größte Nachrichten- und Fernsehagentur der Welt. Sie unterhält 184 Büros und beliefert 154 Länder. Nachrichten werden in 23 Sprachen gesammelt und verbreitet. *Instinet*, ein von Reuters unabhängig betriebenes Tochterunternehmen, ist die weltgrößte elektronische Maklerfirma, die auf Aktien- und Kapitalanlagemärkten aktiv ist. Am 31. Dezember 1999 hatte die Reuters-Gruppe 16.546 Beschäftigte in 212 Städten und 97 Ländern.«

Eine neuere Makroanalyse des internationalen Informationsflusses in den Nachrichtenmedien zeigt, dass politische Macht und wirtschaftliche Stärke von Ländern und Regionen ausschlaggebend für den Stellenwert in der internationalen Berichterstattung ist. Die empirische Untersuchung von Denis Wu (2000) wertete für zwei Septemberwochen im Jahre 1995 aus, wie in 38 Staaten über das Ausland berichtet wurde. Dabei kam heraus, dass fast jeder fünfte Beitrag von den USA handelte. Auf den weiteren Plätzen folgten (in dieser Reihenfolge): Frankreich, Großbritannien, Russland, Bosnien, China, Deutschland, Italien, Japan und Spanien.[3] Internationale Politik, Außenhandel, Militärkonflikte und die Innenpolitik des betreffenden Landes waren die wichtigsten Themen in der internationalen Berichterstattung. Als maßgebliche Faktoren für den internationalen Nachrichtenfluss identifizierte die Studie das Ausmaß des wechselseitigen Handels, andere Formen wirtschaftlicher Interaktion sowie das Vorhandensein transnationaler Nachrichtenorganisationen vor Ort. Unter Verweis auf frühere Studien aus der Zeit des Kalten Krieges folgert Denis Wu, dass in unserer Zeit »wirtschaftliche Interessen, und nicht ideologische Gegensätze, die zentrale Rolle bei der internationalen Berichterstattung einnehmen«.

Der globale Informationsfluss in den Nachrichtenmedien ist folglich in zweifacher Hinsicht kommerzialisiert: Zum einen ist die wirtschaftliche Interaktion zwischen Staaten ein bestimmender Faktor der Berichterstattung. Zum anderen orientieren transnationale Nachrichtenorga-

---

3 Bosnien »qualifizierte« sich für diese Hitliste wegen des Krieges und der NATO-Intervention.

nisationen ihre lokale Präsenz an der Rentabilität. Wo aber kein Büro von Reuters oder AP vorhanden ist, fällt eine Region leicht in ein »schwarzes Loch«; nur durch Kriege und Katastrophen kann sie in den globalen Informationsfluss gelangen.

Ausdrücklich möchte CNN International, das nach dem zweiten Golfkrieg zum Inbegriff für globales Fernsehen aufgestiegen ist, die Ungleichgewichte im globalen Nachrichtenfluss vermindern. Sein Gründer, Ted Turner, hatte 1987 ein spezielles Programmformat eingeführt, den *World Report*. Im Austausch für ein CNN-Nachrichtenpaket bot er weltweit Fernsehorganisationen an, deren Beiträge ohne redaktionelle Veränderungen auszustrahlen. Zehn Jahre später beteiligten sich bereits 200 Fernsehsender aus mehr als 160 Ländern an diesem Programm (Lee et al. 1997). Die meisten Beiträge kamen aus Westeuropa und Asien, nur wenige hingegen aus Osteuropa oder gar Afrika. Internationale Beziehungen, soziale Fragen (wie Gesundheit und Erziehung), Kunst und Kultur sowie Wirtschaft gehörten in dieser Reihenfolge zu den wichtigsten Themen. Im Vergleich zu den Beiträgen, die für das heimische Publikum produziert wurden, waren in den *World Reports* die Themen internationale Politik, Innenpolitik, Wirtschaft, Naturkatastrophen sowie militärpolitische Probleme schwächer vertreten. Somit liegt der Verdacht nahe, dass Fernsehsender für ihren *World Report* den eigenen Staat konfliktfreier und »ansehnlicher« darstellten, als dies für die eigene Bevölkerung der Fall war. Dieses Bild erinnert fatal an Meldungen, die die Presseagenturen der Blockfreien Staaten etwa zwischen 1975 und 1995 in ihrem Nachrichtenpool austauschten: Sogenannte »weiche Themen« wie Gesundheit, Bildung, Kultur und *human interest stories* prägten das Angebot. Brisante Themen wurden nach Möglichkeit umgangen. Wenn sie jedoch unvermeidbar waren, dann folgten die Berichte in der Regel behutsam der offiziellen politischen Linie des Herkunftslandes.

Besonders bemerkenswert ist, dass die Forscher keine größeren inhaltlichen Abweichungen zwischen CNN *World Report* und den amerikanischen Fernsehsendern feststellen konnten. Vermutlich haben die Autoren der *World-Report*-Beiträge sich den Formaten des US-Journalismus angepasst. Die US-Fernsehkultur ist dabei im Unterschied zu westeuropäischen Traditionen des öffentlich-rechtlichen Rundfunks durch eine stark kommerzielle Ausrichtung geprägt. Zum Beispiel wird bei der knappen Aufbereitung der Inhalte Zeit und Platz für Werbung eingeplant und bei der Auswahl der Themen auch an ihren Unterhaltungswert gedacht.

Der Schlussfolgerung der Studie, wonach durch den *World Report* das »Ziel eines ausgewogeneren Informationsaustausches zwischen den Nationen« erreicht wurde, kann insofern nur beschränkt gefolgt werden. Noch problematischer ist die Behauptung, dass CNN »eine Plattform für weltweite Kommunikation« geschaffen habe (Volkmer 1999, 2). Nach wie vor sind CNN, BBC World, TV 5 und ähnliche Sender vor allem Betreiber zentralisierter Nachrichtenflüsse. Sie sind geprägt von den politischen, wirtschaftlichen und kulturellen Einstellungen sowie den Interessen, die die Eliten der führenden Industrieländer haben.

Infotainment und die *Sultans of Spin*: Politische Kommunikation in einer kommerzialisierten Weltöffentlichkeit

Wie wirkt sich die kolossale Medienkonzentration auf die Qualität des Journalismus aus? Zunächst einmal ist wichtig, dass die Entstehung eines öffentlich-rechtlichen Rundfunks nach britischem und deutschem Muster nicht zu erwarten ist. Nicht zuletzt fehlt es hierzu an einem »weltstaatlichen« Gegenüber. Die UNO hat hier wenig Gestaltungsfähigkeit, ihre Spezialorganisation für Bildung und Erziehung, Wissenschaft, Kultur und Kommunikation (UNESCO) leidet nach wie vor darunter, dass die USA in den achtziger Jahren aus Protest gegen die Vorstellung einer Neuen Internationalen Informationsordnung austraten.

Auf dem internationalen Markt haben sich private Medienkonzerne etabliert, die geradlinig der Logik einer globalen Ausweitung ihrer Geschäftsfelder folgen. Ein von politischen Idealen getriebener Zeitungsbesitzer, der »die Reichen und Mächtigen« durch mutige und unkorrumpierbare Berichterstattung in die Schranken weist, ist längst auch im nationalen Rahmen eine seltene Erscheinung geworden. An seine Stelle sind der Öffentlichkeit kaum bekannte Mitglieder von Aufsichtsräten getreten, die aus dem Hintergrund Medienkonzerne und somit auch die Berichterstattung lenken. Starke Nachrichtenorganisationen, die keine Anbindung an transnationale Megamedien besitzen, sind kaum vorhanden. Dies ist nicht unproblematisch. Denn konzerneigene Nachrichtenmedien werden über vielleicht kritikwürdige Vorgänge in der eigenen Unternehmung vermutlich weniger unvoreingenommen und forsch berichten können als unabhängige Organisationen.

Ein früherer leitender Redakteur der New York Times, Gene Roberts, hat in wenigen Worten zusammengefasst, wie sich die Eingliederung von Nachrichtenorganisationen als Profitzentren in große Konzerne bemerkbar macht:

»Große Verlagshäuser und Unternehmensgruppen werden sagen, dass sie sich nicht in die lokale Berichterstattung einmischen. Sie bestehen einfach darauf, dass jede Zeitung einen akzeptablen Profit für die Zentrale abwirft. (...) Allein diese Tatsache bewegt Zeitungen, die ja in einem zyklischen Geschäft arbeiten, dazu, ihre Berichterstattung zurückzunehmen, indem sie den Platz für Nachrichten kürzen und an Nachrichtenredakteuren sparen. (...) Die Art und Weise der Berichterstattung wird von Verantwortlichen aus der Führungsetage am Sitz der Verlagsgruppe bestimmt, die weit weg von den lokalen Ereignissen sind. Nur selten geschieht dies durch Weisung von oben oder gar durch Befehl. Nur selten werden Geschichten ›abgeschossen‹ oder anders gefärbt. (...) Gewöhnlich wird die Ausrichtung auf die Interessen der Zentrale anders erreicht: durch die Ernennung eines fügsamen Redakteurs, durch gemeinsame Konferenzen, die die korporative Identität hervorheben und zu einer einheitlicheren Sicht der Dinge führen, oder aber durch die Art und Weise, wie ein Marketingdirektor Lesererhebungen interpretiert und auf dieser Grundlage komplexe Probleme der Nachrichtenauswahl und Berichterstattung auf der Ebene eines kleinsten gemeinsamen Nenners lösen will.« (Giles 1998).

Journalistischer Qualitätsverlust und schwindende Meinungsvielfalt (*57 Channels and nothin' on* hieß ein Song von Bruce Springsteen) scheinen die Merkmale von Medienkonzentration in Industrieländern zu sein. Einige Forscher sprechen von der Tabloidisierung als unvermeidlicher Folge des »Vormarsches der Megamedien«. Kommerzielle Sender gleichen sich den Mustern der Sensationsblätter an und rücken Kriminalität, Katastrophen und Prominenz nach vorne (Alger 1998). So wie zum Ende des 19. Jahrhunderts der Boulevardjournalismus als Folge des Konkurrenzkampfes zwischen Zeitungen und Zeitungsketten entstand, so umschreibt der Begriff »Infotainment« in unserer Zeit die Bemühung kommerzieller Rundfunkbetreiber, das Wertvollste zu ergattern, was das Publikum verschenken kann: Aufmerksamkeit. *Infotainment* gründet auf der Annahme, dass ein größeres Publikum vor den Bildschirmen bleibt, wenn anspruchsloseren Themen Nachrichtenwert zugesprochen wird. Die aufwendige und in der Regel auch teure Recherche und die journalistische Bearbeitung seriöser Themen tritt stattdessen in den Hintergrund.

Mit dem *dumbing down* im Unterhaltungsangebot und dem Infotainment im Nachrichtenangebot geht eine weitere Entwicklung einher: der zunehmende Einfluss von Public-Relations-Agenturen und der sogenannten »Spin Doctors«, die längst nicht mehr allein im angelsächsischen Raum die politische Kommunikation prägen (Jones 1998). Es geht den »Sultans of Spin« nicht um die Inhalte, sondern vor allem um die Präsentation der Politik. Ziel ist, Popularität und öffentliches Ansehen ihrer Auftraggeber zu steigern. Public-Relations-Agenturen sind private Unternehmen, die fast unbemerkt Umsätze von mehreren

Milliarden Dollar jährlich erzielen und dabei der Durchsetzung von Partikularinteressen in der Öffentlichkeit verpflichtet sind:

>PR-Agenturen, von denen die meisten Menschen noch nie etwas gehört haben – so etwa Burson-Marsteller, Hill & Knowlton und Ketchum – arbeiten für unzählige einflussreiche Interessengruppen – von Diktaturen bis hin zur Kosmetikindustrie –, um die öffentliche Meinung, die Politik oder den Informationsfluss zu manipulieren.« (Stauber 1997).

Im Kampf um die Aufmerksamkeit der Öffentlichkeit wird Politik von Werbefirmen zwar als spezifisches Produkt behandelt, aber doch eben als Produkt, das genauso wie andere Dinge vermarktet werden muss. Das gilt nicht nur für die innenpolitischen Themen, sondern in immer größerem Ausmaß auch für weltpolitische Fragen. So kommt der Definition von Konflikten in entfernten Ländern in der US-amerikanischen oder westeuropäischen Öffentlichkeit eine gestiegene Bedeutung zu, seit sich das ideologisch geprägte Freund-Feind-Schema aus der Zeit des Kalten Krieges verflüchtigt hat. Der zweite Golfkrieg und insbesondere die Kriege im ehemaligen Jugoslawien wurden in den transnationalen Medien auch als Propagandakriege geführt, bei denen es um das Wohlwollen der Weltöffentlichkeit (und vor allem der veröffentlichten Meinung in den westlichen Industriestaaten) ging. Einen wesentlichen Einfluss auf die Berichterstattung transnationaler Nachrichtenorganisationen über diese Konflikte übten private Public-Relations-Firmen aus, die von den kriegsführenden Parteien bezahlt wurden (Beham 1997). Im Repertoire waren dabei alle Techniken der Inszenierung von Politik vertreten: die Bereitstellung von Hintergrundmaterialen für Journalisten, die Platzierung von Meinungsartikeln und die Schulung von Politikern, wie man 15-Sekunden *sound-bites* (kurze, fernsehgerechte Statements) am besten von sich gibt.

Viele »Neue Demokratien« in Ost- und Mitteleuropa haben in der kurzen postkommunistischen Zeit westliche Modelle der politischen Kommunikation »adaptiert«. So ließ sich der frühere russische Präsident Boris Jelzin von US-amerikanischen Wahlkampfspezialisten unterstützen. Öffentlich-rechtliches Fernsehen hat in dieser Region einen immer schwierigeren Stand gegenüber der Konkurrenz des kommerziellen Fernsehens, zumal gegenüber jenen Sendern, die von westlichen transnationalen Korporationen betrieben werden. Ob es Pop TV (Slowenien), Markiza TV (Slowakei) oder der zweite Kanal des früheren bulgarischen Staatsfernsehens ist, der der News Corporation von Rupert Murdoch zugesprochen wurde: Infotainment und leichte Unterhaltungskost sind bei allen diesen Stationen Wesensmerkmale.

Natürlich hat die Präsenz transnationaler Medienorganisationen in Ost- und Südosteuropa, sowie in Entwicklungsländern auch gewisse positive Auswirkungen. »Sie zahlen nicht viel, aber sie zahlen regelmäßig,« fasste eine bulgarische Kollegin, deren Zeitung vom Essener WAZ-Konzern übernommen wurde, die Situation zusammen. Angesichts der desolaten wirtschaftlichen und sozialen Verhältnisse in dieser Region bedeutet der Übergang in westliches Eigentum oftmals die Garantie für das Überleben einer Medienorganisation sowie eine relative materielle Absicherung der Journalisten und anderer Angestellter. Die Organisation kann auch von einem Wissenstransfer profitieren, insbesondere im Bereich der neuen Technologien. Zusätzlich bietet ausländischer Besitz in der Regel einen gewissen Schutz vor der Willkür staatlicher oder anderer politischer Instanzen.

Der Preis kann aber beträchtlich sein: Wie die Erfahrung mit ausländischen Besitzern von Fernsehstationen in Zentraleuropa belegt, wird häufig eine allzu kritische Berichterstattung vermieden, um die Verlängerung der Sendelizenzen und insgesamt einen reibungslosen geschäftlichen Ablauf sicherzustellen. Bertelsmann, Springer, WAZ und einige andere westeuropäische Konzerne haben weite Teile des Zeitungsmarkts in Zentraleuropa, vor allem in Polen, der Tschechischen Republik und Ungarn, unter ihre Kontrolle gebracht. Im Fernsehbereich gewann die US-amerikanische Aktiengesellschaft CME (Central European Media Enterprises) die Oberhand. Ob, wie der polnische Medienanalytiker Karol Jakubowicz fragte, daraus eine Partnerschaft oder eine Eroberung wird, bleibt abzuwarten. Ein Prüfstein wird sein, wie westliche Medienbesitzer auf gewerkschaftliche Forderungen reagieren werden, den politischen und sozialen Status (zum Beispiel vertraglich verankerte Redaktionsstatuten) der Angestellten im Osten oder Süden den Beschäftigungsbedingungen der westlichen Angestellten anzunähern.

Digitale Kluft und die Zukunft der Nachrichtenmedien: Chancengleichheit und öffentliches Interesse im Zeitalter des Internets

Das Internet, so behauptet zumindest die Fangemeinde, wird sich allmählich alle anderen Kommunikationsmedien einverleiben und, wie im Falle früherer großer Erfindun-

gen, die gängigen Vorstellungen von Zeit und Raum um-
wälzen. Nicht nur Medien, sondern die Wirtschaft insgesamt wird ohne Rücksicht auf bisherige Grenzen zwischen
Industrien, Nationen oder Staaten neu gestaltet. Der Journalismus wird in dem weltumfassenden Medien- und
Kommunikationssystem immer mehr an Bedeutung verlieren. Betroffen werden auch zahlreiche Nachrichtenmedien: Entweder schrumpfen sie zu lokalen Anbietern, oder
aber sie werden von großen, nationalen und transnationalen Medienkorporationen aufgesaugt. Im Unterschied zu
»Grundinformation«, die schon jetzt im Internet kostenlos
angeboten wird, wird Qualitätsjournalismus, der auf Ori-
ginalität, Glaubwürdigkeit und Genauigkeit fußt, noch
teurer: Mittelgroße Akteure haben auf diesem Markt nur
geringe Chancen, dauerhaft zu bestehen.

Zweifelsohne haben die wichtigsten transnationalen
Medienkonzerne die Signale der Zeit verstanden und ihre
Entwicklungsstrategien auf das Internet ausgerichtet. So
teilte Anfang 2000 Reuters mit, in den nächsten drei Jahren
annähernd 800 Mio. US-$ in die Stärkung seiner Internet-
Präsenz investieren zu wollen. Der Fernsehsender BskyB
wollte 400 Mio. US-$ in die Integration seiner Angebote
investieren: vom PC über das Mobiltelefon bis zum digitalen Satellitenfernsehen via Internet. Ähnliche Pläne haben Bertelsmann sowie die französische Gruppe Canal
Plus/Vivendi bekannt gegeben. Die reichsten und mächtigsten Medienkonzerne machen sich schon seit langem im
Internet breit. Wie viel Aufmerksamkeit wird für andere
Anbieter und andere Inhalte übrig bleiben? Wird die Da-
tenbahn mit oder ohne Maut befahrbar sein? Werden sich
die lokale und internationale zivile Gesellschaft – zum
Beispiel die weltweit operierenden Nichtregierungsorgani-

sationen (NGOs) und andere Non-Profit-Gruppen – nur an den Rändern der Informationsgesellschaft ansiedeln können?

In den USA wird offiziell von *digital divide* gesprochen. Dieser Ausdruck soll beschreiben, dass zwar immer mehr Amerikaner Zugang zum Internet erwerben, dass aber zugleich die ohnehin benachteiligten gesellschaftlichen Gruppen die neue Kommunikationsstruktur verhältnismäßig wenig nutzen. Die Aussichten, dass Afroamerikaner und *Hispanics* Zugang zum Internet erhalten, betragen nur ein Fünftel der Chancen, die sich ihren weißen Mitbürgern eröffnen. Eine Studie des US-Handelsministeriums aus dem Jahr 1999 zeigte auf, dass Bildung, Einkommen und Rassenzugehörigkeit die ausschlaggebenden Faktoren für die Nutzung des Internets sind. Zwischen 1997 und 1998 hat sich die Kluft im Zugang zur Informationstechnologie zwischen den Haushalten in den USA mit den höchsten und niedrigsten Einkommen um ein Drittel vergrößert.

Diese »digitale Kluft« zwischen Reichen und Armen reproduziert sich weltweit. Der jüngste UN-Bericht zur menschlichen Entwicklung (*Human Development Report*) wies darauf hin, dass in Thailand mehr Mobiltelefone in Betrieb sind als in ganz Afrika. Bulgarien besitzt mehr Internetanbieter als das gesamte Afrika südlich der Sahara (ohne Südafrika). Die in Nairobi erscheinende Zeitung The Nation berichtete im Juli 1999 anlässlich der Vorstellung des *Human Development Report*, dass Sozialwissenschaftler in Kenia in der neuen Informationstechnik ein wichtiges Instrument sehen, allgemeingültige Werte wie Menschenrechte, Demokratie und *good governance* durchzusetzen. Kritisch merkte das Blatt jedoch an:

»Zur gleichen Zeit hat sie (die Informationstechnik, die Red.) es der Unterhaltungsbranche erleichtert, unsere Orientierung als Afrikaner zu formen und uns eine Weltanschauung beizubringen, die nicht unsere eigene ist – die der populären Kultur. Das bittere Resultat ist ein Vertrauensverlust in unsere eigene Kultur und unsere eigenen Produkte, was sich möglicherweise zur niederschmetternden Realität fehlender Beschäftigungsmöglichkeiten für uns zusammenfügt – während wir damit beschäftigt sind, uns Dinge von anderen zu leihen.« (The Nation, 07/1999).

Transnationale Kommunikationskanäle werden weltweit vor allem für private wirtschaftliche Interessen benutzt. Joseph S. Nye, Dekan der *School of Government* an der Harvard-Universität, hat auch vor der einseitigen Privatisierung des Internets gewarnt (Financial Times, 3.2.2000). Es stimmt, dass freie Märkte die Auswahl verbessern, so Nye, aber die Selbstbestimmung erweitert sich nur für jene, die über genügend finanzielle Mittel verfügen. Chancengleichheit und öffentliches Interesse sind nie automatisch gewährleistet, auch nicht im Internet. Deswegen verlangt Nye nach einer bedachten Regierungspolitik, die Öffentlichkeit und öffentliches Interesse bewahrt, den Zugang zur Informationstechnologie erweitert und somit soziale und andere Barrieren überwinden hilft.

Paradoxe Informationsordnung:
Kommerzialisierung der Öffentlichkeit
und staatliche Durchdringung der Privatsphäre

Zur Zeit schaut es freilich eher so aus, als ob in der Welthandelsorganisation (WTO) und nicht in der UNESCO der
politische und völkerrechtliche Rahmen für die zukünftige
globale Informationsordnung errichtet wird. Es entsteht
ein Paradoxon: Einerseits werden Information und Kultur
zu Produkten und damit die Weltöffentlichkeit zunehmend privatisiert. Andererseits aber schwindet die private
Sphäre in der nationalen und internationalen Kommunikation auch für einzelne Menschen. Nicht nur in nicht-
konsolidierten neuen Demokratien wie in Russland verlangt und erhält der Staat durch seine zahlreichen Ge-
heimdienste Zugangs- und Überwachungsrechte über alle
Formen der Kommunikation, so auch die elektronische
Post (E-mail) im Internet. Schon lange sind die USA über
das weltumspannende Abhörsystem Echolon in der Lage,
jede Form des internationalen Nachrichtenaustausches, sei
es in Telefongesprächen, Faxsendungen oder E-Mails,
abzufangen. Zur Zeit werden in den USA und in Großbritannien Gesetzentwürfe zur Bekämpfung organisierter
Kriminalität angekündigt, die die private Sphäre im Internet abschaffen wollen: Der Staat verlangt Einsicht auch in
verschlüsselte Nachrichten, die zwischen Privatpersonen
oder Firmen ausgetauscht werden. Was mit der
Marx'schen Vision von der profitgetriebenen Beschleunigung der Kommunikation begann, wird nunmehr durch
die Orwell'sche Anti-Utopie durchdrungen. Im Unterhal-
tungsbereich ist bereits eine freiwillige Selbstaufgabe der
Privatsphäre zu beobachten, die sich mit einem Massen-

voyeurismus verbindet. Der *Big Brother* à la Endemol ist hierfür Sinn- und Zerrbild: Eine kommerzialisierte Medienöffentlichkeit labt sich an dem Konstrukt einer gläsernen Privatsphäre und nimmt auch am Banalsten noch regen Anteil.

Literatur

Alger, Dean, 1998: Megamedia, the State of Journalism, and Democracy, in: The Harvard Review of Journalism and Politics, Winter, S. 126-133.

Beham, Mira, 1996: Kriegstrommeln. Medien, Krieg und Politik. München, DTV.

Giles, Bob, 1998: Media Concentration: Too Much Power for Too Few Players?, Speech delivered to the German Historical Society, Washington, D.C., Jan. 29
(www.freedomforum.org/professional/1999/2/3tmp.asp).

Jones, Nicholas, 1999: Sultans of Spin. The Media and the New Labour Government, London: Orion.

Lee, Sangchul/Ece Algan/Don Flournoy, 1997: CNN World Report: A Five Year Content Analysis. A paper presented at International Association of Mass Communications Research Conference, Oaxaca, Mexico, July
(http://oak.cats.ohiou.edu/~sl302186/cnnwr.htm).

Lerner, Daniel 1958; 1962: The Passing of Traditional Society. Modernizing the Middle East. Glencoe, Ill.: The Free Press.

Mattelart, Armand, 1999: Against global inevitability
(www.oneworld.org/wacc/media/mattelart.htm).

McChesney, Robert, 1999: Rich Media, Poor Democracy. University of Illinois, Illinois.

McChesney, Robert, 1999: The New Global Media. It's a Small World of Big Conglomerates. In: The Nation, Nairobi
(www.thenation.com/issue/99129/1129mcchesney.shtml).

O'Connor, Rory, 1999: How Independent Journalism Can Survive Globalisation, in: The Nation, Nairobi
(www.thenation.com/issue/99129/1129oconnor.shtml).

Schechter, Danny, 2000: Globalization Limits Media Change
www.mediachannel.org/views/dissector/mediachange.shtml).

Stauber, John, 1999: War on Truth. The Secret Battle for the American Mind. An Interview. Published in »The Sun«, London (http://home.earthlink.net/-dbjensen1/stauber.html).

Volkmer, Ingrid, 1999: CNN – News in the Global Sphere. Luton: University of Luton Press.

Wu, Denis H., 2000: Systemic Determinants of International News Coverage: A Comparison of 38 Countries, in: Journal of Communication, Vol. 50, Spring, No. 2, S. 110-130.

KEES VAN DER PIJL

»Private Weltpolitik«
Zur Geschichte der liberalen Weltordnung

Dieser Beitrag beleuchtet die historische Bedeutung »privater«, d.h. nicht öffentlich legitimierter, überwiegend diskret tätiger und der Privatwirtschaft verbundener Persönlichkeiten und Gremien bei der Konzeption und Organisation der liberalen Weltordnung. Im Mittelpunkt stehen dabei diejenigen privaten Akteure, die sich – ausgehend von England, dem Mutterland moderner liberaler Gesellschaften – über die direkte Verfolgung ihrer unmittelbaren Eigeninteressen hinaus transnational vernetzt, politisch koordiniert und intellektuell abgestimmt haben, nicht um eine konspirative Weltregierung zu bilden, sondern um die allgemeinen politischen Existenzbedingungen der liberalen Gesellschaftsordnung auch im Weltmaßstab immer wieder neu zu sichern. Diese Kräfte können in marxistischer Terminologie als transnationale Klasse oder im Sinne von Benedict Anderson (1983) als »vorgestellte Gemeinschaft« (*imagined community*) bezeichnet werden. Sie handeln, so die hier vertretene These, zweigleisig: Erstens agieren sie vermittelt durch weltpolitisch aktive Staaten, die allerdings untereinander im Wettbewerb stehen und durch die Demokratisierung vielfältigen innenpolitischen Kompromisszwängen und Rücksichtnahmen unterworfen sind. Zweitens bemühen sich diese privaten Kräfte, ihre politischen Vorstellungen und Aktivitäten jenseits staatlicher Strukturen transnational abzustimmen.

Die historische Entwicklung der liberalen Weltordnung wird somit durch zwei parallel verlaufende Trends bestimmt: die formelle internationale Organisation auf der Basis zwischenstaatlicher, genauer gesagt intergouvernementaler Beziehungen (Commonwealth, Völkerbund, Vereinte Nationen und viele funktionale internationale Organisationen) und die informelle transnationale Organisation privatwirtschaftlicher Kräfte.

Im folgenden skizziere ich die historischen Konturen der privaten Organisation der liberalen Weltordnung (ausführlich dazu: van der Pijl 1998). Ich möchte damit belegen, dass Weltpolitik angesichts der immer weniger durch formelle staatliche Strukturen begrenzten und bestimmten internationalen Beziehungen zur *reinen* Privatangelegenheit wird.

Private Weltpolitik in der Zeit des Britischen Empire

Den ersten historischen Fall einer »vorgestellten Gemeinschaft« weltpolitisch aktiver privatwirtschaftlicher Kräfte stellt das Freimaurertum dar (van der Pijl 1998, 99-106). Es ist zu verorten im Kontext des Aufstiegs Großbritanniens, bis das Land im 19. Jahrhundert in der Lage war, seinen Rivalen eine Friedensordnung aufzuzwingen (»Pax Britannica«). Der politische Aufstieg des Freimaurertums lässt sich zurückverfolgen bis zur englischen *Glorious Revolution* von 1688, die mit der konstitutionellen Begrenzung staatlicher Macht und mit der Unantastbarkeit des »Privaten« erstmals zwei Kernelemente der bürgerlichen Gesellschaftsordnung durchsetzte. John Locke verarbeitete diese politische Revolution theoretisch in einer Streitschrift unter dem Titel »Two treatises of government« (»Zwei Abhandlungen über Regierung«) (1689), in der er die Erfahrungen der sich selbst regierenden Pflanzergemeinschaften im weit entfernten Nordamerika zu einer Theorie freiheitlicher politischer Institutionen in bürgerlich verfassten Gesellschaften verallgemeinerte.

Zu dieser Zeit hatten die von Auflösung bedrohten englischen Steinmetzzünfte begonnen, Menschen anderer Berufe als Mitglieder aufzunehmen, häufig aus dem niederen Adel. Als »Freimaurer« nahmen diese Männer eine neue Identität an, die nicht mehr durch eine vorab den Status zuschreibende, spätfeudale Ordnung beschränkt war und doch ein Stück weit das Gefühl einer göttlich sanktionierten sozialen Stellung und Klassenloyalität bewahrte. Politisch war das Freimaurertum in all seinen Facetten liberal und den Errungenschaften der *Glorious Revolution* verpflichtet. Das Freimaurertum stellte das Dach bereit, unter dem alle diejenigen Kräfte, die aus unterschiedlichen Gründen an einem Wandel von einer feudalistischen zu einer Marktgesellschaft interessiert waren, eine kollektive Identität entwickeln konnten, die einerseits offen für Bündnisse, andererseits aber auch exklusiv in Bezug auf die unteren Klassen war. Gleichzeitig stellte das Freimaurertum Strukturen bereit, über die sich der politische Prozess ganz diskret und informell beeinflussen ließ. Vor allem der dritte Großmeister der britischen Freimaurer, Desaguliers, der 1721 aus seinem Amt schied, wurde zum »Prototyp einer langen Reihe von mächtigen Freimaurerfiguren, die den Schatten dem Rampenlicht und die Realität der Macht deren bloßer Erscheinung vorzogen« (Knight 1985, 26).

Die Freimaurer propagierten die Idee einer Trennung von Staat und Gesellschaft im Sinne der *Glorious Revolution* und John Lockes auch außerhalb Großbritanniens. Desaguliers, seiner Herkunft nach ein französischer Hugenotte, gilt als Architekt der transnationalen Expansion der Logen auf das europäische Festland und in die überseeischen britischen Siedlungskolonien. So spielten beispielsweise die französischen Freimaurer, die von Lockes Schrift »Zwei Abhandlungen über Regierung« in einer etwas abgewandelten französischen Übersetzung nachhaltig inspiriert wurden, eine maßgebliche Rolle bei der Französischen Revolution (Jacob 1991, 17 und 111). Das Freimaurertum wurde auch für die bürgerlichen Kreise in den englischsprachigen Ländern zum Vehikel ihrer transnationalen Integration, obwohl seine liberale Programmatik paradoxerweise auch die Selbstbestimmung und Loslösung der Vereinigten Staaten von der britischen Krone begünstigt hatte. Im britischen Empire des 19. Jahrhunderts diente das Freimaurertum als internes Nervensystem und Zusammenhalt der herrschenden bürgerlichen Kreise. 1872 gab es etwa vier Millionen Freimaurer im gesamten britischen Empire, verglichen mit einer halben Million Gewerkschafter und 400 000 Mitgliedern in der Genossenschaftsbewegung (Rich 1988, 176). Rotary und Lions Clubs, beide aus den USA stammend, festigten den transnationalen Zusammenhalt des Bürgertums noch weiter, indem sie die verschiedenen bürgerlichen Fraktionen, vor allem das einfachere Bürgertum, in die herrschenden Kreise integrierten.

Der Aufstieg des Deutschen Reichs in Europa und das Anwachsen einer großen, sich ebenfalls transnational vernetzenden Arbeiterbewegung bedeuteten im späten 19.

Jahrhundert eine massive Herausforderung für die zuvor so selbstverständlich scheinende Dominanz des britischen Bürgertums. Zwar hatte die Gewährung eines Mindestmaßes an sozialer Sicherheit für die Arbeiterschaft den nationalen Zusammenhalt über die Klassengrenzen hinweg gefestigt, doch brachte der Nationalismus nun die Gefahr mit sich, die Staaten in möglicherweise unkontrollierbare Abenteuer zu verwickeln. Angesichts der mit demokratischer Politik zwangsläufig verbundenen Emotionalität sei es deshalb »das Geschäft der außerhalb der Politik Stehenden, die Grundlagen für klügere Politik zu schaffen«, formulierte der bürgerliche Friedensforscher und Nobelpreisträger Norman Angell (zit. in de Wilde 1991, 88). Um auf diese Herausforderungen reagieren zu können, erschienen die bisherigen Clubstrukturen aus herrschender bürgerlicher Sicht nicht mehr als angemessen; es galt nun, die Politikplanung auf eine solidere und exklusivere Grundlage zu stellen.

Dieser ambitionierten Aufgabe widmete sich Cecil Rhodes, ein britischer Finanzier und Begründer eines Wirtschaftsimperiums im südlichen Afrika, zusammen mit seinem Freundeskreis; zu diesem gehörten unter anderem Nathan Rothschild, Mitglied der berühmten Bankerfamilie, William T. Stead, ein einflussreicher Journalist, Lord Escher, ein Vertrauter des Königshofes, und Alfred Milner, britischer Hochkommissar während des Burenkriegs. Fast alle Mitglieder waren übrigens Freimaurer. Norman Angell unterstützte die Gruppe persönlich. Diese »Geheimgesellschaft« propagierte die Idee, dass das Britische Empire die höchstentwickelte Form der Zivilisation sei und sich in ihm die moralische Freiheitsidee verwirkliche. Die Rhodes/Milner-Gruppe, wie sie nach dem Tod ihres Gründers genannt wurde, wurde zum Modell für alle späteren, von privater Seite eingerichteten internationalistischen Politikplanungsgruppen und Think Tanks. Sie ging planmäßig und systematisch vor, und rekrutierte zu diesem Zweck junge Absolventen der Universität von Oxford. In den Vordergrund rückte die ideologische anstelle der familiären Verwandtschaft (Quigley 1981, 29). Die Gruppe war mit verschiedenen anderen Netzwerken verknüpft. Dazu gehörten die Diskussionsgruppen, die im Zusammenhang mit der 1910 von Mitgliedern der Rhodes/Milner-Gruppe gegründeten Zeitschrift »Round Table« entstanden waren und die Commonwealth-Idee propagierten. Dazu gehört auch der »Cliveden Kreis«, benannt nach dem Landgut der Familie Astor, das in den zwanziger Jahren als Treffpunkt der Rhodes/Milner-Gruppe und ihrer ausländischen Kontakte diente (Quigley 1981; van der Pijl 1998, 108-112).

Die Rhodes/Milner-Gruppe nahm wesentlichen Einfluss auf die Konzeption des späteren Commonwealth und der transatlantischen Beziehungen. Bereits 1887 hatte Großbritannien begonnen, *Imperial Conferences* zu organisieren, um die sich selbst verwaltenden Dominions wieder stärker in seine Außenpolitik einzubinden. Auf der *Imperial Conference* von 1911 wurde das Empire in eine Föderation Großbritanniens und der autonomen, gleichberechtigten Dominions umgewandelt, wobei Großbritannien für die Außen- und Verteidigungspolitik zuständig blieb (Hall 1971, 67). Auch die Beziehungen zwischen den angelsächsischen Ländern Großbritannien und USA wurden gegen Ende des 19. Jahrhunderts immer enger; dies zeigte sich zum Beispiel in der Chinapolitik oder in der Rivalität zu Deutschland. Im *Arbitration Treaty* von 1911 kamen die USA und Großbritannien (zusammen mit Kanada) überein, in ihren gegenseitigen Beziehungen den Krieg zu ächten (Gollwitzer 1982, 254-255). Zum ersten Mal schlossen sich so die Englisch sprechenden, liberal verfassten Staaten angesichts der imperialistischen Konkurrenten und des drohenden Weltkriegs politisch zusammen.

Private Weltpolitik in der Völkerbundszeit

Vor dem Hintergrund wachsender wirtschaftlicher und unternehmerischer Verflechtungen wurde das Commonwealth (mit den USA als stillem Gesellschafter) zum Modell einer losen und sehr flexiblen Verbindung souveräner Staaten, »einem System untereinander verbundener Gruppen, Organisationen und Gesellschaften innerhalb einer größeren Gemeinschaft, die Verhärtungen und Fraktionierungen in ihrer politischen, wirtschaftlichen und sozialen Struktur weitgehend zu vermeiden in der Lage ist« (Hall 1971, 106; van der Pijl 1998, 72).

Diese Flexibilität wurde nicht zuletzt durch die privaten Planungsgruppen erreicht, die im Hintergrund wirkten. Die Abstimmungen zwischen den privaten Netzwerken und den entstehenden weltpolitischen Strukturen wurde jeweils durch ein (Konferenz-)Sekretariat organisiert, das die Zusammenkünfte vorbereitete und die Tagesordnungen festlegte. Das *British Committee on Imperial Defence* leistete in dieser Sekretariatsfunktion auch konzeptionelle Vorarbeit für den Völkerbund, in dessen Organisation einige wesentliche Aspekte des Commonwealth einfließen sollten (Jordan 1971; Murphy 1994, Kap. 2; van der Pijl 1998, 72-73).

Der Übergang von einer *Pax Britannica* zu einer *Pax Americana* und damit zusammenhängend auch die Reorganisation der transnationalen privaten Politikplanung verlief trotz teilweise erheblicher Friktionen letztlich erfolgreich (Kolko 1968). Dafür verantwortlich waren zum einen gemeinsame Interessen wegen der Herausforderung der liberalen Ordnung durch Nazi-Deutschland und die kommunistische Bedrohung. Diese beiden antiliberalen Kräfte unter Kontrolle zu bringen, überstieg letztlich die Möglichkeiten des liberalen britischen Bürgertums. Es suchte deshalb bei seinem amerikanischen Gegenüber nach Hilfe. Zum anderen existierte eine besondere Beziehung zwischen dem britischen und dem amerikanischen Bürgertum; sie beruhte auf der gemeinsamen Sprache, dem gemeinsamen puritanischen und Lockeschen Erbe, den bereits bestehenden engen, wenn auch nicht immer reibungslosen Beziehungen der Rhodes/Milner-Gruppe zu Counterparts in den USA wie den Carnegie-Stiftungen (u.a. *Carnegie Endowment for International Peace*) und dem Finanzimperium J.P. Morgans und nicht zuletzt auf der Erfahrung, politische Herausforderungen durch transnationale Konsultation und Planung meistern zu können.

Zwar scheiterte das ambitionierte Projekt, einen gemeinsamen angloamerikanischen Think Tank einzurichten, ein Projekt, um das sich Lionel Curtis, ein enger Mitarbeiter Milners, mehrere Jahre lang bemüht hatte (Shoup/Minter 1977, 12). Doch nach Ende des Ersten Weltkriegs entstanden unter maßgeblicher Beteiligung von Curtis das *Royal Institute of International Affairs* (Chatham House) und sein amerikanisches Gegenstück, der *Council on Foreign Relations*, der mit der Morgan-Gruppe verbunden war (van der Pijl 1998, 114). Ein weiteres Beispiel für transnationale private Politikplanung ist die Internationale Handelskammer in Paris, die in den zwanziger Jahren bei den Dawes- und Young-Plänen zur Regelung der deutschen Kriegsreparationen eine entscheidende Rolle spielte. In diesem Fall arbeiteten die Rhodes/Milner-Gruppe, der Kreis um J.P. Morgan in den USA und Verbündete in Schweden und den Niederlanden daran, den deutschen Kapitalismus vor einem drohenden wirtschaftlichen Zusammenbruch und der Übernahme durch faschistische oder kommunistische Kräfte zu retten.

Die Rhodes/Milner-Gruppe kritisierte den Völkerbund. Ihre Kritik reichte von der Ansicht der Hardliner, ein kollektiver Sicherheitsbund sei ein Hindernis dafür, die Bestrebungen Nazi-Deutschlands auf die Sowjetunion hin umzulenken, bis zu Milners 1925 geäußerter Einschätzung, dass »jene, die in ihrem Enthusiasmus für einen weltumspannenden Bund indifferent gegenüber der Wahrung des Bundes britischer Nationen sind, Gefahr laufen, die Substanz für den Schatten herzugeben« (zit. in Gollwitzer 1982, 461).

Ende der dreißiger Jahre diente in den USA der *Council on Foreign Relations* (CFR) als Versuchslabor für eine Synthese zwischen den Sichtweisen des bürgerlichen Establishments der Ostküste und der Südstaaten, die beide dem britischen Erbe am nächsten standen, und den bürgerlichen Kreisen des Mittleren Westens, die dem britischen System mit Misstrauen begegneten. Wie ich an anderer Stelle ausführlich zeige (van der Pjil 1984, Kap. 5), zielte die politische Konzeption des CFR darauf ab, eine Kernregion zu bewahren, in der der US-Kapitalismus überleben konnte. Der CFR setzte sich daher entgegen der in der US-Öffentlichkeit vorherrschenden isolationistischen Stimmung bereits 1939 dafür ein, Großbritannien militärisch zu unterstützen.

Die Rhodes/Milner-Gruppe schickte Schlüsselpersonen in die USA, die dort um amerikanische Hilfe für den Krieg gegen Nazi-Deutschland warben. Lord Lothian, ein Mann des inneren Kreises der Gruppe, wurde im August 1939 britischer Botschafter in Washington. Mit ihm arbeitete Clarence K. Streit zusammen, ein Amerikaner, der in Oxford mit einem Rhodes-Stipendium studiert hatte und zum Vordenker des Weltföderalismus wurde. Er plädierte für eine auf Großbritannien und die USA als Staaten mit großen Gemeinsamkeiten beschränkte »Atlantische Union«. Ein weiterer Protagonist des Konzepts einer angloamerikanischen Föderation war Walter Lippmann, Mitglied der mit der Morgan-Gruppe verbundenen *American Round Table Group*. Er warnte 1943 vor einer dauerhaften Allianz der USA mit der Sowjetunion und plädierte statt dessen für den Ausbau der Gemeinschaft der englischsprachigen Länder (van der Pijl 1996, 218).

Private Weltpolitik während des Kalten Krieges

In der Atlantik-Charta vom 14. August 1941 formulierten die Regierungen Großbritanniens und der USA die Grundprinzipien für eine neue liberale Weltordnung. Dazu gehörten unter anderem der Verzicht auf militärische Eroberungen von Gebieten, das nationale Selbstbestimmungsrecht, der freie Welthandel und die internationale Zusammenarbeit. 1942 schlossen sich 26 der mit den USA und Großbritannien verbündeten Länder diesen Prinzipien an. Dieses Kriegsbündnis wurde zur Keimzelle der UNO, der Organisation der »Vereinten Nationen«, die schließlich 1945 in den USA gegründet wurde. Die britische Regierung wollte anfangs zwar den privilegierten Zugang zum Empire erhalten und sträubte sich daher gegen das Drängen der USA, das Empire zu öffnen, gab aber schließlich der stärkeren Macht nach. Den gesamten Gründungsprozess der UNO begleiteten private transnationale Konsultationen. Zusätzlich zu den ursprünglich durch die Rhodes/Milner-Gruppe geschaffenen anglo-amerikanischen Verbindungen entstanden weitere atlantische Diskussionszirkel, darunter als wichtigster die von Joseph Retinger, dem Sekretär des (exil-)polnischen Generals Sikorsky, organisierte *European League for Economic Cooperation* (ELEC), die viele Verbindungen zur internationalen Handelskammer hatte und für eine westeuropäische Integration in einem anti-kommunistischen atlantischen Rahmen eintrat.

Unterdessen hatte in den USA die Verlagerung der ökonomischen Dynamik von der transnationalen Hochfinanz hin zur industriellen Massenproduktion des New Deal die beherrschende Stellung der Morgan Bank innerhalb des Finanzsektors relativiert und es weiteren Unternehmensgruppen wie den Rockefellers (Chase Manhattan Bank) erlaubt, größeren Einfluss auf die Konzeption der Außenpolitik, vor allem auf den *Council on Foreign Relations*, zu gewinnen (Shoup/Minter 1977, Kap. 3). Aus der neuen »fordistischen« Ökonomie erwuchsen neue Zentren privater Politikplanung wie die *Ford Foundation* und das *Committee on Economic Development* (CED). Diese privaten Institutionen befassten sich mit der Konzeption der Nachkriegsordnung und betonten die Notwendigkeit, geregelte Beziehungen zwischen Kapital und Arbeit über die USA hinaus zu etablieren und (vor allem im Fall der *Ford Foundation*) die im Entstehen begriffene Dritte Welt zu integrieren. Auch in Großbritannien führte der Wahlsieg von Labour zu einer Machtverlagerung weg vom imperialistischen Block um die Rhodes/Milner-Gruppe hin zu Netzwerken um die Autoindustrie wie die Nuffield-Stiftungen, obwohl die Hochfinanz hier mehr von ihrer früheren Macht erhalten konnte und nie vom industriellen Fordismus verdrängt wurde (Overbeek 1990).

Im Gefolge des Marshall Plans, der das Fundament für den atlantischen »Fordismus« legte, des Koreakrieges, des Todes von Stalin und des McCarthyismus in den USA organisierten sich die transnationalen privaten Netzwerke des Bürgertums um. Eines der wichtigsten nordatlantischen Gremien, die Bilderberg-Konferenzen, die erstmals 1954 in den Niederlanden stattfanden, ging auf dieselben Personen wie zum Beispiel Retinger zurück, die bereits während des Krieges atlantische Diskussionszirkel angeregt hatten. Bilderberg diente als diskretes Forum, um die großen transatlantischen Differenzen im Zusammenhang mit der Europäischen Integration und dem Verhältnis Europas zur NATO zu diskutieren. Als ein Netzwerk zur Konsensfindung und gelegentlich auch zur direkten Intervention in die Politik spielten die Bilderberg-Treffen eine wesentliche Rolle bei der Wiederbelebung der liberalen transatlantischen Gemeinschaft und der Überwindung der Friktionen zwischen den europäischen Kolonialmächten und den USA (Eringer 1980, 30f.). Die fordistische, »sozialpartnerschaftliche« Ausrichtung der Bilderberg-Konferenzen zeigte sich darin, dass auch einige ausgewählte Vertreter der organisierten Arbeiterschaft beteiligt wurden.

Die Bilderberg-Konferenzen waren vielleicht das wichtigste, aber nicht das einzige private transatlantische Netzwerk. Daneben existierten Gruppen wie die *Fondation Européenne de la Culture*, der *Atlantic Council* und zahlreiche Partnerorganisationen wie der *American Council for Germany* und die »Atlantikbrücke«. Auch das Freimaurertum, die Rotarier und andere Gruppen blieben weiterhin aktiv, allerdings in höchst unterschiedlichen nationalen Ausprägungen und unerwarteten Verbindungen, wie zum Beispiel zwischen der italienischen Freimaurerloge *Propaganda Due* und dem Vatikan (Willan 1991). Dieser Pluralismus zeigt, dass die Vorstellung einer einheitlichen kapitalistischen »Verschwörung« abwegig wäre. Die pluralistische Struktur verschaffte den privaten Netzwerken zur Politikplanung einerseits eine hohe Flexibilität, die es ihnen ermöglichte, auch auf unerwartete Herausforderungen reagieren zu können, verlieh aber andererseits den gefundenen Kompromissen und den politischen Interventionen immer einen vorübergehenden Charakter.

Private Weltpolitik in der trilateralen Weltordnung

Zu Beginn der siebziger Jahre erschütterten das Debakel der USA in Vietnam, die Demontage des Systems fester Wechselkurse, die Linkstendenzen in vielen westlichen Ländern, die Entspannungspolitik, die Ölkrise und die Forderungen von nationalistischen Dritte-Welt-Staaten nach einer gerechteren Weltwirtschaft unter der Schirmherrschaft der Vereinten Nationen die liberale Weltordnung. Sozialistische Ideen waren *en vogue* und neue, außerhalb des liberalen Establishment stehende transnationale Gremien wie der Club of Rome und die Sozialistische Internationale entwickelten Konzepte, wie den Forderungen der Dritten Welt nach einer neuen Weltwirtschaftsordnung begegnet werden könnte.

Diese Herausforderungen lösten eine dramatische Wiederbelebung privater transnationaler Politikplanung aus. An erster Stelle ist die Trilaterale Kommission (TK) zu nennen, die zu einem anspruchsvollen und offenen privaten Forum in der Tradition der Rhodes/Milner-Gruppe und der Bilderberg-Konferenzen wurde. Sie entstand Anfang der siebziger Jahre auf Anregung von David Rockefeller. Seine Absicht war es, einen Rahmen für private Diskussionen liberaler und internationalistisch orientierter Kräfte zu schaffen, der der globalen Reichweite der Herausforderungen entsprach. Die Kommission wurde daher gleichgewichtig aus nordamerikanischen, europäischen und japanischen Mitgliedern zusammengesetzt (Gill 1990). Den Vorsitz der europäischen Sektion hat übrigens seit längerer Zeit Otto Graf Lambsdorff inne.

Die TK war in der Lage, die Anliegen des Club of Rome und der Sozialistischen Internationale aufzugreifen und allmählich in eine liberale Richtung umzulenken. Sie empfahl, regelmäßige »Weltwirtschaftsgipfel« der wichtigsten westlichen Industrieländer abzuhalten. Diese stellten die UNO als Rahmen, in dem sich die Gruppe der 77 als Bündnis der Dritten Welt für eine gerechtere Weltwirtschaft einsetzte, in den Schatten. In dem viel beachteten Bericht über die »Krise der Demokratien« (Crozier et al. 1975) empfahlen die Autoren, darunter Samuel Huntington, die vermeintlich irrationale demokratische Entscheidungsfindung zu beschränken und vor allem die Wirtschaftspolitik der Rationalität von »Experten« zu überlassen. Der Einfluss der Trilateralen Kommission war am deutlichsten während der Regierungszeit von US-Präsident Jimmy Carter zu spüren, dessen Kabinett im wesentlichen aus TK-Mitgliedern bestand. Die Kommission blieb auch in der Folgezeit ein hochkarätig besetztes Gremium, in dem beispielsweise Mitte der achtziger Jahre etwa zwei Drittel der 100 größten transnationalen Konzerne durch Vorstandsmitglieder vertreten waren (Gill 1990, 157-158).

Die differenzierte und kompromissorientierte Konzeption der TK wurde nicht notwendigerweise überall geteilt. Bilderberg bestand zwar als ein NATO/EWG-Schattengremium fort, war aber durch den Lockheed-Skandal zeitweise gelähmt, in den der Bilderberg-Vorsitzende, Prinz Bernhard, und prominente Mitglieder wie Franz-Josef Strauß verwickelt waren. Aus dem Kreis einiger Bilderberg-Mitglieder heraus wurde in Reaktion auf die 68er-Unruhen der *Pinay Circle* (auch *Cercle Violet* genannt) als rechtsgerichtetes Elitennetzwerk gegründet, zu dem unter anderen Strauß und Andreotti gehörten und die auf eher autoritäre Lösungen des Problems der »Unregierbarkeit der Demokratien« setzten (Teacher 1989). Dieser Kreis war außerdem vernetzt mit der Freimaurerloge *Propaganda Due*, mit dem rechtskatholischen *Opus Dei*, dem Malteserorden und US-Gruppen wie der *Heritage Foundation* und dem *Committee on the Present Danger*. Zur intellektuellen Vorhut der neoliberalen Gegenbewegung gegen New Deal und korporatistischen Liberalismus wurde die *Mont Pèlerin Society*, die bereits 1947 durch Friedrich von Hayek, Milton Friedman und Karl Popper gegründet worden war (Brownstein/Easton 1983). Im Zuge des Aufstiegs des

Neoliberalismus unter Reagan und Thatcher schwand der Einfluss der TK zusehends.

Private Weltpolitik in der neoliberalen Weltordnung

Seit den achtziger Jahren sind neben die früheren Netzwerke der privaten Weltpolitik wie die Trilaterale Kommission, Bilderberg oder die Internationale Handelskammer weitere getreten. Dazu gehört der 1991 gegründete *Business Council on Sustainable Development* (BSCD), der im Unterschied zu dem managementorientierten Club of Rome nach »Marktlösungen« für Umweltprobleme sucht. Der BCSD arbeitete bei der Vorbereitung des Erdgipfels von Rio (UNCED) 1992 eng mit dem UNCED-Generalsekretär und TK-Mitglied Maurice Strong zusammen und formulierte die UNCED-Erklärungen praktisch schon im voraus (Nelson 1993). Dazu gehört auch das Weltwirtschaftsforum (WEF), das 1971 von dem Schweizer Wissenschaftler Klaus Schwab initiiert wurde und inzwischen auch durch seine jährlichen Symposien in Davos allseits bekannt ist. Das WEF stellt heute die umfassendste Form privater transnationaler Planung dar. Die Treffen in Davos sind sozusagen zum Weltparlament des globalen Unternehmertums geworden, zu dem nicht nur führende Politiker, sondern auch ausgewählte Kritiker der neoliberalen Weltordnung als »Sparringspartner« geladen werden.

Zur privaten Weltpolitik gehören heute aber nicht nur Netzwerke wie die TK oder das Weltwirtschaftsforum, die relativ transparent organisiert sind und mit ihrem technokratischen Ansatz die nationalen demokratischen Strukturen zwar relativieren, aber nicht völlig übergehen. Bestandteil der privaten Weltpolitik sind vielmehr auch Netzwerke wie der Pinay-Kreis, *Propaganda Due*, die *Heritage Foundation*, *Opus Dei* oder der Malteserorden, die teilweise direkt antidemokratisch vorgehen. So griffen dieselben privaten Gruppen, die den Regierungen Reagan und Thatcher an die Macht geholfen haben, zu illegalen Waffengeschäften und subversiven Militäraktionen, um ihre politischen Ziele durchzusetzen. Das bekannteste Beispiel dafür ist der Iran-Contra-Skandal in den USA, in den unter anderem auch die *Heritage Foundation* verwickelt war. Dabei ging es um die vom Kongress verbotene Finanzierung der nicaraguanischen Contra-Guerilla, die durch Einnahmen aus illegalen Waffenverkäufen an den Iran erfolgte. In ähnlicher Weise war im Falle Großbritanniens der *Pinay Circle* in das britische »Irakgate« verwickelt. Hierbei handelte es sich um heimliche Waffenlieferungen an den Irak, deren Aufdeckung mit zum Rücktritt Margret Thatchers führte (James 1996).

Bemerkenswerterweise setzten Schlüsselfiguren des Iran-Contra- und des Irakgate-Skandals ihre geheimen Aktivitäten nach dem Zusammenbruch der UdSSR vor allem im Zusammenhang mit den Auseinandersetzungen um die kaspischen und zentralasiatischen Ölquellen fort. Sie mischten sich an der offiziellen westlichen Politik vorbei beispielsweise in den Krieg zwischen Armenien und Aserbaidschan ein (Het Parool, 5.7.1994, Morgan/Ottaway 1998, 21) oder unterstützten die tschetschenischen Rebellen (Financial Times, 16.4.1998; Volkskrant, 13.3.1999). Im Falle der Energiepolitik im post-sowjetischen Raum scheint die Privatisierung von Außenpolitik eine neue Qualität erreicht zu haben, denn frühere Spitzenpolitiker wie John

Sununu, Brent Scowcroft, Zbigniew Brzezinski, Alexander Haig oder Henry Kissinger nutzen nun ihren ehemaligen Status, um in laufenden Verhandlungen entweder Ölgesellschaften und/oder lokale starke Männer oder einfach sich selbst zu vertreten (Financial Times, 2./3.8.1997; Morgan/Ottaway 1998, 21-22; Newsweek, 17.4.1995). Andere Bereiche privater Außenpolitik umfassen die Verteidigungshilfe durch Privatunternehmen, bei der im Falle der Carlyle Goup/BDM oder der Hakluyt & Co. Verbindungen zu ehemaligen Spitzenpolitikern oder führenden Wirtschaftsmanagern nachgewiesen werden konnten (Financial Times 19.5.1998 und 23.3.2000).

Auf die Frage, ob es irgendwelche gesetzlichen oder moralischen Beschränkungen für ehemalige Regierungsbeamte gebe, die »Mittel und Wege gefunden haben, sich am kaspischen Ölboom gesund zu stoßen«, antwortete der Sprecher des US-Außenministeriums auf der täglichen Pressekonferenz, frühere Beamte hätten das Recht, »ein normales privates Leben zu führen – was in den Vereinigten Staaten in allererster Linie Kapitalismus bedeutet« (US Department of State, 18. Juli 1997). Vom Versuch, Staaten und internationale Organisationen kollektiv zu beeinflussen, sind private Kräfte nun dazu übergegangen, Weltpolitik ganz in die eigene Hand zu nehmen.

Deutsche Übersetzung: Hartwig Hummel, Thomas Siebold

Literatur

Anderson, Benedict, 1983: Imagined Communities: Reflections on the Origins and Spread of Nationalism, London.

Brownstein, Ronald/Nina Easton, 1983: Reagan's Ruling Class: Portraits of the President's Top One Hundred, New York.

Crozier, Michel J./Samuel P. Huntington/Joji Watanuki, 1975: The Crisis of Democracy: Report on the Governability of Democracies to the Trilateral Commission, New York (TRIANGLE Papers).

de Wilde, Jaap, 1991: Saved from Oblivion: Interdependence Theory in the First Half of the 20th Century, Aldershot.

Eringer, Robert, 1980: The Global Manipulators: The Bilderberg Group, the Trilateral Commission, Covert Power Groups of the West, Bristol.

Gill, Stephen, 1990: American Hegemony and the Trilateral Commission, Cambridge.

Gollwitzer, Heinz, 1982: Geschichte des weltpolitischen Denkens. Band 2: Zeitalter des Imperialismus und der Weltkriege, Göttingen.

Hall, H. Duncan, 1971: Commonwealth: A History of the British Commonwealth of Nations, London.

Jacob, Margaret C., 1991: Living the Enlightenment: Freemasonry and Politics in Eighteenth-century Europe, New York, Oxford.

James, Gerald, 1996: In the Public Interest: a Devastating Account of the Thatcher Government's Involvement in the Covert Arms Trade – by the Man who Turned Astra Fireworks into a £100m Arms Manufacturer, revised edition, London.

Jordan, Robert S., 1971: The Influence of the British Secretariat Tradition on the Formation of the League of Nations, in: Robert S. Jordan (Ed.): International Administration: Its Evolution and Contemporary Applications, New York, London.

Knight, Stephen, 1985: The Brotherhood: the Secret World of the Freemasons, London.

Kolko, Gabriel, 1968: The Politics of War: The World and United States Foreign Policy, 1943-1945, New York.

Locke, John, 1965: Two Treatises of Government. A critical edition with an introduction and apparatus criticus by Peter Laslett, New York.

Morgan, Dan/David B. Ottaway, 1998: Central Asian Riches Alter the Chess-Board, in: The Friday Times, 23-29 November, 20-23.

Murphy, Craig N., 1994: International Organization and Industrial Change: Global Governance since 1850, Cambridge.

Nelson, Joyce, 1993: Burson-Marsteller, Pax Trilateral and the Brundtland Gang vs. The Environment, in: Covert Action Quarterly, Nr. 44, spring.

Overbeek, Henk, 1990: Global Capitalism and National Decline: The Thatcher Decade in Perspective, London.

Quigley, Carroll, 1981: The Anglo-American Establishment: From Rhodes to Cliveden, New York.

Rich, Paul J., 1988: Public-School Freemasonry in the Empire: Mafia of the Mediocre?, in: James A. Mangan (Ed.): Benefits Bestowed: Education and British Imperialism, Manchester.

Shoup, Laurence H./William Minter, 1977: Imperial Brain Trust: The Council on Foreign Relations and United States Foreign Policy, New York, London.

Teacher, David, 1989: The Pinay Circle and Destabilisation in Europe, in: Lobster – Journal of Parapolitics, Vol. 18, October.

US Department of State, 1997: Daily Press Briefing, Friday, July 18, Briefer: Nicholas Burns.

van der Pijl, Kees, 1984: The Making of an Atlantic Ruling Class, London.

van der Pijl, Kees, 1996: Vordenker der Weltpolitik. Einführung in die internationale Politik aus ideengeschichtlicher Perspektive, Opladen.

van der Pijl, Kees, 1998: Transnational Classes and International Relations, London, New York.

Willan, Philip, 1991: Puppetmasters: the Political Use of Terrorism in Italy, London.

Zweiter Teil:

Regiert Geld die Welt?

James A. Paul

Der Weg zum *Global Compact*
Zur Annäherung von UNO und multinationalen Unternehmen

Multinationale Unternehmen standen den Vereinten Nationen in den vergangenen drei Jahrzehnten überwiegend ablehnend gegenüber. In jüngster Zeit scheint sich das Verhältnis zu ändern. 1999 lud der UN-Generalsekretär Unternehmen ein, im Rahmen eines Globalen Paktes (*Global Compact*) Partner der Vereinten Nationen zu werden. Dieser Beitrag beschreibt die bisherige Haltung der Wirtschaft gegenüber der UNO und ihre Versuche der Einflussnahme, er analysiert die unterschiedlichen Motive, auf denen die neue Partnerschaft zwischen UNO und Wirtschaft beruht, und er erörtert schließlich, wie die demokratische Struktur und die Entscheidungsfindung der Weltorganisation davon betroffen sind.

Die neoliberalen Attacken gegen die UNO in den achtziger Jahren

Nachdem in den sechziger Jahren viele gerade unabhängig gewordene Staaten des Südens Mitglieder der UN geworden waren, entwickelte sich im darauffolgenden Jahrzehnt eine heftige Debatte über eine Neue Weltwirtschaftsordnung, durch die nach dem Willen der Entwicklungsländer die Ressourcen der Welt gerechter verteilt werden sollten. Als Reaktion darauf wurde das Big Business immer kritischer gegenüber der Weltorganisation, und die US-Politik schloss sich diesem Kurs an. Als 1981 die Reagan-Administration an die Macht kam, schlug die Diskussion um die UN in der US-Hauptstadt in blanke Ablehnung um. Wie die einflussreiche *Heritage Foundation* damals in einem Bericht feststellte, »durchdringt der Krieg gegen wirtschaftliche Freiheit, das freie Unternehmertum und gegen multinationale Unternehmen die UN-Struktur.« »Diese Ideologie«, fuhr der Bericht fort, »[…] läuft US-Interessen und -Politik entgegen.« Sie führe dazu, »dass Entwicklungsländer von US- und westlicher Hilfe dauerhaft abhängig und gegenüber amerikanischen Werten und Prinzipien dauerhaft feindselig bleiben« (Heritage Foundation 1984).

Heritage, eine der prestigeträchtigsten Denkfabriken Washingtons, trug dazu bei, dem neuen Konservatismus der frühen Reagan-Jahre Konturen zu verleihen und den Rahmen für eine Kehrtwende in der Wirtschaftspolitik zu schaffen. Während der achtziger Jahre produzierte *Heritage* mehr als 100 Berichte über die Vereinten Nationen, in denen sämtliche Aspekte ihrer Arbeit fundamentaler Kritik unterzogen wurden. Immer wieder warnte *Heritage*, dass sich die UN für die Regulierung der globalen Wirtschaft einsetzten und »die erzwungene Umverteilung globaler Ressourcen« förderten (Heritage Foundation 1985).

Das Wüten der *Heritage Foundation* gegenüber der UNO spiegelte eine neue Wirtschaftsideologie wider, die auf den Keynesianismus der Nachkriegszeit folgte. Als der globale Markt Form annahm, gaben Manager der Geschäfts- und

Finanzwelt ihre frühere Sicht auf, die Regulierung und sozialen Schutz auf nationaler Ebene favorisiert hatte. Die neuen transnationalen Konservativen legten es dagegen darauf an, die Sozial- und Regulierungspolitik des Staates zurückzudrängen, niedrigere Steuern zu erreichen und die Barrieren abzubauen, die globale Kapital-, Handels- und Investitionsströme behinderten – eine Doktrin, die häufig Neoliberalismus genannt wird.

Die konservativen Strategen bei *Heritage* – und in anderen Denkfabriken und Unternehmenszentralen – trafen auf Vereinte Nationen, die sich gegenüber Reformen nach neoliberalen Grundsätzen zunächst resistent zeigten. Im Gegensatz dazu fand *Heritage* im US-Kongress willige Unterstützer. Die Reagan-Administration nahm sich des neuen konservativen Ansatzes einer »UN-Reform« gerne an, während die Thatcher-Regierung in London als unverzichtbarer internationaler Partner diente.

Die *Heritage*-Reformer suchten viele UN-Initiativen zu blockieren, bei denen die Gefahr bestand, dass multinationale Unternehmen reguliert, kontrolliert oder gar besteuert werden könnten – wie das internationale Seerecht (mit den vorgesehenen Abgaben für Bergbau auf dem Meeresboden), ein Verhaltenskodex für transnationale Unternehmen, die Konventionen über Arbeitsrechte und die im UN-Rahmen entstehenden Umweltregime.

Viele Industrievereinigungen entwickelten in dieser Zeit ihre eigenen Anti-UN-Kampagnen oder arbeiteten mittels anderer Einrichtungen, wie der Internationalen Handelskammer (ICC), der wichtigsten Lobbyorganisation für multinationale Unternehmen. Sie nutzten ihren beachtlichen Einfluss bei Medien und Politikern, um die Mängel der UN zu betonen sowie Mittelstreichungen und

Politikveränderungen einzufordern. Die boomende Rüstungsindustrie und ihre Freunde im Pentagon versuchten, die Abrüstungsarbeit der UN zu hintertreiben, während die mächtigen Ölgesellschaften gegen die Klima- und Umweltinitiativen der UN mit Hilfe von Lobbys wie der *Global Climate Coalition* kämpften. Viele Unternehmen, allen voran Nestlé, stellten sich gegen die UNICEF-Partnerschaft mit NGOs in der Babymilch-Kampagne, viele zeigten ihre Missbilligung für die UN-Unterstützung von Sanktionen gegenüber Apartheid-Südafrika.

US-Tabakkonzerne waren in der Anti-UN-Koalition führend. Dank zahlreicher vertraulicher Dokumente, die vor kurzem in Gerichtsprozessen offengelegt wurden, ist ihre Kampagne nun klar belegt. Ein ausführlicher, auf diesen Dokumenten basierender Bericht der Weltgesundheitsorganisation (WHO) aus dem Sommer 2000 bietet eine einzigartig detaillierte Fallstudie der Unternehmensoffensive gegen die UN (WHO 2000).

Die Tabakunternehmen wandten sich vor allem gegen das Programm der Weltgesundheitsorganisation zu den Gesundheitsgefahren des Rauchens und des Nikotinmissbrauchs. Mitte der achtziger Jahre starteten die Tabak-Giganten eine Kampagne gegen die WHO, um deren Arbeit zu diskreditieren und ihr Budget zu kürzen. Der Bericht zeigt, wie Spitzenmanager der führenden Tabakkonzerne gegen die WHO konspirierten, eine Organisation, die sie als »einen ihrer erstrangigen Feinde« betrachteten und gegen die sie, so der Bericht, »globale Strategien anzettelten, um die WHO zu diskreditieren und zu verhindern, dass die WHO ihren Auftrag erfüllen kann.« Philip Morris, der weltweit führende Tabakkonzern, hielt 1989 in Boca Raton in Florida eine Strategiesitzung ab, auf der

Manager eine internationale Offensive gegen Tabak-Kritiker planten und die WHO als der gefährlichste Widersacher identifiziert wurde.

Der WHO-Bericht zeigt, wie sich die Unternehmen hinter »einer Auswahl vorgeblich unabhängiger, quasi akademischer Organisationen« versteckten, deren Verbindungen zu den Tabak-Konzernen nicht offen gelegt wurden (WHO 2000, iii). Sie nutzten ihre Kontakte, um Artikel in führenden Zeitungen zu lancieren. Das Wall Street Journal veröffentlichte beispielsweise 1996 einen typischen »Kampfartikel« mit dem Titel »WHO Prescribes Socialist Medicine«, in dem kritisiert wird, dass die WHO »die nie endende Ausweitung des Wohlfahrtstaates rechtfertigt.«[1]

Die Unternehmen knüpften Beziehungen mit früheren und derzeitigen WHO-Mitarbeitern, überschwemmten die Organisation mit negativer Öffentlichkeitsarbeit, schürten Streit zwischen der WHO und anderen UN-Agenturen über die Tabakpolitik und versuchten, die Vertreter von Entwicklungsländern zu organisieren, indem sie die WHO-Politik als ausschließlich im Interesse der reichen Länder darstellten. Sie stellten riesige Summen für diese Kampagnen bereit und nutzten ihre großen Unternehmensnetzwerke im Nahrungsmittelbereich und anderen Nicht-Tabakunternehmen, um ihre Anti-UN-Ziele zu verfolgen.

Diese und andere Unternehmenskampagnen überzeugten Washingtoner Entscheidungsträger, dass sie die UN »zurückpfeifen« müssten, indem sie ihre Umverteilungstendenzen unterbanden, ihre angeblich wirtschafts-

---

1 Marguerite A. Peeters 1996: WHO Prescribes Socialist Medicine, in: Wall Street Journal, 14. Mai 1996.

feindliche Ausrichtung korrigierten und aus ihnen ein getreues Instrument für die Globalisierung des Kapitalismus machten – insbesondere für Investoren und Unternehmen aus den USA. Tatsachenverdreher der Unternehmen präsentierten Washingtons zunehmende Anti-UN-Haltung als Ausdruck öffentlicher Ernüchterung gegenüber der Weltorganisation, obwohl Umfragen fortwährend das Gegenteil ergaben – starke öffentliche Unterstützung für die UN, die in der US-Öffentlichkeit weit mehr Glaubwürdigkeit genoss als im Kongress.[2]

Die US-Regierung geht in die Offensive

Die Anti-UN-Kampagne von US-Stiftungen und Unternehmen zeigte rasch Wirkung. Zwischen 1983 und 1985 verabschiedete der Kongress verschiedene Gesetze, die den US-Haushaltsbeitrag für die UN faktisch kürzten, indem Mittel für solche Programme zurückgehalten wurden, die die USA politisch ablehnten. Die Reagan-Administration verzögerte außerdem die Zahlungen ihrer Pflichtbeiträge an die UN, indem sie die Mittel erst neun Monate später, im nächsten US-Haushaltsjahr, überwies. US-Zahlungen zum ordentlichen UN-Haushalt, die am 31. Januar fällig waren, trafen damit erst am Ende des UN-Fiskaljahres im Oktober oder November ein. Da die USA der größte Beitragszahler sind, brachten diese und andere

---

2 Siehe dazu: Steven Kull/I.M. Destler 1999: Misreading the Public: the Myth of the New Isolationism, Washington. Eine Umfrage zum Bundesbudget Mitte 2000 ergab, dass die US-Öffentlichkeit den Prozentanteil der Ausgaben für die UN am stärksten erhöhen und gleichzeitig die Militärausgaben verringern wollte.

Manöver die UN in eine schwierige Finanzlage, während die US-Schulden gegenüber der Organisation ständig anwuchsen.

Obwohl die UN in den folgenden Jahren viele Zugeständnisse gegenüber den USA machten, steigerte Washington seine Forderungen und beharrte auf immer neuen Reformen. Nach den dramatischen politischen Veränderungen, die zur Auflösung des sowjetischen Blocks und zum Zusammenbruch der kommunistischen Regierungen Osteuropas führten, wurde die US-Politik gegenüber den UN Anfang der neunziger Jahre noch aggressiver. Washington war nun die unbestrittene militärische und ökonomische Supermacht und hatte keine politische Konkurrenz mehr zu fürchten.

Diese Verschiebungen im globalen Machtgefüge führten auch zu einer wachsenden Akzeptanz des Neoliberalismus und der Ideologie der Privatisierung in jeder Weltregion und in jedem Stimmenblock der UNO. Dort versuchten die meisten Regierungen zu vermeiden, die USA angesichts ihrer einzigartigen Kombination von militärischer und wirtschaftlicher Macht direkt herauszufordern. Wenige waren bereit, sich aktiv gegen eine US-Politik zu wenden, die den UN Mittel vorenthielt und ihnen grundlegende Politikveränderungen abpresste.

Richtungswechsel unter Boutros-Ghali

Boutros Boutros-Ghali, der zuvor im ägyptischen Außenministerium hochrangige Funktionen bekleidet hatte, übernahm die Amtsgeschäfte im Januar 1992 als erster UN-Generalsekretär nach dem Kalten Krieg. Unter dem heftigen Druck der Vereinigten Staaten und von Lobbys wie der Internationalen Handelskammer machte er sich sofort daran, das UN-Sekretariat zu reformieren und Programme zu streichen, die bei der Wirtschaft auf größte Kritik gestoßen waren. Seine Berater warnten ihn damals, dass die Weltbank und der Internationale Währungsfonds – beide mit Sitz in Washington und unter großem Einfluss des US-Finanzministeriums – einen »komparativen Vorteil« gegenüber den UN im Bereich der Wirtschaftspolitik hätten und dass die UN an Glaubwürdigkeit verlieren würden, wenn sie ihre Anstrengungen in diesem Handlungsfeld nicht zurücknähmen.

Bis März 1992 schaffte der Generalsekretär nach nur minimaler Rücksprache mit den Mitarbeitern und praktisch ohne Beteiligung der Generalversammlung viele Posten im Sekretariat sowie ganze Programme im Bereich der Wirtschafts- und Sozialpolitik ab. Am bedeutendsten war die Schließung des angesehenen *Centre on Transnational Corporations* (CTC), eines Forschungsprogramms des UN-Sekretariats, das die Verhandlungen über die Ausarbeitung eines Verhaltenskodex für transnationale Unternehmen unterstützte. Zusammen mit der *Heritage Foundation* hatte die Internationale Handelskammer das CTC und den Kodex seit langem kritisiert und seine Mitglieder gegen sie mobilisiert.

Seit 1990 hatte das CTC eine Reihe von Empfehlungen zum Thema »transnationale Unternehmen und nachhaltige Entwicklung« ausgearbeitet, die dem Erdgipfel in Rio im Juni 1992 zur Aufnahme in die Abschlussdokumente der Konferenz vorgelegt werden sollten. Unternehmenslobbyisten fanden diese Aussicht höchst alarmierend und arbeiteten daran, dies zu verhindern – mit Erfolg, wie die

Ergebnisse von Rio zeigen. Einige wandten sich außerdem gegen das CTC, weil es Informationen über Unternehmen sammelte und veröffentlichte, die das Investitionsembargo gegen Südafrika brachen. Boutros-Ghali beugte sich diesem Druck und schloss das *Centre* ungeachtet seiner beeindruckenden Leistung und wichtigen Aufgaben.[3]

Auch nach den Reformen von 1992 setzten Unternehmensführer und politische Entscheidungsträger in Washington ihre Kampagne fort. Ihr generelles Ziel war es weiterhin, Institutionen öffentlicher Aufsicht und Verantwortlichkeit zugunsten privater und freiwilliger Formen der Selbstregulierung von Unternehmen zu verdrängen. Das UN-System blieb intensiv mit globalen Umweltfragen befasst, Fragen von besonderem Interesse für Ölgesellschaften, Autohersteller, Chemieunternehmen und viele andere mit einer gewichtigen Stimme im US-Kapital. Auch die Menschenrechtsarbeit der UN traf den Nerv vieler Unternehmen, denn Kampagnen – in Nigeria, Myanmar und anderen Ländern – begannen sich auf Menschenrechtsverletzungen von Unternehmen zu konzentrieren und berührten damit insbesondere die politisch mächtige Ölindustrie und ihre Investitionspläne.

Das UN-System insgesamt hatte sich von Boutros-Ghalis erster Reformrunde bemerkenswert unbeeindruckt gezeigt. UNICEFs fortschrittliche, von Giovanni Cornea geleitete Forschungsabteilung in Florenz kritisierte weiterhin energisch die neoliberale Strukturanpassungspolitik, das wesentliche Politikwerkzeug von Weltbank und Internationalem Währungsfonds, und stellte unter anderem

---

3 Das CTC als Institution beendete seine Tätigkeit, aber ein Teil seiner Mitarbeiter wurde – mit verändertem Mandat – in das Sekretariat der UNCTAD in Genf übernommen.

Fragen nach Armut und Moral in den Übergangsökono-
mien Osteuropas (UNICEF 1994). Beim UNDP trat seit
1990 der populäre, jährlich erscheinende Bericht über die
menschliche Entwicklung für eine Entwicklung ein, die
auf menschlichen Bedürfnissen und nicht allein auf dem
Wachstum des Bruttosozialprodukts basierte. Der UN-
Generalsekretär selbst empörte die neuen Konservativen,
als er globale Steuern zur Lösung der UN-Finanzkrise in
einer Rede an der Universität Oxford am 15. Januar 1996
vorschlug.

Zur gleichen Zeit führten die Vereinten Nationen eine
Serie von Weltkonferenzen durch, die sich mit den großen
sozialen und wirtschaftlichen Fragen befassten: Umwelt,
Bevölkerung, Frauenrechte, Menschenrechte und soziale
Entwicklung. Sie alle produzierten Aktionsplattformen
und –programme, die die Unternehmenslobbyisten in
Unruhe versetzten. Tausende von aktiven NGO-Vertre-
tern nahmen an diesen Konferenzen teil, stellten Forderungen und schufen internationale Netzwerke, die für
Vertreter global agierender Unternehmen noch besorgnis-
erregender waren. Und dennoch deuteten sich in der UNO
zunehmend Zeichen für einen politischen Richtungswechsel an, der aber erst unter Boutros-Ghalis Nachfolger konsequent vollzogen wurde.

Kofi Annan:
ein wirtschaftsfreundlicher Generalsekretär

Kofi Annan übernahm den Posten des Generalsekretärs im
Januar 1997. Washington hatte Boutros-Ghalis Bemühungen um eine zweite Amtszeit kurzerhand abgelehnt und

erklärt, man wolle einen reformorientierteren Steuermann für die UN. Annan, ein Absolvent der *Sloan School of Business* des MIT, hatte die längste Zeit seiner Karriere in den Verwaltungs- und Finanzabteilungen der UN verbracht. Da ihm die Finanzkrise der Organisation sehr bewusst war, sah er die Notwendigkeit, sie durch strategische Zugeständnisse gegenüber dem größten Beitragszahler zu lösen.

Bereits nach drei Wochen im Amt unternahm Annan eine Pilgerreise nach Washington, um sich mit Mitgliedern des Kongresses zu treffen, vor allem mit dem mächtigen konservativen Senator Jesse Helms. Er versicherte den Abgeordneten, dass er die UN »rationalisieren« werde, indem er moderne Managementtechniken einführen und »realistische« Arbeitsziele setzen werde. Kurz darauf reiste Annan ins schweizerische Davos zum Jahrestreffen des Weltwirtschaftsforums, in dessen Rahmen sich die weltweit führenden Unternehmenslenker treffen und außerdem Vertreter aus Politik, Medien und Gesellschaft hinzuladen.

Die Führer des Weltwirtschaftsforums boten dem Generalsekretär und einigen wenigen hochrangigen UN-Mitarbeitern alsbald den Anschluss an ein neues privates Videokonferenzsystem an, das es Annan und seinem Team ermöglichte, sich mit den Mitgliedern des Forums und einigen ausgewählten politischen Führern sowie den Chefs internationaler Institutionen wie der Weltbank auszutauschen. Annan nahm das Angebot gerne an, und das Forum installierte im April 1997 sein WELCOM (*World Electronic Community*) am UN-Sitz. Die neue Technologie brachte dem finanziell angeschlagenen UN-Sekretariat zwar ein Kommunikationsinstrument nach dem neuesten Stand der

Technik, doch wird das System seitdem vornehmlich dafür eingesetzt, um den Generalsekretär und andere Führungskräfte der UN mit Unternehmenslenkern zu verbinden; der zwischenstaatliche Prozess wird so umgangen (Geertz 1997).

Während sich das Sekretariat WELCOM anschloss, entschied es zugleich, NGOs eine Gebühr für den elektronischen Zugang zu UN-Dokumenten abzuverlangen – ein vielsagendes Zusammentreffen. Durch diese und andere Maßnahmen, die den Zugang für NGOs beschränkten und für die Geschäftswelt erweiterten, machten Annan und sein Team deutlich, wo ihre Prioritäten lagen. In den Reden des Generalsekretärs war häufig von den NGOs als den »unverzichtbaren Partnern« der UN und dem eigentlichen »Gewissen der Menschheit« die Rede. Immer häufiger schloss die UN-Führung jedoch unter dem verschwommenen Begriff der »Zivilgesellschaft« die Wirtschaft mit ein.

Am 24. Juni 1997 fand ein hochrangiges Treffen statt, bei dem die »Beteiligung der Wirtschaft am Prozess der Politikentwicklung der UN« und ihre Einbindung als Partner in UN-Entwicklungsfonds erörtert werden sollten. Der damalige Präsident der Generalversammlung, Razali Ismail, war zusammen mit Bjorn Stigson, dem Geschäftsführenden Direktor des *World Business Council on Sustainable Development*, Gastgeber des Essens. Zu den Teilnehmern gehörten UN-Generalsekretär Kofi Annan, die Generalsekretärin der Internationalen Handelskammer, Maria Livanos Cattaui, zehn Geschäftsführer von Unternehmen und 15 bedeutende Regierungsvertreter, darunter drei Staatsoberhäupter sowie der damalige Staatssekretär im US-Finanzministerium, Larry Summers.

Ungefähr zur gleichen Zeit begann der Generalsekretär eine engere Zusammenarbeit zwischen den UN und den Bretton-Woods-Institutionen Weltbank und IWF zu fördern und forderte eine »größere Kohärenz« auf politischer Ebene. Alarmierte NGOs fragten, ob die UN damit ihre Kritik an Strukturanpassung und am Neoliberalismus aufgegeben hätten. Die UN-Führung bestand jedoch darauf, dass »Kohärenz« echte Politikänderungen des Bretton-Woods-Duos und eine bessere »Teamarbeit« zwischen Washington und New York bedeuteten.

Mitarbeiter des Exekutivbüros des Generalsekretärs glaubten, dass die UN »sich wandeln oder sterben müssten« und dass sie in einer sich globalisierenden Welt »neue Akteure« jenseits der Mitgliedstaaten erreichen müssten. John Ruggie, der Sonderberater des Generalsekretärs, übernahm eine besonders aktive Rolle bei der Vorbereitung und Förderung der Initiativen für die Wirtschaft und bei der Entwicklung von Argumenten, mit denen die neue Politik den vielen Skeptikern im Sekretariat, den Institutionen des UN-Systems und der NGO-Gemeinschaft erklärt wurde (Kell/Ruggie 1999).

Der Generalsekretär wollte, dass das gesamte UN-System gemeinsam in dieselbe Politikrichtung schwenkte, und ermutigte deshalb die Chefs aller UN-Einrichtungen, ihre Organisationen gegenüber der Wirtschaft zu öffnen und Partnerschaften mit Unternehmen einzugehen. Innerhalb kurzer Zeit kündigten der UNHCR, die UNESCO, UNDP und andere UN-Organisationen entsprechende Initiativen an.[4]

---

4 Näheres dazu in dem Beitrag von Phyllis Bennis in diesem Band.

Am 9. Februar 1998, bald nach seiner zweiten Teilnahme am Davos-Forum, begab sich der Generalsekretär mit der Internationalen Handelskammer in eine wichtige Klausur in Genf. Diesmal nahmen 25 Spitzenmanager von Unternehmen teil, darunter Vertreter von Coca Cola, Unilever, McDonalds, Goldman Sachs, British American Tobacco und Rio Tinto. Die ICC-Generalsekretärin lobte das neue Verhältnis. »Die Art und Weise, in der die Vereinten Nationen die internationale Wirtschaft betrachten, hat sich fundamental verändert,« schrieb sie danach in einer Gastkolumne in der International Herald Tribune. »Der Wandel zu einer Haltung, die der Wirtschaft wohlgesonnener ist,« fuhr sie fort, »wird von ganz oben gepflegt.«[5]

Nach dem Treffen veröffentlichten die Generalsekretäre von ICC und UN eine gemeinsame Erklärung, nach der »erhebliche politische und wirtschaftliche Veränderungen neue Möglichkeiten des Dialogs und der Zusammenarbeit zwischen den Vereinten Nationen und dem privaten Sektor eröffnet haben« und die beiden Organisationen verpflichten, »eine enge globale Partnerschaft zu schmieden, damit die Wirtschaft einen größeren Beitrag im weltwirtschaftlichen Entscheidungsprozess leistet und der private Sektor in den am wenigsten entwickelten Ländern gestärkt wird.«[6]

---

5 Zitiert nach Corporate Europe Observatory, 1998: The Corporate Co-Optation of the UN, in: Earth Island Journal, Summer, 1998.
6 Die Erklärung auf der Website der UN für den *Global Compact* dokumentiert (www.globalcompact.org). Siehe auch Cattaui 1998.

Motive für die »neue Partnerschaft« zwischen UN und Wirtschaft

Generalsekretär Annan und sein Team machen seitdem deutlich, dass sie die Unternehmenspartnerschaften als einen vielversprechenden Weg betrachten, politische und finanzielle Unterstützung für die UN einzuwerben und damit auch die UN-Politik Washingtons zu verändern. Die UN-Führer sehen sich offenbar als »Realisten«, die bereit sind, mit fragwürdigen Unternehmen in derselben Art und Weise umzugehen, in der sie auch mit zweifelhaften Regierungen umgehen. Sie meinen wohl, dass eine unternehmensdominierte Welt bereits »Wirklichkeit« sei und die UN zu Irrelevanz verurteilt wären, wenn sie diese Realität nicht akzeptierten.

Annan und sein Team glauben aber auch, dass die UN trotz der enormen Macht der Unternehmen noch einige Karten ausspielen könnten. Als die einzig glaubwürdige politische Institution auf Weltebene könnten sie den Unternehmen einen strategischen Handel anbieten – einen Handel, den einzelne Regierungen schon zu einem früheren Zeitpunkt in der Geschichte angeboten hatten. Die Unternehmen sollten versprechen, ihren Appetit auf Akkumulation zu zügeln und in begrenztem Rahmen zwischenstaatlichen Regeln und sozialem Schutz zustimmen; im Gegenzug würden die UN helfen, öffentliche Unterstützung und Legitimation zu mobilisieren, um die Unternehmen gegen ihre heftigsten Kritiker zu verteidigen. Annan warnte die Unternehmensführer, sie sollten »die Lektionen der Geschichte lernen« und sich vor den kritischen sozialen Bewegungen in Acht nehmen, die jetzt wieder in Schwung kämen. Zugeständnisse müssten gemacht werden, warnte er, sonst würde eine »protektionistische« oder »isolationistische« Gegenbewegung einsetzen. Erstaunlicherweise sehen Annan und sein Team in der neuen Beziehung zur Wirtschaft ein sehr geringes Risiko für die UN. Ohne Kontakt zu potenziellen Kritikern ging das Exekutivbüro die neuen Partnerschaften an, als seien sie die magische Lösung für die enormen Probleme der UN.

Die Konzernmanager betrachten die Partnerschaft aus einem ganz anderen Blickwinkel und sehr viel vorsichtiger, aber sie sehen dennoch eine Reihe positiver Effekte für ihre Firmen. Anhand offizieller Stellungnahmen und privater Gespräche lassen sich nach meiner Einschätzung mindestens sechs Ziele identifizieren, die die Unternehmenschefs als Resultat ihrer neuen Beziehungen mit den UN zu erreichen hoffen.

Erstens streben sie an, gemeinsam den allgemeinen Prozess der Politikgestaltung im sozialen und wirtschaftlichen Bereich des UN-Systems zu beeinflussen, um Regulierung, Besteuerung, Handelsbarrieren, Arbeitskodizes und andere Initiativen, die ihre globalen Geschäftspläne beeinträchtigen könnten, zu minimieren. Zweitens hoffen sie, in derselben Art die inhaltliche und konzeptionelle Arbeit der UN (Reden, Veröffentlichungen, Informationspapiere, Tagesordnungen usw.) zu beeinflussen, um privatwirtschaftliche Lösungen als die einzig machbaren darzustellen. Drittens wollen sie durch ihr Engagement in den UN den wachsenden Einfluss von NGOs zurückdrängen oder zumindest ausgleichen.

Ein viertes Unternehmensziel besteht in dem Wunsch, globale Politik, Strategien und Regeln so zu beeinflussen, dass sie den eigenen Unternehmensinteressen dienen.

Zum Beispiel trug die Zusammenarbeit der Hardware-Computerfirma Cisco Systems mit UNDP sicherlich dazu bei, eine Atmosphäre zu schaffen, in der der »digitalen Kluft« zwischen Nord und Süd und der Notwendigkeit, sie zu schließen, auf UN-Ebene plötzlich verstärkt Beachtung geschenkt wurde. Die entsprechenden UN-Stellungnahmen – absurd angesichts der großen Zahl von Menschen auf der Welt ohne ausreichende Nahrung, Obdach oder Trinkwasser – leisteten der Computer- und Technologie-Industrie gute Dienste.

Als fünftes Ziel versuchen Unternehmen durch die Partnerschaft mit den UN ihr Image in der Öffentlichkeit zu verbessern. Unternehmen stellten im Laufe der neunziger Jahre immer häufiger fest, dass eine negative Reputation nicht nur den Absatz beeinträchtigt, sondern oft auch mit Forderungen der Öffentlichkeit nach verstärkter Regulierung, Entschädigungszahlungen etc. einher geht. Viele Firmen versuchen deshalb, sich ein neues, positiv besetztes öffentliches Image zu schaffen. Die ICC-Chefin Maria Cattaui wies in diesem Zusammenhang darauf hin, Unternehmen seien hochmotiviert, mit den UN zusammenzuarbeiten, weil sie »entschlossen [sind], als gute Unternehmens-Bürger gesehen zu werden« (Cattaui 1998). Kritiker nennen diesen Aspekt »blue wash«, das heißt »Reinwaschen«, und heben damit darauf ab, dass die UN ihren guten Namen und ihre Reputation zur Verfügung stellen, um Unternehmen dabei zu helfen, in den Augen der Öffentlichkeit ein (falsches) positives Image von sich zu schaffen. Innerhalb der UN sind sich viele dieser Problematik bewusst. So spricht UNDP in seinen 1998 entworfenen Unternehmensrichtlinien von einem »gegenseitigen Imagetransfer« und stellt fest, dass das Entwicklungsprogramm »dazu beitragen wird, das Image eines [Partner-] Unternehmens zu verbessern« (UNDP 1998).

Schließlich verfolgen Unternehmen ein sechstes Ziel – ihre eigenen Produkte direkt zu fördern. Dies war im Fall von Ericsson, der schwedischen Technologiefirma, offensichtlich, die mit den UN vereinbarte, Markenhandys an die humanitären Einsatzkräfte der *UN Disaster Response Initiative* zu verteilen. Das Unternehmen erwarb damit nicht nur ein positives Image, seine Produkte erhielten auf diese Weise auch eine kostengünstige Werbung. Gleichermaßen warb Cisco Systems durch seine NetAid-Partnerschaft mit UNDP für seine Hochgeschwindigkeits-Internet-Switches und Router – von einer Zeitung als »Schaufenster für Ciscos jüngste Internet-Technologie« beschrieben (O'Brien 1999). Hunderttausende Fans, die sich auf der NetAid Website während des 1999 veranstalteten Benefiz-Konzertes einloggten, stellten die Ausrüstung auf eine harte Probe. Dadurch wurde eine starke Öffentlichkeitswirkung erzielt – wahrscheinlich weit mehr, als durch gewöhnliche Werbung hätte erreicht werden können.

Firmen haben gelegentlich auch andere Ziele, etwa die Mitarbeiterzufriedenheit zu stärken oder die öffentliche Unterstützung in einer größeren Anzahl von Ländern abzusichern. Solch unterschiedliche Ziele liegen offensichtlich einer 1999 geschlossenen Partnerschaft zwischen der UNESCO und Rhône-Poulenc, einem der größten Unternehmen Frankreichs, zugrunde. Das mehrjährige vom Unternehmen kofinanzierte Projekt zielt darauf, das Tadsch Mahal in Indien wiederherzustellen, das von der UNESCO als Weltkulturerbe klassifiziert und in der jüngeren Vergangenheit durch die Luftverschmutzung der Stadt Agra schwer in Mitleidenschaft gezogen wurde. Das Programm soll unter anderem die Umweltbedingungen in Agra verbessern, ein Schritt, der auch der Gesundheit seiner Bürger zugute käme. Rhône-Poulenc war angesichts der heftigen Kritik an seinen agroindustriellen und gentechnischen Forschungsaktivitäten offensichtlich auf der Suche nach einer Gelegenheit, sein Image zu verbessern und sich ein neues Markenzeichen zuzulegen. Durch die Investition von mageren 237.000 US-$ in das Tadsch-Mahal-Projekt erzielt das Unternehmen eine positive Werbung, die anders womöglich nicht zu erreichen gewesen wäre.

Wie die Vertreterin der Rhône-Poulenc-Stiftung, Caty Forget, dem UNESCO-Magazin Sources erklärte, gibt die Spende dem Unternehmen ein besseres Image, das mit »hohen Werten, wie dem Respekt vor anderen, Bewahrung des Erbes, dem Wert einer Kultur und Identität« zu tun habe. Sie betonte auch, dass die Spende dem Unternehmen selbst Auftrieb gebe. »Das macht sie stolz,« sagte sie von den Beschäftigten (UNESCO Sources, January-February 2000). Die UNESCO erreicht auf diese Weise vielleicht den Schutz eines Weltkulturerbes, aber der Preis dafür ist offensichtlich. Eine Organisation, deren Hauptverantwortung darin liegt, Erziehung zu fördern, »erzieht« die Öffentlichkeit über die guten Taten eines multinationalen Unternehmens.

Der *Global Compact*

Dutzende – vielleicht Hunderte – gemeinsamer Aktivitäten zwischen Unternehmen und UN waren in nahezu jeder UN-Organisation bereits auf dem Weg (Deutsch 1999), als der UN-Generalsekretär ein neues, öffentlichkeitswirksames Projekt initiierte, das die neue Partnerschaft symbolisieren sollte. Die Idee eines *Global Compact* entstand in Gesprächen mit Unternehmensmanagern, insbesondere mit der Internationalen Handelskammer. Nach monatelangen Vorgesprächen präsentierte der Generalsekretär seinen Vorschlag beim Treffen des Weltwirtschaftsforums am 31. Januar 1999 in Davos.

Der Pakt umfasst neun Prinzipien im Bereich der Menschen- und Arbeitsrechte und des Umweltschutzes, die von den Unternehmen eingehalten werden sollen. Sie sind abgeleitet aus der Allgemeinen Erklärung der Menschenrechte, der Erklärung der ILO über grundlegende Prinzipien und Rechte bei der Arbeit von 1998 und der Rio-Erklärung von 1992. Die Prinzipien sind ehrenwert, aber in der Konsequenz vage. Zum Beispiel stimmen die Unterzeichner zu, »sicherzustellen, dass ihre Unternehmen nicht Mittäter bei Menschenrechtsverletzungen sind.« Die UN versprechen, dies nicht zu überwachen. Auch formelle Verfahren zur Durchsetzung der Prinzipien und zur Ahndung von Verstößen sind nicht vorgesehen.

Annans Rede sagt viel über seine Beweggründe und den Handel, den er seinen Zuhörern unterbreitete:

»Ich schlage vor, dass sie, die in Davos zusammengekommenen Wirtschaftsführer, und wir, die Vereinten Nationen, den Anstoß für einen Globalen Pakt über gemeinsame Werte und Prinzipien geben, die dem globalen Markt ein menschliches Antlitz verleihen.

Globalisierung ist ein Fakt des Lebens. Aber ich glaube, wir haben ihre Zerbrechlichkeit unterschätzt. Das Problem ist folgendes: Das Wachstum der Märkte vollzieht sich schneller als die Fähigkeit der Gesellschaften und

ihrer politischen Systeme, sich diesem anzupassen, ganz zu schweigen davon, den Kurs zu bestimmen. Die Geschichte lehrt uns, dass solch ein Ungleichgewicht zwischen der wirtschaftlichen, sozialen und politischen Sphäre nicht lange aufrechterhalten werden kann.«[7]
Annan fuhr fort, dass Globalisierung nur gesichert werden könne, wenn sie sich auf einen breiten Konsens stütze, und dass ein solcher Konsens auf den Bemühungen aufbauen müsse, die Wohlfahrt aller zu sichern. Er forderte seine Zuhörer auf, »eine Reihe zentraler Werte anzunehmen, zu unterstützen und umzusetzen,« die eine neue Ära unternehmerischer Verantwortlichkeit definieren würden.

Die Rede enthielt alle Elemente des Denkens, das sich zwischen Annan und seinen Beratern entwickelt hatte: »Partnerschaft« mit den Unternehmen, »Werte« statt Regeln, Erinnerung an die »Bedrohung«, die von der Basisopposition gegen die Globalisierung ausgehen könnte. Die Rede erreichte ihren Zweck. Sie zog die Aufmerksamkeit vieler Wirtschaftsführer auf sich und brachte eine Menge positiver Kommentare in den Medien. Obwohl zunächst unklar war, wie der Vorschlag umgesetzt werden würde, machte der Generalsekretär am Sitz der UN bald klar, dass er die Idee weiterentwickeln und ihr eine deutlich sichtbare Form geben wolle.

Von Beginn an war es für die Unternehmensseite einfach, die vom Generalsekretär vorgeschlagenen »Werte« zu unterstützen; sie sorgte sich allerdings, dass er möglicherweise weiter gehen und etwas Konkreteres vorschlagen könnte. Das UN-Team auf der anderen Seite hoffte,

---

7 Die Rede ist auf der Website des *Global Compact*
   (www.globalcompact.org) dokumentiert.

durch die zunächst vage Verpflichtung könnte man die Wirtschaft möglicherweise in einen Rahmen locken, der später konkretisiert werden könne.

Viele NGOs nahmen grundsätzlich eine kritische oder zumindest wenig begeisterte Haltung gegenüber dem *Global Compact* ein. Einige Leiter von UN-Institutionen hatten erhebliche Vorbehalte und zögerten nicht, diese öffentlich zu äußern. Die Exekutivdirektorin von UNICEF, Carol Bellamy, eine der wenigen Spitzenbeamten und -beamtinnen der UN, die Erfahrungen im privaten Sektor haben, formulierte ernsthafte Zweifel. Auf der Internationalen Entwicklungskonferenz der Universität Harvard warnte sie am 16. April 1999 in einer Rede: »Es ist gefährlich anzunehmen, dass die Ziele des privaten Sektors in irgendeiner Weise synonym mit denen der Vereinten Nationen sind, denn sie sind es auf gar keinen Fall.« (Bellamy 1999).

Aber der Drang der UN zu Unternehmenspartnerschaften ging mit Spitzengeschwindigkeit weiter. Am 8. Juli 1999 forderte Jayanatha Dhanapala, Untersekretär für Abrüstungsangelegenheiten, zu »kreativen Partnerschaften« zwischen den UN und Rüstungsfirmen auf, um auf diese Weise den illegalen Handel mit Waffen zu kontrollieren (Deen 1999). Allen, die sich für strenge Kontrollen des Waffenhandels durch die UN einsetzten, erschien eine Partnerschaft mit Waffenherstellern als ein unerhörter Schritt. Tatsächlich hatten die UN-Richtlinien für Unternehmenspartnerschaften Beziehungen mit Waffenfirmen ausgeschlossen. Annan und sein Team testeten bereits die selbstgesetzten Grenzen.

Am 26. Juli 2000 schließlich hob der Generalsekretär am UN-Sitz seinen *Global Compact* im Beisein von Vorständen und Spitzenmanagern von fast 50 Unternehmen offiziell aus der Taufe. Unter ihnen waren so große globale Unternehmen wie DaimlerChrysler, Unilever, Deutsche Bank, BP Amoco, Royal Dutch Shell, Volvo, Credit Suisse, Dupont und Nike, die alle den Pakt unterschrieben und seine neun Prinzipien beachten wollen. Der Generalsekretär hatte auch eine kleine Zahl wohlgesonnener NGOs eingeladen, darunter Amnesty International, den *Worldwide Fund for Nature* und den Internationalen Bund freier Gewerkschaften. Aber manche dieser NGO-»Partner« fühlten sich bei dem Spektakel offensichtlich nicht wohl. Der Generaldirektor von Amnesty International, Pierre Sané, sagte deutlich, er denke nicht, dass der Pakt angesichts fehlender formaler Regeln glaubwürdig sei. Dagegen stellten die Teilnehmer der Unternehmen klar, dass sie keine Regeln wünschten – nicht einmal die mildeste Form der Überwachung.

Am Tag, an dem der *Global Compact* in New York besiegelt wurde, warnte ICC-Chefin Cattaui in einem Artikel der International Herald Tribune:

>»Die Wirtschaft würde über jeden Vorschlag die Nase rümpfen, der eine externe Beurteilung von unternehmerischer *Performance* beinhaltete, sei es durch besondere Interessengruppen oder durch UN-Agenturen. Der *Global Compact* ist eine gemeinsame Verpflichtung gegenüber gemeinsamen Werten, nicht eine Qualifikation, die erfüllt werden muss. Er darf nicht zu einem Vehikel für Regierungen werden, der Wirtschaft Vorschriften zu machen.« (Cattaui 2000).

Nach dem Plan des Generalsekretärs sollen Unternehmen als einzigen Test ihrer »Vertragstreue« auf der speziell für den Global Compact eingerichteten Website der UN (www.globalcompact.org) Informationen in Form von

»best practices« veröffentlichen. Die Unternehmen werden den Informationsfluss kontrollieren, und die UN werden die Öffentlichkeit einladen, die »guten Beispiele« zu untersuchen und zu kommentieren – *Chatroom*-Demokratie. Es wird keine andere Prüfung der Vertragserfüllung geben, von Durchsetzung gar nicht zu reden.

UN-Beamte geben im privaten Gespräch zu, dass Unternehmensskandale die Organisation in Verlegenheit bringen könnten und dass sich die UN einen begrenzten Überblick über die Firmen verschaffen müssten, die den *Global Compact* unterzeichnen, um nicht in eine solche Falle zu tappen. Dies gilt umso mehr dann, wenn die lizenzierte Verwendung des UN-Logos durch die Unternehmen – einer der Partnerschaftspläne – Wirklichkeit wird.

Viele NGOs überall auf der Welt haben den Vertrag in Briefen, Veröffentlichungen und öffentlichen Veranstaltungen kritisiert. Eine wichtige Rolle spielt dabei das *Transnational Resource and Action Center*. Sie haben darüber hinaus den Gegenvorschlag eines »Bürgerpaktes« (»Citizen Compact«) veröffentlicht. Er fordert einen »rechtlichen Rahmen, einschließlich dessen Überwachung,« der die Aktivitäten der Unternehmen regulieren und sie streng auf die eingegangenen Abkommen verpflichten soll (Transnational Resource and Action Center 2000). Eine Reihe von Mitgliedstaaten hat sich ebenfalls gegen Annans Projekt ausgesprochen, doch der Generalsekretär hat seinen Kurs bisher nicht verändert.

Die UN-Politik gegenüber Unternehmen belastet die Beziehungen der Organisation zu NGOs und vielen Regierungen. Die UN könnten ihre öffentliche Unterstützung verlieren, wenn sie sich kaum mehr unterscheiden würde von den wirtschaftsdominierten Institutionen wie der

WTO und dem IWF. Generalsekretär Annan spielt mit dem wertvollsten Kapital der UN – ihrer Reputation als einer Institution, die für das Wohlergehen der Völker der Welt arbeitet.

NGOs und ihre Verbündeten in den sozialen Bewegungen müssen, zusammen mit gleichgesinnten Regierungen, alles in ihrer Macht Stehende tun, diesen Trend umzukehren. Die Idee eines Bürgerpaktes liefert die Basis für gemeinsames Handeln. Wir müssen »Nein« sagen zu einer unternehmensdominierten UNO. Wir müssen für die finanzielle und politische Stärkung einer Weltorganisation eintreten, die auf die Bedürfnisse und Forderungen der Bürger eingeht. Und wir müssen darauf bestehen, dass Unternehmen durch Bürger kontrolliert werden, und nicht umgekehrt.

Deutsche Übersetzung: Thomas Siebold

Literatur[8]

Bellamy, Carol, 1999: Sharing Responsibilities: Public, Private and Civil Society. Speech to a conference organized by the Harvard International Development Conference, Cambridge, Massachusetts, 16. April (veröffentlicht auf der Website von UNICEF: www.unicef.org).

Cattaui, Maria Livanos, 2000: Yes to Annan's ›Global Compact‹ if It Isn't a License to Meddle, in: International Herald Tribune, 26 July.

---

8 An Hintergrundinformationen interessierte Leser sollten die *Website* des Global Policy Forum besuchen: www.globalpolicy.org. Fast alle nachfolgend angeführten Artikel sind dort zu finden.

Cattaui, Maria Livanos, 1998: Business and the UN: Common Ground, in: The Journal of Commerce, 3 August.

Deen, Tahlif, 1999: UN Calls for New Partnership with Arms Industry, in: InterPress Service Daily Journal, 9 July.

Deutsch, Claudia H., 1999: Unlikely Allies Join with the UN, in: New York Times, 19 December.

Geertz, Bill, 1997: Power Brokers' Forum Wires UN, in: Washington Times, 5 March.

Heritage Foundation, 1985: UN Project Series, Washington, March.

Heritage Foundation, 1984: UN Project Series, Washington, April.

Kell, Georg, 1999: Weltorganisation und Wirtschaftswelt, in: Vereinte Nationen, 47. Jahrgang, H. 5, S. 163-168.

Kell, Georg/John Ruggie, 1999: Global Markets and Social Legitimacy: The Case of the ›Global Compact‹. New York, November (dokumentiert auch auf der Website der UN für den Global Compact: www.globalcompact.org).

O'Brien, Chris, 1999: NetAid Benefits Faces Technological Challenge, in: Mercury News, 8 October.

Transnational Resource and Action Center, 2000: Tangled up in Blue: Corporate Partnerships at the United Nations, New York, September.

UNDP, Division for Resources Mobilization and External Affairs, 1998: Guidelines and Procedures for Mobilization of Resources from the Private Sector, New York, November.

UNICEF, International Child Development Centre, 1994: Economies in Transition Studies, Crisis in Mortality, Health and Nutrition, Florence, August (Regional Monitoring Report, No. 2).

WHO, 2000: Tobacco Company Strategies to Undermine Tobacco Control Activities at the World Health Organisation: Report of the Committee of Experts on Tobacco Industry Documents, Geneva, July.

Phyllis Bennis

Mit der Wirtschaft aus der Finanzkrise?
Die drohende Vereinnahmung der UNO durch private Geldgeber

Zu Beginn des 21. Jahrhunderts stehen die Vereinten Nationen vor enormen Herausforderungen. Nie zuvor waren ihre innere Demokratie – so unvollkommen sie auch ist – und ihre weltweite Legitimität – so umkämpft sie auch ist – stärker bedroht als heute. Die sicherlich größte Gefahr geht von der unangefochtenen Macht der Vereinigten Staaten aus. In ihrer Geschichte haben die Vereinten Nationen zwar immer die realen Machtverhältnisse in der Welt eher gespiegelt als sie in Frage zu stellen, und das frühe 21. Jahrhundert globaler Unipolarität macht da keine Ausnahme. Aber aus dem Dilemma des überwältigenden US-Einflusses leiten sich heute weitere Gefahren für die Weltorganisation ab. Eine wesentliche Bedrohung ihrer Stabilität und Handlungsfähigkeit liegt in der andauernden Finanzkrise der Organisation. Sie führt zu einer immer stärkeren Öffnung gegenüber privaten Finanzierungsquellen. Damit steigt einerseits der Einfluss privater Geldgeber auf die Programmatik der UN, andererseits die Abhängigkeit der Weltorganisation vom Goodwill der neuen Finanziers. Droht damit quasi die Privatisierung der Vereinten Nationen?

Die Finanzkrise der UN

Ende Oktober 2000 lagen die Schulden der USA gegenüber den Vereinten Nationen bei 1,586 Mrd. US-$. Dies war kein neues Problem. Während der neunziger Jahre bewegte sich die UNO ständig am Rande der Zahlungsunfähigkeit und war gezwungen, zur Finanzierung ihres ordentlichen Haushalts Mittel aus den Etats zur Friedenssicherung zu leihen und bei überzogenen Budgets mit Geld zwischen den Agenturen zu jonglieren. Finanzielles Überleben war nur möglich, weil die Friedenssicherungseinsätze im Aufschwung waren und weil die von den USA erzwungenen Kahlschlagreformen zu erheblichen Schnitten bei Personal und Budget geführt hatten.

Trotz gegenteiliger Behauptungen von US-Regierung und Medien lag Washingtons Zahlungsverweigerung nicht an der »aufgeblähten UN-Bürokratie«. Das weltweite Personal des gesamten UN-Systems, einschließlich der Weltbank, umfasst weniger als 50.000 Mitarbeiter. Mitte der neunziger Jahre war damit die Zahl derer, die unter der Flagge der UNO für weltweite Entwicklung, für den Schutz von Kindern, für Frauenrechte, Frieden und Sicherheit, Gesundheit, Ernährung und noch vieles mehr im Einsatz waren, deutlich niedriger als die Zahl der Beschäftigten des dünn besiedelten US-Bundesstaates New Mexico, die sich nur um eine Bevölkerung von 1,6 Mio. Menschen zu kümmern haben. Der verstorbene UN-Berater Erskine Childers wies gerne darauf hin, dass das Jahresbudget des gesamten UN-Systems mit rund 11 Mrd. US-$ (ohne Weltbank und IWF) etwa das ausmachte, was die Amerikaner jedes Jahr in Schönheitssalons und Gesundheitsclubs ausgaben.

Tatsächlich stoppten die USA die Zahlung ihrer Beiträge lange bevor sich der US-Kongress, allen voran der mächtige Senator und »UN-Hasser« Jesse Helms, entschied, den späteren Generalsekretär Boutros Boutros-Ghali abzustrafen. Bereits 1985 ging die Reagan-Administration auf den Vorschlag der rechtsorientierten *Heritage Foundation* ein und begann, ihren Pflichtbeitrag in Höhe von 25 % des UN-Budgets zurückzuhalten. Wenn man die Organisation zur Geisel von US-diktierten »Reformen« mache, so die *Heritage*-Theorie, würden die UN gefügig werden. Der Plan funktionierte. Der Einfluss der USA in der UNO nahm weiter zu. Aber die Vereinten Nationen zahlten den Preis. Ihre Arbeit wurde überall in der Welt unterminiert.

Einige Möchtegern-Reformer der UN, vor allem in Washington, halten UN-Agenturen, die im Dienste der verarmten Länder stehen und die sich immer noch bemühen, dem lähmenden Vermächtnis des Kolonialismus und unfairen Weltwirtschaftsbedingungen zu entkommen, für wenig relevant. Dabei zielen sie gewöhnlich auf die Handels- und Entwicklungskonferenz der UN (UNCTAD), das UN-Forschungsinstitut für soziale Entwicklung (UNRISD), die Organisation der Vereinten Nationen für industrielle Entwicklung (UNIDO) und manchmal sogar auf das Entwicklungsprogramm der Vereinten Nationen (UNDP). Alle werden als ineffektive Einrichtungen abgetan, die die Arbeit anderer Organisationen nur doppelten. Viele dieser Kritiker führen die Welthandelsorganisation (WTO) als Beleg dafür an, dass andere UN-Organisationen obsolet würden, weil sich die WTO ebenfalls mit Handel, Industrie und Wirtschaftsfragen beschäftigte. Das Problem liegt freilich darin, dass die WTO primär geschaffen wurde, um die Interessen der wohlhabenden Industrieländer zu regeln.

Die von Washington durch ungezahlte Beiträge und zurückgefahrene freiwillige Zuschüsse angefachte Finanzkrise hat gerade diese Entwicklungsagenturen hart getroffen. Um nur einen Fall anzuführen: die Basisfinanzierung des UNDP fiel 1999 auf 718 Mio. US-$, gegenüber 1,2 Mrd. US-$ sieben Jahre zuvor – einer der tiefsten Einschnitte für eine UN-Institution.[1] Innerhalb von nur drei Monaten hatte der neue UNDP-Administrator Mark Malloch Brown damit begonnen, das zu tun, was die Financial Times eine »Revolution« in der Organisation nannte. Angesichts der massiven Haushaltskürzungen und Forderungen nach Reformen im Management nutzte der neue PR-kundige Leiter des UNDP nicht etwa seine medialen Fähigkeiten um zu versuchen, Washington mit Hilfe kreativer Medienkampagnen in die Verantwortung zu nehmen. Statt dessen wählte er den Weg des *downsizing* im klassischen Unternehmensstil, »bereit etwas anzugehen, was die bislang radikalste Generalüberholung zu werden verspricht.«[2]

Malloch Brown akzeptierte offenbar, dass sich die Führungsrolle des UNDP in der internationalen Entwicklungshilfe im Vergleich zu Unternehmen, Weltbank, IWF und anderen Institutionen in dem Maße verringerte, wie er die Haushaltskürzungen beim Personalbestand umsetzte. In einem Interview nur einen Monat nach seiner Amtsübernahme im Juli 1999 sagte Malloch Brown: »Ich denke, der Mehrwert des UNDP liegt auf dem Gebiet der

---

1 UNDP Doc. DP/2000/1, 16 November 1999, para. 15.
2 Mark Suzman, in: Financial Times, 19 Oktober 1999. (Englischsprachige Zitate wurden ins Deutsche übertragen, die Red.)

Beratung und Unterstützung für *capacity building* und nicht in der Finanzierung vieler verschiedener Projekte, die besser von anderen mit tieferen Taschen und größerer Expertise finanziert werden.«[3]

Als der jetzige UN-Generalsekretär Kofi Annan sein Amt 1997 antrat, war er mit einer noch schwierigeren Lage konfrontiert. Wie weit er auch immer auf Washingtons Forderungen nach radikalen Haushaltskürzungen einging, Annan hatte dennoch keine Garantie, dass die einzige Supermacht der Welt irgendeine Verantwortung spüren würde, ihre Schulden gegenüber den Vereinten Nationen zu begleichen. Schließlich hatte bereits sein von den USA vielgescholtener Vorgänger Boutros-Ghali, ganz entgegen anders lautenden Behauptungen, praktisch alles getan, was das Weiße Haus von ihm forderte. Während seiner fünfjährigen Amtszeit machte er jede Haushaltskürzung mit (unter ihm gab es das erste UN-Budget mit Null-wachstum), jede Entlassung (unter ihm wurde das UN-Hauptquartier um 1.000 Mitarbeiter reduziert) und jede Kampagne zur Schließung von UN-Einrichtungen (die Abschaffung des UN *Centre on Transnational Corporations* gehörte zu seinen ersten Taten), die Washington wollte.

Annan stand vor dem gleichen Problem. Die Weigerung der USA, ihre Schulden zu zahlen, blieb ein dauerhaftes Element der Washingtoner UN-Politik. Ob mit entwicklungspolitischen, wirtschaftlichen oder sozialen Fragen befasste UN-Gremien – alle sahen ihre Arbeit und ihre bloße Existenz dadurch ständig gefährdet.

---

3 Ashali Varma: Interview: Mark Malloch Brown on UNDP, in: Choices, August 1999.

Privates Geld – eine trügerische Hoffnung

Als Ende der neunziger Jahre das Damoklesschwert wachsender US-Schulden immer bedrohlicher über den Vereinten Nationen schwebte, war es nicht überraschend, dass sich der Generalsekretär auf der verzweifelten Suche nach alternativen Finanzierungsquellen auch an den privaten Sektor wandte. Sein Ziel war es, neue »Partnerschaften« zwischen den UN und globalen Unternehmen zu entwickeln.

Ted Turners UN-Stiftung

Das Potenzial für solche Partnerschaften wurde im September 1997 deutlich, als der Milliardär Ted Turner 1 Mrd. US-$, das größte derartige Geschenk in der Geschichte, UN-Programmen anbot, die sich mit der Gesundheit von Kindern, der Umwelt, der Ausbildung von Mädchen und einigen anderen speziellen Themen befassen. Es war ein großzügiges Geschenk von einem der wohlhabendsten Menschen der Welt, und es gibt kaum einen Grund anzunehmen, dass es nicht durch aufrichtige internationalistische Gefühle motiviert war. Aber wie immer die Motive waren, Turners Geschenk bereitete den Boden für eine gefährliche Privatisierung der Entscheidungsfindung bei den Vereinten Nationen. Sie droht die Organisation von einem zumindest potenziell machtvollen Instrument des globalen Multilateralismus zu einem bloßen Vehikel zur Verteilung privater Finanzmittel von Individuen oder, noch gefährlicher, von Unternehmen zu reduzieren.

Turner und seine Frau Jane Fonda erklärten, dass sie »keine Absicht« hätten, sich in die Entscheidungsfindung der UN einzumischen oder die Tagesordnung der UN zu diktieren. Aber durch die Gründung einer unabhängigen Stiftung, der *UN Foundation*,[4] die die letztendliche Entscheidung darüber trifft, welche UN-Programme profitieren sollen, schufen sie genau das, was sie nach eigenen Worten vermeiden wollten: Ein externes Gremium, nur seinen Geldgebern und sich selbst rechenschaftspflichtig, das plötzlich eine wesentliche Rolle bei der Bestimmung der Stärke und (Über-)Lebensfähigkeit von UN-Programmen und ihren Prioritäten spielt.

Es ist nicht überraschend, dass UN-Beamte angesichts der Dramatik der Finanzkrise von Turners Ankündigung begeistert waren. Aber die Risiken waren schwerwiegend. Wenn die Finanzierung von Umweltprogrammen oder von Gesundheitsprojekten für Kinder, die ohnehin zu den bekanntesten und populärsten gehörten, nicht mehr gefährdet war, würde die allgemeine Finanzkrise der UN als weniger bedrohlich angesehen. Die Rolle der USA beim Schüren der Krise durch ihre Weigerung, die überfälligen Beiträge zu zahlen, würde weniger ungeheuerlich erscheinen. Es mag in einer Ära weltweiter Privatisierung vieler Bereiche logisch erscheinen, individuelle Spenden und die Finanzierung durch Unternehmen zu ermutigen. Dies unterläuft jedoch objektiv die Verpflichtung der UN-Mitgliedstaaten, insbesondere der USA, gegenüber der Weltorganisation politische Verantwortung zu übernehmen. Es würde eine wachsende Abhängigkeit der UN von der letztlich freiwilligen und deshalb unberechenbaren, erratischen und unzuverlässigen Wohltätigkeit von Unternehmen und Sponsoren bedeuten.

---

4 Ausführliche Informationen dazu auf der *Website* der Stiftung: www.unfoundation.org.

Wenn aber die Pflicht der Regierungen, für die populärsten UN-Organisationen wie UNICEF und Weltgesundheitsorganisation (WHO) finanziell aufzukommen, verringert würde, weil es privaten Gebern gestattet würde, sich ihre eigenen Lieblingsprogramme herauszupicken, entstünde die große Gefahr, dass Regierungen bald nur noch für das UN-Sekretariat selbst finanziell verantwortlich wären.

Welche Konsequenzen hätte dies angesichts des knauserigen Unilateralismus Washingtons für die notwendige Finanzierung der Gesamtstruktur der UN durch die USA? Und von den USA abgesehen, welche Länder würden die entscheidenden Mittel für das UN-Hauptquartier zur Verfügung stellen, um den Personalbestand aufrechtzuerhalten – von einer Stärkung gar nicht zu reden? Für jene häufig unsichtbaren Fachleute also, die beispielsweise technische und strategische Informationen für die Länder des Südens aufbereiten, damit diese in globalen Verhandlungsrunden mithalten können, oder für die prosaischen Übersetzungs- und Logistik-Teams, die ihre Arbeit tun ohne die Medienwirksamkeit von fotogenen Kinderimpfaktionen, Umweltprojekten oder Ausbildungsprogrammen für Mädchen?

Die Botschaft der Privatisierung wurde gehört. US-Präsident Clinton forderte am 22. September 1997, wenige Tage nach der Ankündigung von Turners Milliardenspende, in seiner Ansprache vor der Generalversammlung die UN auf, sich »noch mehr darauf zu konzentrieren, Mittel einzunehmen statt auszugeben«. Es war nicht schwierig, darin die Übertragung der Reform des US-Wohlfahrtssystems auf das UN-System im Washingtoner Stil zu erkennen: Die USA würden die Hunderte von Millionen

Dollar, die sie der UNO schuldeten, nicht zahlen, dafür aber Spenden des privaten Sektors gutheißen. Die Vereinten Nationen »sollten nicht länger auf sich allein gestellt sein«, sagte Clinton weiter. Turners Spende »wirft ein Schlaglicht auf das Potenzial für Partnerschaften zwischen der UN und dem privaten Sektor. [...] Und ich hoffe, andere werden seinem Beispiel folgen.« Turner antwortete, jeder Reiche auf der Welt könne sich auf einen Anruf von ihm einstellen, in dem er um Geld für die UN bitten wolle.

Doch weder Turner noch seine Unterstützer stellten die Frage nach einem ähnlichen Appell an die reichsten Nationen der Welt, anstelle von mehr privater oder unternehmerischer Wohltätigkeit die Einführung einer speziellen UN-Unterstützungssteuer auf globale Finanztransaktionen in Betracht zu ziehen. Schon eine winzige 0,01-Prozent-Steuer auf die grenzüberschreitenden Kapitalbewegungen, von den Regierungen erhoben und an die UN überwiesen, würde bei weitem ausreichen, um das ordentliche UN-Budget von 1 Mrd. US-$ pro Jahr zu decken.

Stattdessen schuf Turners Stiftung komplexe Vergabestrukturen zur Verteilung der eigenen Mittel. UN-Agenturen müssen der Stiftung danach Finanzierungsanträge auf Projektbasis vorlegen. Die Entscheidung, welche der beantragten Projekte unterstützt werden, wird von einem stiftungseigenen Ausschuss getroffen. Vorrangig unterstützt die Stiftung Projekte im Bereich des Umweltschutzes, der Gesundheitsversorgung für Kinder sowie Frauen- und Bevölkerungsprojekte. Aber auch andere Aktivitäten werden gelegentlich gefördert. So erhielt beispielsweise UNCTAD 1998 einen Zuschuss in Höhe von 1,2 Mio. US-$, um einen Handelsplatz für Treibhausgas-Emissionszertifikate aufzubauen – ein Projekt, das von vielen Umweltschützern verurteilt wurde, weil es reichen Ländern und Unternehmen des Nordens erlaubt, Emissionsrechte im Süden zu kaufen, anstatt den Ausstoß von Treibhausgasen im eigenen Land zu reduzieren.

Kofi Annans Global Compact

Bald nach Turners Ankündigung fuhr UN-Generalsekretär Kofi Annan Anfang 1998 zum Weltwirtschaftsforum ins schweizerische Davos, in die glitzernde Welt von Reichtum und Macht, in der sich alljährlich Führungskräfte aus Wirtschaft, Finanzen und Politik zusammenfinden. Er stellte dort erstmals die Frage nach engeren Bindungen zwischen den Vereinten Nationen und dem privaten Sektor, machte aber auch klar, dass die UN von der Wirtschaft unabhängig und den Werten verpflichtet bleiben müssten, auf die sie gegründet wurden.

Im folgenden Jahr, die Finanzkrise der UN hatte noch bedrohlichere Ausmaße angenommen, fuhr Annan erneut nach Davos. Er begann seine Rede mit einer Warnung vor der heraufziehenden Gefahr einer internationalen Gegenreaktion auf die Globalisierung angesichts der großen Kluft zwischen Arm und Reich, die die Globalisierung noch vertiefe. Danach forderte Annan die internationalen Wirtschaftsführer auf, einen Globalen Pakt (Global Compact) mit den Vereinten Nationen einzugehen, der auf die Ungleichheiten der Globalisierung reagiere und »dem globalen Markt ein menschliches Gesicht gibt«.[5]

---

5 Kofi Annan: Address to World Economic Forum, 31. Januar 1999 (UN press release SG/SM/6881). Zum Global Compact siehe den ausführlichen Beitrag von James Paul in diesem Band.

Das Ziel eines solchen Paktes sei es, »die Grundlage für ein Zeitalter globaler Prosperität zu schaffen, vergleichbar dem, was die Industrieländer in den Jahrzehnten nach dem Zweiten Weltkrieg erfahren haben«. Annan forderte zu diesem Zweck Unternehmen und Wirtschaftsvereinigungen auf, »sich eine Reihe von Grundwerten im Bereich der Menschenrechte, der Arbeitsstandards und des Umweltschutzes zu eigen zu machen, für sie einzutreten und sie zu unterstützen«.

Annan sagte, die Vereinten Nationen seien bereit, jene Unternehmen zu unterstützen, die diese Standards übernähmen. Aber die eigentliche Gegenleistung, die er anbot, war potenziell viel wichtiger. Wenn die Unternehmen die Menschen- und Arbeitsrechte und den Umweltschutz förderten, versprach er, dann würden die UN »dabei helfen, ein Umfeld zu schaffen und zu erhalten, das Handel und freie Märkte begünstigt«. Mit anderen Worten, wenn die Unternehmen freiwillig eine Reihe von Arbeits-, Menschenrechts- und Umweltstandards einhielten, dann würden die UN ihre Kritik am sogenannten »Freihandel« verstummen lassen.

Der von Annan vorgeschlagene Pakt war vorsichtig formuliert und bedrohte zunächst nicht die Unabhängigkeit oder Glaubwürdigkeit der Vereinten Nationen. Aber einige UN-Organisationen nahmen seinen Vorschlag als Lizenz für weitergehende »Partnerschaften« mit multinationalen Unternehmen und setzten dadurch ihre internationale Reputation und Akzeptanz aufs Spiel.

UNDPs Annäherung an die Wirtschaft

Wahrscheinlich keine andere UN-Institution ging bei der Neubestimmung ihrer Identität als »Partner der Wirtschaft« weiter als das Entwicklungsprogramm der Vereinten Nationen. Im Frühjahr 1999 veröffentlichte es den Plan für eine Globale Fazilität für Nachhaltige Entwicklung (GSDF), einen Fonds, der sich ausschließlich aus Mitteln privater Unternehmen speisen sollte und offiziell dazu bestimmt war zu zeigen, dass »Hilfe für die armen Entwicklungsländer auch profitabel sein kann«.[6] Tatsächlich sollten Unternehmen, die sich anschlossen, für den geringen Beitrag von 50.000 US-$ Zugang zum weltweiten Netzwerk von UNDP-Kontakten erhalten und, noch wichtiger, das UNDP-Logo für sich nutzen können. Angesichts der häufig verheerenden Umwelt-, Sozial- und Menschenrechtsbilanz multinationaler Unternehmen hätte diese Partnerschaft für sie damit eine kostengünstige Möglichkeit des »Reinwaschens« (*blue wash*) bedeutet. Zu den von Anfang an beteiligten Unternehmen zählten unter anderen der deutsche Energiekonzern RWE, Dow Chemical (USA), bekannt für die Produktion giftiger Chemikalien wie des Entlaubungsmittels Agent Orange, und Rio Tinto Pic (GB), Zielscheibe eines Netzwerkes von Gewerkschaften, Kirchen und Gruppen indigener Völker, die Rio Tintos Zusammenarbeit mit menschenrechtsverletzenden Polizei- und Militärkräften brandmarken.

Wenige Tage vor seinem Rücktritt im Juni 1999 hatte der scheidende UNDP-Chef Gus Speth auf einem Treffen mit Nord- und Süd-NGOs, die über die Initiative besorgt

---

6 Naomi Klein, in: Toronto Star, 26 März 1999.

waren, alle Mühe, das Projekt (für das er bereits drei Voll-
zeitmitarbeiter abgestellt hatte) als »noch im Anfangssta-
dium« zu beschreiben.

Aber kein UN-Führer, Speth eingeschlossen, ist bei
Unternehmenspartnerschaften so weit gegangen wie sein
Nachfolger, Mark Malloch Brown, der im Juli 1999 zum
Entwicklungsprogramm kam, nachdem er zuvor bei der
Weltbank als hochrangiger Public-Relations-Manager
Karriere gemacht hatte. Mit dem von Washington unter-
stützten Malloch Brown zog sogar die Sprache der Unter-
nehmenskultur in die Entwicklungsagentur ein. In seiner
Antrittsrede am Tag seiner Amtsübernahme als UNDP-
Administrator erklärte er den Mitarbeitern im UNDP-
Hauptquartier und den über ein Videokonferenzsystem
angeschlossenen Experten auf Außenposten:

> »Wir müssen einen allgemeingültigen gemeinsamen
> Fokus und Standard für unsere Länderbüros entwi-
> ckeln. Wir müssen ein für allemal das Bild eines losen
> Zusammenschlusses von Entwicklungsunternehmern
> überwinden, denen es an Zusammenhalt fehlt. […] Die
> Wiederherstellung der UNDP-Reputation für hervorra-
> gende Qualität beginnt mit Unternehmertum im Feld.«

Dies vom neuen Kopf einer Institution, deren wegweisen-
de Analyse im *Bericht über die menschliche Entwicklung 1999*
gerade vor den Gefahren eben dieser Entwicklungsrich-
tung gewarnt hatte, in die sich Mark Malloch Brown offenbar aufmachte. Anfang 2000 rühmte Nelson Mandela
noch die Warnung dieses UNDP-Berichts:

> »Wenn die Gewinnmotive der Marktteilnehmer aus
> dem Ruder laufen, gefährden sie menschliche Ethik
> und opfern die Achtung vor Gerechtigkeit und Men-
> schenrechten. […] Es ist ein großer Irrtum, sich nur auf

den Markt zu verlassen, um Armut und große Ungleichheit auszurotten. Wir alle wissen, dass der Markt, bei all seinen Vorzügen, so wie es aussieht, nicht alles regelt.«[7]

In einem Interview betonte Malloch Brown zwar, dass die »Partnerschaften (von UNDP) mit dem privaten Sektor nicht bedeuten dürften, dass wir unseren guten Namen für beschränkte kommerzielle Ziele zur Verfügung stellen.« Doch selbst die New York Times stellte fest, dass »Unternehmen wissen, dass es Türen öffnet, wenn sie den Vereinten Nationen mit ihren Lieblingsprojekten helfen. [...] Es ist auch eine Chance, ihre Markennamen auf Wachstumsmärkten einzuführen, wenn sie sich vor Agenturen in Szene setzen, die routinemäßig ihre Produkte kaufen. [Malloch Brown sagte] ›es ist nicht etwa so, dass wir sagen, Microsoft bekommt Botswana, Corel bekommt Ghana; wir regen den Wettbewerb an.‹«[8]

Organisationen der internationalen Zivilgesellschaft begannen 1998 gegen die neue Wirtschaftsorientierung mobil zu machen, die zunehmend die Unabhängigkeit der UN unterminierte und vor allem das Potenzial der Weltorganisation gefährdete, als Brennpunkt eines neuen Internationalismus zu fungieren, der sich einer unternehmensgesteuerten Globalisierung entgegenstellt. Die zahlreichen Proteste während der Ministertagung der Welthandelsorganisation (WTO) in Seattle im Dezember 1999 und das daraus folgende Scheitern der WTO, sich auf eine neue, wirtschaftsfreundliche Handelsagenda zu einigen,

---

7 Nelson Mandela: Globalizing Responsibility, in: Boston Globe, 4. Januar 2000.
8 Claudia H. Deutsch: Unlikely Allies Join With the United Nations, in: New York Times, 10. Dezember 1999.

machen neue Hoffnung. Dies gilt ebenso für die Demonstrationen im April und September 2000 in Washington und Prag während der Frühjahrs- und Herbsttagung von Weltbank und IWF.

Einige Ergebnisse der Proteste wurden bald sichtbar. Die UNDP-Führung, wegen der heftigen Attacken gegen ihre Globale Fazilität für Nachhaltige Entwicklung (GSDF) in der Defensive, hatte bereits begonnen, die Planung und Entwicklung des Projekts zu überdenken. Anfang 2000 erklärte Malloch Brown, dass der GSDF-Plan aufgegeben worden sei. Seine Mitarbeiter schufen stattdessen ein »Zivilgesellschaftliches Komitee des UNDP«, dessen Aufgabe es ist, die Organisation in allen Fragen zu beraten, einschließlich der UNDP-Beziehungen zu Unternehmen und zum privaten Sektor. Interessanterweise gehören dem Komitee einige der führenden Kritiker der Unternehmensglobalisierung an, darunter Walden Bello von *Focus on the Global South* in Bangkok, John Cavanagh vom *Institute for Policy Studies*, Roberto Bissio vom *Third World Institute* in Montevideo. Aber es ist längst nicht sicher, ob die Mobilisierung dieser und anderer Aktivisten im Norden und Süden ausreichen wird, sich gegen die von den USA orchestrierte Vereinnahmung der Vereinten Nationen durch die Unternehmenswelt zu stemmen.

Weitere Beispiele für UN-Wirtschaftspartnerschaften

Unternehmenspartnerschaften nahmen auch in anderen UN-Bereichen weiter Gestalt an. Im Juni 2000 lobte der US-Botschafter bei den UN, Richard Holbrooke, die Wirtschaftspartnerschaft mit dem *UN Office for Project Services* und forderte eine größere Beteiligung privater Unternehmen bei der Flüchtlingshilfe und sogar bei UN-Friedenseinsätzen.[9] Holbrooke gab zu, dass die Privatisierung der Friedenseinsätze »einen Schritt zu weit« gehen würde, sagte aber, dass er gerne eine größere Beteiligung des privaten Sektors in diesem Gebiet sehen würde. »Ein Bereich, der nach Außerhalb vergeben werden könnte, ist der Luftfrachtverkehr«, sagte er und fügte hinzu, dass Unternehmen aus den UN- und insbesondere UNDP-Anstrengungen zur Förderung von *good governance* Nutzen ziehen würden. Holbrooke fuhr mit der Bemerkung fort, dass »es eine Reihe von Geschäftsmöglichkeiten in Ost-Timor gibt«, und führte das Potenzial im Tourismus, der Kommunikations- und Energiewirtschaft an. Auch wenn kein Zweifel darüber bestehen kann, dass das erneut unabhängige und von Milizen verwüstete Ost-Timor dringend ausländische Investitionen braucht, ist Holbrookes Ruf nach derartig profitgesteuerten Investitionen, die zum Partner der großen und schwierigen UN-Aufgabe des *nation building* in Ost-Timor werden sollen, gefährlich. Die UN sollten vielmehr mit ihren timoresischen Partnern zusammenarbeiten, damit Ost-Timor Kontrolle über die ins Land kommenden internationalen Investitionen behält. Sie sollten helfen, den neuen fragilen Staat gegenüber möglichen Schäden zu schützen, die durch unkontrollierte Unternehmensmacht verursacht werden können.

Andere folgten eher dem Beispiel Ted Turners. Ende 1999 beschrieb die New York Times, wie die Bill und Melinda Gates-Stiftung des Microsoft-Milliardärs 26 Mio. US-$ bereitstellte, um UNICEF dabei zu helfen, Tetanus bei Säuglingen auszurotten. Das Blatt schrieb weiter:

---

9 UN Wire, 5. Juni 2000.

»Aber der neue Trend dient auch den Unternehmen selbst, wenn sie die UN-Zusammenarbeit als Marketinginstrument benutzen und nicht nur philanthropisch sehen. ›Natürlich wollen wir helfen, Tetanus bei Neugeborenen auszurotten, aber wir wollen auch die Verwendung von Einmalspritzen fördern und Beziehungen zu Gesundheitsministerien aufbauen, die uns andere Produkte abkaufen könnten, wenn sich ihre Volkswirtschaften entwickeln‹, betont Gary M. Cohen, Präsident der Abteilung für medizinische Ausrüstungen von Becton Dickinson & Co, in der New York Times. Er arbeitet mit UNICEF zusammen – einem der größten Kunden von Spritzen und anderen medizinischen Geräten – um die vom Unternehmen patentierten Wegwerfspritzen für dasselbe Anti-Tetanus-Programm zu verteilen, das von der Gates-Stiftung unterstützt wird.«[10]

Die New York Times berichtete auch über ein anderes Beispiel, bei dem das Unternehmen Chevron, das seit fünf Jahren in Kasachstan nach Öl gebohrt hatte, im Jahr 1998 einem vom Entwicklungsprogramm der Vereinten Nationen betriebenen Geschäftszentrum 500.000 US-$ zur Verfügung stellte, um die Kasachen bei Unternehmensgründungen zu unterstützen. Die Times erwähnte nicht, dass ebenfalls 1998 dieselbe überall in der Welt operierende Chevron Oil im Nigerdelta Hubschrauber angemietet hatte, um Regierungssoldaten herbeizuschaffen, die dort friedliche Demonstranten niederschossen. Sie hatten Umweltschutzmaßnahmen und Chevrons Hilfe bei der Ent-

10 Claudia H. Deutsch: Unlikely Allies Join With the United Nations, in: New York Times, 10. Dezember 1999.

wicklung der ölreichen aber verarmten Region gefordert. Zwei Aktivisten starben, elf andere wurden inhaftiert und einige gefoltert.[11] UNDP schien in den unterschiedlichen Strategien Chevrons keinen Widerspruch zu sehen.

Zeit für eine Gegenbewegung

Aber es gibt Widersprüche. Sicherlich sollten wir die Verwendung von Unternehmensgeldern ermutigen, wenn es um die Unterstützung echter Entwicklung im Süden geht, um die Impfung von Flüchtlingskindern oder die Ausbildung von verarmten Mädchen. Aber wenn diese Hilfe an Bedingungen geknüpft wird, wenn ihr eigentlicher Zweck darin liegt, die Saat für spätere Profitmaximierung zu legen, wenn Zuwendungen an die UN als kleiner Obolus verstanden werden, um sonst als Parias geltende Unternehmen »reinzuwaschen«, dann ist dieser Preis einfach zu hoch. Kritiker der GSDF-Unternehmenspartnerschaft des UNDP bemerkten, bevor diese aufgegeben wurde:

»Zu einer Zeit, in der die Kluft zwischen armen und reichen Ländern und Menschen zunimmt, wäre dem von einer Schlüsselorganisation der Vereinten Nationen verfolgten Ziel einer ›nachhaltigen Entwicklung‹ ein sehr schlechter Dienst erwiesen, wenn von dieser Agenda durch ein Vorgehen abgelenkt würde, das wahrscheinlich in erster Linie dem öffentlichen Bild einiger globaler Unternehmen nützt. [...] Es ist sicherlich ein Zeichen der Zeit, dass die Vereinten Nationen mit

---

11 Amy Goodman & Jeremy Scahill: Drilling and Killing: Chevron & Nigeria's Oil Dictatorship, in: Democracy Now, 28. Mai 1998 (Pacifica Radio).

Unternehmen flirten. Aber diese gefährliche Partnerschaft ist in vielerlei Hinsicht besorgniserregend. Zu einer Zeit, in der Institutionen wie der Welthandelsorganisation politische und wirtschaftliche Macht gegeben wird wie nie zuvor, sind die Vereinten Nationen eine der letzten Bastionen mit der moralischen Autorität und dem politischen Potenzial, sozial und ökologisch blinde Marktkräfte den Rechten und Bedürfnissen von Menschen und Umwelt unterzuordnen. [...] Die Vereinten Nationen können und sollten als Gegengewicht zu einer ungezügelten Globalisierung wirken. Sie sollten die Menschenrechts- und Umweltwirkungen von Unternehmen in Entwicklungs- und Industrieländern überwachen und dabei helfen, wirklich effektive und umsetzbare Mechanismen internationaler Rechenschaftspflicht aufzubauen. Sie sollten keine Zusammenarbeit mit Unternehmen aufbauen, die die Menschenrechte und die Umwelt mit Füßen treten und so nachhaltige menschliche Entwicklung behindern, und die zu den Architekten eines Systems gehören, das sich der Autorität der UN bemächtigt.«[12]

Die Menschen im Norden, insbesondere in den Vereinigten Staaten, die über das Überleben und die Effektivität der UN besorgt sind, sollten daher dafür kämpfen, dass ihre Regierungen ihren fairen Anteil an den Kosten der Vereinten Nationen tragen. Die Menschen im Süden, staatliche wie nicht-staatliche Akteure, sollten sich dafür einsetzen, dass für die von den UN koordinierte Entwick-

---

12 Joshua Karliner: A Perilous Partnership: The United Nations Development Program's Flirtation with Corporate Collaboration. Transnational Resource and Action Center (TRAC), March 1999. Näheres dazu auf der *Website* www.corpwatch.org.

lungshilfe kein zu hoher Preis gezahlt wird – nämlich die Legitimation solcher privater Geber, die für Umweltzerstörung, Menschenrechtsverletzungen, Abbau von arbeitsrechtlichen Standards, Verlust an Demokratie und nationaler Souveränität mitverantwortlich sind. Im Interesse künftiger Generationen wäre es fatal, wenn im Zuge des Privatisierungstrends nur die Unternehmensgewinne, nicht aber die Rechte der Natur, der Menschen und der Nationen zunehmen würden.

Deutsche Übersetzung: Thomas Siebold

ERNST HILLEBRAND

Schlüsselstellung im globalisierten Kapitalismus
Der Einfluss privater Rating-Agenturen auf Finanzmärkte und Politik

Private Rating-Agenturen haben im heutigen internationalen Finanzsystem eine kaum zu überschätzende Rolle. Sie bewerten die Qualität von Anleihen und Firmen – eine Schlüsselstellung in Zeiten des globalisierten Turbo-Kapitalismus, in denen gewaltige Geldmengen auf der Suche nach den besten Anlagemöglichkeiten im Sekundentakt um die Erde geschaufelt werden.

An sich ist die Bewertung von Kreditrisiken so alt wie das Geschäft des Geldverleihens. Allerdings haben die Ratings in den vergangenen Jahrzehnten eine neue Qualität bekommen. Während bis in die siebziger Jahre die Bewertung von privaten Kapitalanlagen – Firmenanleihen und Schuldverschreibungen – das Geschäft der Rating-Agenturen bestimmten, so sind seit diesem Zeitpunkt eine Vielzahl von neuen Kunden auf dem Markt aufgetaucht: Schwellen- und Entwicklungsländer, die die privaten Kapitalmärkte zur Finanzierung ihrer Staatsausgaben heranziehen wollen. Mit diesem Trend ist eine Entwicklung verbunden, die für das Verhältnis von Staaten und Wirtschaft im internationalen System eine neue Qualität markiert: Mit den drei großen Rating-Agenturen haben sich private, kommerzielle Akteure im Weltfinanzsystem etabliert, die die Zugangsbedingungen aller Staaten zu den Finanzmärkten wesentlich bestimmen – und die damit einen erheblichen Einfluss auf Wirtschafts-, Steuer- und Sozialpolitik weltweit ausüben.

Die Top 3 im internationalen Rating-Geschäft

Das internationale Rating-Geschäft wird von drei großen, weltweit operierenden Unternehmen beherrscht: Standard & Poor's (S&P), Moody's und Fitch ICBA. Alle drei Firmen haben ihre Wurzeln im US-amerikanischen Kapitalmarkt. Dieser zersplitterte, wenig regulierte und organisierte Markt verlangte früh nach Risiko-Einschätzungen für Kapitalanleger (IMF 1999, 188). Die erste Kredit-Rating-Agentur wurde 1837 in New York gegründet. Moody's wurde 1900 gegründet, Standard & Poor's Wurzeln reichen bis in das Jahr 1860 zurück. Heute beschäftigen diese drei Agenturen jeweils mehrere hundert Analysten (S&P ca. 700, Moody's ca. 600). Während die Hauptsitze in New York liegen, verfügen die Firmen über Büros in verschiedenen Ländern und eine wachsende Zahl von Beteiligungen in wichtigen Schlüsselmärkten der Dritten Welt. Das Rating-Geschäft ist hochprofitabel, nicht zuletzt vermutlich aufgrund der oligopolistischen Strukturen. Die Umsatzrenditen liegen um 25 %, »mit Margen, von denen die meisten Unternehmen nur träumen« (Balzer/Ehren 1998, 66).

Die drei Firmen machen nichts anderes, als die Qualität von Schuldverschreibungen zu beurteilen. Sie vergeben eine Note (ein Rating) – in der Regel alphanumerische Kombinationen –, die über den Risikogehalt einer Anlage informieren. Diese Ratings – »standardisierte Kreditwürdigkeits-Kategorien« nennt sie der IWF – reichen von AAA (*exceptional financial security* bei Moody's) bis zu CC oder *highly vulnerable* bei S&P (IMF 1999, 190). Je niedriger das Rating, das eine Anleihe erhält, desto höher ist die Risikoprämie – der Zins –, den der Emittent anbieten muss, damit sich Käufer für die Anleihe finden und der Zweck der Anleihe – die Mobilisierung von Kapital auf den internationalen Finanzmärkten – erreicht werden kann.

Den Einfluss, den die Rating-Agenturen mit diesen Bewertungen auf die Finanzströme ausüben, kann kaum überschätzt werden: »Vorsichtigen Schätzungen zufolge«, so die Financial Times Deutschland (19.4.2000) »ist davon auszugehen, dass Moody's und Standard & Poor's über die von ihnen erteilten Ratings den Fluss von rund 80 Prozent des gesamten Weltkapitals kontrollieren.«

Die Beurteilung von Staatsanleihen – das sogenannte *sovereign rating* – macht hierbei einen geringeren Anteil an der Arbeit der Rating-Agenturen aus. Zwar haben mittlerweile über 80 Länder ein Rating in Auftrag gegeben. Dem gegenüber stehen aber allein 8.000 US-amerikanische Firmen, die ein Rating haben. Moody's hat bis heute über 100.000 Ratings für Unternehmensanleihen ausgestellt, und die Tendenz ist aufgrund verschiedener Entwicklungen im internationalen Finanzsektor rasch steigend (FTD 19.4.2000).

Arbeit und Funktionsweise der Rating-Agenturen

Ratings werden in der Regel von den Emittenten der Anleihen selbst in Auftrag gegeben. Diese treten an die Agenturen – üblicherweise an mindestens zwei – heran und beauftragen sie mit einer Bewertung der Bonität der vorgesehenen Anleihe. Für dieses Rating bezahlt der Auftraggeber: Bei kommerziellen Ratings liegt der Preis bei 25.000 – 125.000 US-$ (IMF 1999, 193), bei Staatsanleihen von Schwellenländern liegen die Preise bei ca. 100.000 – 150.000 US-$. Die Agentur entsendet ein Team in das jeweilige Land, das den Risikogehalt der Anlage für Investoren beurteilt. Das Kernelement des Risikobegriffs ist hier die Wahrscheinlichkeit der Nicht-Bedienung unter den angegebenen Konditionen, des *credit default*. Um die Wahrscheinlichkeit des Eintreffens dieses *worst case* für den Anleger zu beurteilen, bewerten die Analysten der Rating-Agenturen vor allem makro-ökonomische Indikatoren. Historisch »bewährte« Indikatoren dieser Art sind:

- Pro-Kopf-Einkommen: Je höher das Pro-Kopf-Einkommen, desto besser die finanzielle Basis des Staates. Bei kleineren Ländern dient das Pro-Kopf-Einkommen auch als ein »Stellvertreter-Indikator« für politische Stabilität.
- Wachstumsrate des BIP: Je höher das Wachstum, desto wahrscheinlicher eine vollständige Bedienung von Schulden und Zinsen.
- Inflation: Hohe Inflationsraten deuten auf wirtschafts- und finanzpolitische Schwierigkeiten hin.

- Haushaltsdefizit: Hohe Haushaltsdefizite könnten dazu führen, dass externe Verbindlichkeiten später bedient werden.[1]
- Leistungsbilanz: Andauernd hohe Leistungsbilanzdefizite führen zu wachsender Verschuldung, die die Rückzahlungsfähigkeit beeinträchtigen kann.
- Auslandsverschuldung: Je höher die Schulden, desto unwahrscheinlicher ihre vollständige Bedienung.
- Wirtschaftliche Entwicklung: Jenseits eines bestimmten Entwicklungsniveaus beginnt, historisch-empirisch betrachtet, die Wahrscheinlichkeit des *credit defaults* zu sinken.
- Schuldner-Geschichte: Länder, die bereits einmal ihre Zahlungsverpflichtungen nicht eingehalten haben, werden als größeres Risiko eingeschätzt (CSIS 1998, 13).

Zu diesen ökonomisch-fiskalischen Indikatoren treten bei den *Sovereign Ratings* einige politische Faktoren, die in die Bewertung des Kreditrisikos mit einfließen. S&P nennt hierbei folgende Elemente:

- Regierungsform und »Anpassungsfähigkeit« der politischen Institutionen;
- Ausmaß der politischen Partizipation;
- Geordnetheit der Führungsnachfolge (*orderliness of leadership succession*);
- Ausmaß des Konsens' über die Ziele der Wirtschaftspolitik;

---

1 Interessanterweise gehen die Agenturen davon aus, dass Regierungen eher interne Verpflichtungen bedienen, als externe. Die Grundlage dieser Annahme ist das Argument, dass eine Regierung über die Nichtbefriedigung interner Interessen ihre Macht verlieren kann, über die Nichtbedienung externer – zumal privater – Verbindlichkeiten aber nicht. (Moody's 1999).

154

- Integration in das globale Handels- und Finanzsystem;
- Interne und externe Sicherheitsrisiken (Standard & Poor's 1998, 3).

Die politische Dimension der Ratings ist für die Agenturen das schwierigste Kapitel, zumal bei den zunehmend auf den Anleihe-Markt drängenden Schwellen- und Entwicklungsländern. Hier können die Analysten weder auf tiefgehende Erfahrungen in ihren Häusern zurückgreifen, noch auf bewährte (und möglichst quantifizierbare) Standardindikatoren. Die Analysten – in der Regel Wirtschaftswissenschaftler – sehen sich hier vor einer Aufgabe, die sie selbst als ausgesprochen schwierig, als »rather an art than a science« bezeichnen.[2] Das Ausmaß dieser Problematik wurde auch im Zusammenhang mit der Asien- und der Russland-Krise in der zweiten Hälfte der neunziger Jahre offenkundig, als die Rating-Agenturen große Schwierigkeiten hatten, die politische Dimension in einigen Krisenländern richtig zu bewerten.

Übersicht: Sovereign Ratings

Land	Langfristiges Rating	Aussichten	Kurzfristiges Rating
Ägypten	BBB-	Negativ	A-3
Argentinien	BB-	Stabil	B
Australien	AA+	Stabil	A-1+
Belgien	AA+	Stabil	A-1+
Bolivien	B+	Stabil	B
Brasilien	B+	Positiv	B

2 So der damalige Chefökonom von Delphs & Phips auf einer Konferenz der Friedrich-Ebert-Stiftung zur Rolle von Rating-Agenturen im Oktober 1999 in New York.

Bulgarien	B+	Positiv	B
Chile	A-	Stabil	A-1
China	BBB	Stabil	A-3
Deutschland	AAA	Stabil	A-1+
Ecuador	B-	Stabil	C
El Salvador	BB+	Stabil	B
Estland	BBB+	Stabil	A-2
Finnland	AA+	Positiv	A-1+
Frankreich	AAA	Stabil	A-1+
Griechenland	A-	Positiv	A-1
Großbritannien	AAA	Stabil	A-1+
Hongkong	A	Stabil	A-1
Indien	BB	Stabil	B
Indonesien	B-	Stabil	C
Israel	A-	Stabil	A-1
Italien	AA	Stabil	A-1+
Japan	AAA	Stabil	A-1+
Jordanien	BB-	Stabil	B
Kasachstan	BB-	Stabil	B
Kolumbien	BB	Negativ	B
Kroatien	BBB-	Negativ	A-3
Kuwait	A	Stabil	A-1
Lettland	BBB	Stabil	A-3
Libanon	B+	Stabil	B
Litauen	BBB-	Stabil	A-3
Malaysia	BBB	Positiv	A-3
Marokko	BB	Stabil	B
Mexiko	BB+	Positiv	B
Niederlande	AAA	Stabil	A-1+
Österreich	AAA	Stabil	A-1+
Pakistan	B-	Stabil	B
Paraguay	B	Negativ	C
Peru	BB-	Stabil	B
Philippinen	BB+	Negativ	B

Polen	BBB+	Stabil	A-2
Portugal	AA	Stabil	A-1+
Rumänien	B-	Stabil	C
Russland	B-	Stabil	C
Schweden	AA+	Positiv	A-1+
Schweiz	AAA	Stabil	A-1+
Senegal	B+	Stabil	B
Slowakische Rep.	BB+	Positiv	B
Spanien	AA+	Stabil	A-1+
Südafrika	BBB-	Stabil	A-3
Südkorea	BBB	Positiv	A-3
Taiwan	AA+	Negativ	A-1+
Thailand	BBB-	Stabil	A-3
Tschechische Rep.	A-	Stabil	A-2
Tunesien	BBB	Stabil	A-3
Türkei	B+	Stabil	B
Ungarn	BBB+	Positiv	A-2
Uruguay	A-	Stabil	A-3
USA	AAA	Stabil	A-1+
Venezuela	B	Stabil	B

Stand: 29.12.2000

Quelle: www.standardandpoors.com/ratings/sovereigns/

Das Verfahren der Rating-Erstellung ist in der Regel vierstufig: Nach einer ersten Datenerhebungs- und Forschungsphase – die von der Bereitstellung von Daten durch den jeweiligen Staat geprägt wird – wird ein Bericht erstellt, der sowohl eine Analyse der erhaltenen Informationen enthält wie ein empfohlenes Rating. In der nächsten Phase wird dieser vorläufige Bericht dem Land zur Verfügung gestellt, welches ihn überprüfen und die Bewertung gegebenenfalls anfechten kann. Wenn die »Einwände« diskutiert und das endgültige Rating zwischen den Analysten und Managern der Agentur abgestimmt ist, wird das Rating den potenziellen Investoren bekannt gemacht. Allerdings kann das auftraggebende Land auch auf eine Veröffentlichung des Ratings verzichten – mit allen Konsequenzen, die das für seinen Zugang zu den internationalen Finanzmärkten hat. Auch im weiteren Verlauf verfolgt die Agentur die Entwicklung des Landes. Die Einstufung wird revidiert, wenn der zuständige Analyst zu der Einschätzung kommt, dass sich eine substanzielle Veränderung ergeben hat (IMF 1999, 194).

Sovereign Ceiling

Zusätzliches Gewicht erhält das Länder-Rating dadurch, dass es auch die Einstufung von Unternehmen oder Gebietskörperschaften (auch Regionen oder Großstädte geben Schuldverschreibungen aus) des jeweiligen Landes bestimmt. In der Regel erhält eine »Untereinheit« keine bessere Einstufung als das Land, in dem sie ansässig ist. Diese »Deckelung«, das sogenannte *sovereign ceiling*, erschwert die Kapitalbeschaffung für leistungsfähige Unternehmen aus Entwicklungs- und Schwellenländern. Die Performance von Regierungen – bzw. deren Einschätzung durch drei private Agenturen – wird damit zum determinierenden Faktor für die Möglichkeiten dieser Firmen, weltweit Kapital zu erschließen. Allerdings haben Moody's und Standard& Poor's diese »Deckelung« in der vergangenen Zeit etwas durchlässiger gemacht. Nichtsouveräne Einheiten können nun bessere Bewertungen erhalten als der Staat, auf dessen Territorium sie ansässig sind (IMF 1999, 195).

In der Praxis führt die Kombination von Rating-Mechanismus und *sovereign ceiling* zu einer paradoxen Situation. Die Bedeutung des Ratings ist gerade dort am größten, wo die Datenbasis am schwächsten und die Erfahrung der Agenturen am geringsten ist: im Bereich der Schwellen- und Entwicklungsländer. Auch die Agenturen selbst sehen darin ein Problem. Nach Ansicht von Daniel Bond, dem *Chief Economist* der mittlerweile in Fitch ICBA aufgegangenen Rating-Agentur Duff & Phelps, sind die Ratings im Bereich der Entwicklungs- und Schwellenländer generell »less reliable and more important«.[3]

Die Rating-Agenturen im globalisierten Finanzsystem

»Die Rating-Agenturen sind für uns wichtiger als die Weltbank und der IWF«, erklärte vor kurzem der botswanische Präsident Festus Mogae. Diese Aussage ist für einen afrikanischen Staatschef eher ungewöhnlich, da die Staaten des Kontinents üblicherweise in der »Schuldenfalle« sitzen und somit dem strengen Strukturanpassungs-Diktat der Bretton-Woods-Zwillinge unterworfen sind. Aber sie ist symptomatisch für die Situation der Mehrheit der Staaten des Südens: Diese sind in einem wachsenden Maße auf die Einschätzung durch die Rating-Agenturen angewiesen. In dieser Entwicklung kulminieren zwei Trends, die für die internationale Finanzlandschaft am Beginn des 21. Jahrhunderts prägend geworden sind:

---

3 Mündliche Kommunikation auf der Konferenz »The Global Credit Rating System and Developing Countries«, Friedrich-Ebert-Stiftung New York, 28.-29.10.1999.

- der Rückzug der Staaten aus der Entwicklungsfinanzierung und die wachsende Bedeutung des privaten Kapitalmarkts für die Finanzierung der Staatsausgaben von Entwicklungsländern;
- der Aufstieg von international tätigen Großanlegern, der sogenannten »institutionellen Anleger« zu den entscheidenden Akteuren auf den internationalen Finanzmärkten.

Seit der Schuldenkrise der achtziger Jahre hat sich ein bedeutsamer Wandel in der Art und Weise vollzogen, mit der Entwicklungsländer versuchen, ihren Kapitalbedarf zu decken. Die öffentliche Entwicklungshilfe (ODA) und die Kredite internationaler Institutionen haben gegenüber dem privaten Kapital in all seinen Formen deutlich an Bedeutung verloren. Die Gründe für diese Entwicklung sind vielfältig. Neben dem Rückgang der ODA ist hier vor allem auch der »Angebotsdruck« durch überschüssiges Anlagekapital aus den Industrieländern zu sehen, das auf der Suche nach den besten Renditen um den Erdball kreist (Huffschmid 1999).

Während die langfristigen Transfers im Rahmen der offiziellen Entwicklungshilfe zwischen 1990 und 1997 von 56,4 Mrd. US-$ auf 44,2 Mrd. US-$ zurückgingen, stiegen die privaten Kapitalzuflüsse im selben Zeitraum von 41,9 auf 256,0 Mrd. US-$ an (Radke 1999, 2). Entwicklungsländer versuchen zunehmend, dieses private Kapital auch zur Finanzierung ihrer Staatsausgaben heranzuziehen. Entsprechend stieg die Zahl der Staaten, die mit Hilfe von Staatsanleihen versuchen, ihren Kapitalbedarf zu decken, seit Mitte der siebziger Jahre kontinuierlich an. Erstmals traten nicht nur »reife Volkswirtschaften« auf den Kapitalmärkten auf, sondern auch Entwicklungs- und Schwellenländer. Wurden 1980 erst 30 Staaten bewertet, so lag Anfang 1999 die Zahl bereits bei 79 Staaten. Allein im Verlauf der neunziger Jahre versiebenfachte sich die Anzahl der sogenannten *Emerging-market*-Länder, die ein Rating für Devisen-Anleihen suchten (Murphy 2000, 4).

Die wachsende Bedeutung der Rating-Agenturen in diesem System hängt nicht zuletzt auch mit dem veränderten Verhalten der Kapitalanleger in den westlichen Industriestaaten zusammen. Immer stärker wurde in den vergangenen Jahren Kapital in den vielversprechenden *emerging markets* des Südens investiert. Von 1993 bis 1997 stiegen die Portfolio-Investitionen in sogenannte *emerging markets* von 117 Mrd. US-$ auf 286 Mrd. US-$ an (IMF 1999, 203).

Die zentralen Akteure sind hierbei die sogenannten »institutionellen Anleger«, also Pensionsfonds, Versicherungen und Investmentfonds. Diese institutionellen Investoren – die Financial Times schätzt ihre Zahl auf ungefähr 3.000 (FTD 19.4.2000) – hatten 1995 Kapitalanlagen akkumuliert, deren Wert das Gesamt-BIP der G-7-Länder deutlich übertraf (Dieter 1999, 81). Die wichtigsten institutionellen Anleger sind dabei mit ca. 32 % des Gesamtanlage-Vermögens die großen Pensionsfonds. Diese sind, vor allem in den USA, durch die Aufsichtsbestimmungen verpflichtet, ihr Vermögen im Wesentlichen in Werten anzulegen, die von den Rating-Agenturen mit *investment grade* gewertet werden. Fallen Anleihen unter diese Note (»BBB« bei S & P's, und »Baa3« bei Moody's), müssen sich die US-Pensionsfonds gleichsam automatisch von diesen Werten trennen.

Die Asienkrise

Welche Auswirkungen dieser Mechanismus auf die betroffenen Länder hat, zeigte sich mit aller Schärfe in der sogenannten Asien-Krise 1996-97. Trotz versteckter Hinweise auf die strukturellen Defizite in den Wirtschaften der asiatischen »Tigerstaaten« gaben die Rating-Agenturen den Staaten weiterhin hohe, letztlich zu positive *investment-grade*-Ratings (Ferri et al. 1999). Als die spekulative Blase zuerst in Thailand, dann in anderen asiatischen Staaten platzte, reagierten die Agenturen panisch: Innerhalb weniger Wochen senkten sie die Ratings auch so starker Volkswirtschaften wie der koreanischen unter das Niveau des *investment grade*. Dieses Verhalten der Agenturen heizte die Krise weiter an. Es zwang die institutionellen Anleger, sich massiv von Papieren der betroffenen Länder zu trennen. Damit wurde eine Krise, die in vielerlei Hinsicht eine Vertrauens- und Liquiditätskrise gewesen war, verschärft und verlängert. Mit ihren Ratings hatten die Agenturen weder die Krise kommen sehen – eigentlich ihr Daseinszweck –, noch richtig auf sie reagiert. Offensichtlich hatten sie den Überblick über die Kausalzusammenhänge verloren (Murphy 2000, 5). Dies hatte gravierende Auswirkungen auf die betroffenen Länder. Gerade in dem Moment, als sie auf kurzfristig verfügbares Kapital besonders angewiesen waren, drehten ihnen die Agenturen mit ihren überzogenen Reaktionen den Geldhahn zu: »Die Aktionen der Rating-Agenturen haben für diese Länder die Kosten der Kapitalaufnahme auf ausländischen Märkten unnötig verteuert und dazu geführt, dass sich die Versorgung mit internationalem Kapital verflüchtigte.« (Ferri et al. 1999, 3).

Auch zeigte sich in der Asienkrise, dass die Rating-Agenturen eine ihrer wichtigsten angeblichen Rollen nicht erfüllen konnten: als »Sicherungsinstitutionen« Finanzrisiken zu ermitteln und zu bewerten und dadurch die Krisenanfälligkeit eines durch wachsende Instabilität und Volatilität geprägten internationalen Finanzsystems zu reduzieren. In einem Papier des *UN-Executive Committee on Economic and Social Affairs* über die Rolle der Ratings in den Finanzkrisen in Asien und Lateinamerika in den neunziger Jahren heißt es, dass ihr Verhalten »zunächst exzessive Investitionen« in Entwicklungs- und Transitions-Ökonomien und dann »einen massiven und abrupten Abfluss dieses Kapitals« begünstigt hätte. »Auf diese Art haben sie die Finanzzyklen beschleunigt, statt sie – wie es ein gutes Informationssystem tun sollte – abzuschwächen.« (UN Executive Committee on Economic and Social Affairs 1999, 8).

Es wäre sicherlich falsch, die gewaltigen sozialen und volkswirtschaftlichen Schäden, die die Asienkrise verursachte, allein den Rating-Agenturen in die Schuhe zu schieben.[4] Verursacht wurde die Asienkrise durch die zentralen Mechanismen und Eigenheiten des heutigen Welt-Finanzsystems und durch gravierende strukturelle Defizite im Finanzsektor der betroffenen Länder. Aber die Ratings sind der Verantwortung, die sie in diesem System haben, eindeutig nicht gerecht geworden. Weder haben sie

---

4 Laut UNDP kostete die Asienkrise 13 Mio. Menschen dauerhaft den Arbeitsplatz; die Reallöhne in den betroffenen Ländern haben sich bis heute nicht erholt. Dabei hatte die Krise ihre Opfer nicht nur in Asien. Die privaten Kapitalanlagen in allen *emerging markets* sanken in den folgenden Jahren erheblich. Der Kapitalfluss nach Afrika kam praktisch vollständig zum Erliegen. (Murphy 2000, 8).

die Krise vorhergesehen, noch haben sie einen krisenver-
schärfenden »Herdeneffekt« verhindern können.

Die Anpassungsversuche der Agenturen

Die Rating-Agenturen haben auf die Kritik auf verschiedene Art und Weise reagiert. Zunächst wurde versucht,
die Analyse-Kapazitäten auszubauen. Die Nachfrage-
Explosion nach *Sovereign Ratings* in den neunziger Jahren
hatte dazu geführt, dass ein einziger Chefanalyst für
durchschnittlich sieben Länder zuständig war. Generell
wurde die Quantität (*understaffing*) und die Qualität (*inex-
perience*) der Analysten als ungenügend kritisiert (IMF
1999, 210).[5] Gleichzeitig hatte sich gezeigt, dass die politische Risiko-Einschätzung in vielen Ländern oberflächlich
und fehlerhaft gewesen war. Auch hier engagierten sich
die Agenturen, die Analyse-Fähigkeiten auszubauen.
Gleichzeitig war klar geworden, dass die Binnensituation
des Finanzsektors als »Risikofaktor« krass unterschätzt
worden war. Hier sollte durch eine Neubestimmung des
Indikatoren-Katalogs eine Verbesserung erreicht werden
(IMF 1999, 208).

Dennoch bleibt für den Bereich der *Sovereign Ratings* ein
großes Informationsproblem bestehen: Nach wie vor ist
weder die Daten- und Informationsbasis ausreichend,
noch sind die Szenarien der Kreditgeber hinreichend

---

5 Die ZEIT (31.05.2000) zitiert in einem Artikel zur wachsenden Rolle
der Rating-Agenturen auf dem (Firmen-)Kapitalmarkt einen deutschen mittelständischen Unternehmer, der versucht, mit diesem Instrument sehr vorsichtig umzugehen: »Wenn der Analyst eine Pfeife
ist, hat das Ganze auch keinen Zweck.« Sehr viele Entwicklungsländer
dürften die Freiheit, eine Pfeife eine Pfeife zu nennen, gar nicht haben.

komplex, um über das Zusammenspiel der verschiedenen Risikofaktoren einigermaßen sichere Aussagen machen zu können (Handelsblatt 23.3.1999). Angesichts der wachsenden Volatilität der internationalen Finanzmärkte ist daher nicht unbedingt mit einer größeren Genauigkeit der Ratings zu rechnen. Die seit den siebziger Jahren deutlich ansteigende Zahl von Staaten, die zeitweise zahlungsunfähig sind (auch ein Resultat des Anstiegs von Anleihen emittierenden Ländern), wird nicht geringer werden. Die Rating-Agenturen werden versuchen, die Qualität gerade ihrer politischen Bewertung zu verbessern. Mit den Krisen in Russland und Südost-Asien ist die Bedeutung dieses Faktors deutlich geworden. Aber gerade hier fehlt es den Rating-Agenturen an Expertise und Methoden.

Die politische Dimension

Die technischen Anpassungsleistungen der Rating-Agenturen ändern aber nichts an der eigentlichen Problematik: Private Unternehmen geraten durch den Rating-Mechanismus und den hohen Stellenwert, den *Sovereign Ratings* mittlerweile als Orientierungssignale im internationalen Finanzsystem haben, in die Rolle von politischen Akteuren. Sie entscheiden mit ihrer Bewertung über die Finanzierbarkeit von Politiken und über deren Durchführbarkeit. Angesichts dieses Abhängigkeitsverhältnisses sind Politiker in Staaten der Dritten Welt zu einer Art vorauseilendem Gehorsam und zur Formulierung von Politiken gezwungen, von denen sie vermuten, dass sie das Wohlwollen der Rating-Agenturen finden. Von diesen Urteilen hängen die Handlungsperspektiven auch der Regierungen relativ großer Schwellenländer in erheblichem Umfang ab.

So schrieb – ein Beispiel unter vielen – das Handelsblatt am 27.10.1999, dass die Durchführbarkeit der Reformen des neu gewählten argentinischen Präsidenten Fernando de la Rua wesentlich davon abhänge, dass die Rating-Agenturen das Land nicht herunterstuften. Auch Staatspräsidenten mittlerer Staaten wie etwa Perus halten es daher für opportun, sich für die Vertreter von Rating-Agenturen mehrere Stunden Zeit zu nehmen, um ihr Land politisch wie wirtschaftlich im bestmöglichen Licht erscheinen zu lassen.

Umgekehrt können negative Bewertungen – dies war in der Asienkrise zum Teil der Fall – zu einer Art *self-fullfilling prophecy* werden. Herunterstufungen der Ratings können eine wirtschaftliche Abschwächung auslösen oder verstärken, in dem sie Kapitalzuflüsse verteuern oder drosseln: »Da Ratings in einem extrem hohen Maße die Erwartungen des Marktes bezüglich eines Landes bestimmen und die Ratings die Entscheidungen von Kapitalanlegern beeinflussen können, können sie in der Folge die makro-ökonomischen Fundamentaldaten des Landes verschlechtern.« (Ferri et al. 1999, 20).

Damit werden die Rating-Agenturen zu zentralen Vektoren des neo-liberalen *Mainstreaming*s von Wirtschafts- und Sozialpolitik weltweit. Kapitalhungrige souveräne Regierungen haben kaum eine andere Wahl, als sich in ihrer Wirtschafts- und Sozialpolitik den Vorstellungen neo-liberaler Orthodoxie anzunähern, um die Gütesiegel der Rating-Agenturen zu erhalten (Kunczik 2000). Dies ist das eigentliche Problem der Schlüsselstellung, die die Rating-Agenturen im internationalen Finanzsystem innehaben: Kann man den Bretton-Woods-Institutionen – den anderen großen neo-liberalen *Mainstreamer*n – immerhin noch konzedieren, dass sie, wenn auch beschränkt, der Kontrolle durch Staaten unterliegen, so gilt dies für die Rating-Agenturen keineswegs. *A priori* macht es für das betroffene Land sicherlich wenig Unterschied, ob es unter dem Druck des IWF und der ihn bevölkernden »drittklassigen Absolventen erstklassiger Universitäten« (Joseph Stiglitz) oder unter dem Druck der über die Ratings vermittelten »Markterwartung« auf einen neoliberalen Kurs einschwenkt. Politisch ist der Unterschied allerdings erheblich: Die Privatisierung der Weltpolitik hat mit dieser Form des »Marktdiktats« einen erheblichen Sprung gemacht.

Perspektiven und Reformbedarf

Die Bedeutung der Rating-Agenturen im internationalen Finanzsystem wird in den kommenden Jahren noch erheblich wachsen. Das Rating-Geschäft, so ihre eigene Einschätzung, ist ein Wachstumsmarkt, dem gute Zeiten bevorstehen.

In den kommenden Jahren werden immer mehr stark risikobehaftete Staaten auf den internationalen Finanzmärkten auftreten, und damit den Bedarf nach *Sovereign Ratings* weiter steigen lassen. Auch und gerade die entwicklungspolitischen »Problemfälle« in Afrika und Süd- und Mittelasien werden in Zukunft auf privates Kapital verstärkt angewiesen sein. Ratings sind hierzu eine notwendige Voraussetzung. Gleichzeitig sehen die im Auftrag der G-7-Staaten gemachten Reformvorschläge der Baseler Bank für Internationalen Zahlungsausgleich (BIZ) zur Sicherung des internationalen Finanzsystems eine stärkere

Rolle von Ratings vor. Die Eigenkapitalanforderungen von Banken sollen in Zukunft – ähnlich wie bei den Anlagevorschriften der Pensionsfonds in den USA – auf den Ratings der großen Agenturen basieren. Diese Vorschläge werden unter dem Druck der Banken der europäischen G-7-Staaten modifiziert werden; dennoch wird die Bedeutung von Ratings damit weiter steigen.[6]

Angesichts dieser Tendenzen versuchen einige Entwicklungsländer – vor allem in Asien – eigene nationale Rating-Kapazitäten aufzubauen. Diese werden allerdings wenig an der Bedeutung der großen international tätigen Firmen im Bereich der *Sovereign Ratings* ändern. Die großen Agenturen sind heute in über 100 Ländern präsent und haben sich über den Zukauf nationaler Agenturen auf den nationalen wie internationalen Märkten strategisch positioniert. Die nationalen Agenturen (ob als unabhängige Einheiten oder als Teile der großen *global players*) werden aber als Teil nationaler Finanzmärkte dazu beitragen, den Zugang von Unternehmen und Gebietskörperschaften zu den internationalen Finanzierungsmöglichkeiten zu erleichtern.

Diese Entwicklung bedeutet auch, dass die sozialen und wirtschaftlichen Akteure in der Dritten Welt verstärkt versuchen müssen, ihre Sicht der Dinge in den Prozess von Ratings (oder vergleichbare Prozesse, wie etwa die Länder-Bewertungen der Weltbank) einzubringen. Vor allem die Gewerkschaften und andere soziale Bewegungen müs-

---

6 Die Rating-Agenturen sind über diese Entwicklung nicht unbedingt glücklich und weisen selbst auf die mit diesem Modell verbundenen Probleme hin. Siehe The Economist, 22.11.99 und Moody's Investor Service, Special Comment, Managing the Risk Implied by the Use of Ratings in Regulations, New York City, October 1999.

sen versuchen, die Ratings so zu beeinflussen, dass die politischen Bewertungen realistisch gestaltet werden und soziale Faktoren nicht ausblenden.[7]

Gleichzeitig sollten längerfristige Überlegungen – wie etwa die ökologische Dimension – stärker berücksichtigt werden. Ein in der Finanzwelt diskutiertes Beispiel ist die langfristige Wirkung der Abholzung der Tropenwälder in Indonesien. Kurzfristig stärkt sie die Finanzkraft des Holzexportlandes und damit seine Fähigkeit, die Schulden zu bedienen. Dies hat eine entsprechend positive Wirkung auf die Ratings. Langfristig sind die ökologischen und sozialen Kosten jedoch immens.

Ansatzweise hat die Finanzwelt auf derartige Überlegungen bereits reagiert. So arbeitet die Londoner Economist Intelligence Unit seit 1999 mit einer britischen Umweltschutzorganisation zusammen, um deren Einschätzungen in ihre Länder-Analysen mit aufnehmen zu können. Allerdings bleibt abzuwarten, in wie weit es sich bei derartigen Ansätzen um mehr als PR-Manöver handelt und sich darin tatsächlich ein verändertes Problembewusstsein widerspiegelt.

Als Teil des Weltfinanzsystems werden sich die Rating-Agenturen in Zukunft verstärkt einer kritischen Zivilgesellschaft im Süden wie im Norden stellen müssen. Ähnlich wie in der Debatte um die ökonomistische Verengung der Strukturanpassungspolitik der Bretton-Woods-Institutionen in den achtziger und neunziger Jahren wird die

---

7 Interessant ist in dieser Hinsicht das jüngste Rating Deutschlands durch Moody's: Das Triple-A-Rating wird unter anderem mit dem »hohen Maß an sozialer und politischer Stabilität, das durch das Solidaritätsprinzip gewährleistet wird« begründet (Süddeutsche Zeitung, 9.5.2000).

Forderung nach einer transparenteren Formulierung der Ratings, die die volkswirtschaftliche und soziale Entwicklung ganzer Länder beeinflussen, in den kommenden Jahren vermutlich lauter werden.

Auf der anderen Seite kann nicht übersehen werden, dass die Entwicklung im internationalen Finanzsektor in den vergangenen Jahren historisch eine Art »Normalisierung« dargestellt hat. Die Kapitaltransfers durch die Entwicklungshilfe und durch das Kreditsystem von Weltbank und IWF, die die erste Phase der Entkolonialisierung und des Kalten Krieges geprägt haben, waren ein Kind außergewöhnlicher politischer Bedingungen. Der historische »Normalfall« ist die Verschuldung von Ländern bei privaten Kreditgebern. Dies galt (und gilt) sowohl für Europa wie für die ersten »unabhängigen Staaten«, das heißt die Staaten Nord- und Lateinamerikas. Mit der Entkolonialisierung und dem Zerfall der Sowjetunion ist der Bedarf an Leistungen, wie die Agenturen sie bieten, noch einmal erheblich gewachsen. Die neue Qualität liegt also nicht so sehr in der Rolle der Ratings an sich: Die »Qualität« staatlicher Politik und das Maß ihrer Übereinstimmung mit der Weltsicht der Geldgeber war sicherlich immer ein wesentlicher Bestimmungsfaktor für die Konditionen, zu denen sich Staaten in den vergangenen Jahrhunderten bei privaten Kreditgebern finanzieren konnten. Der Unterschied liegt heute in der Bewertung des Stellenwerts von politischer Selbstbestimmung und demokratischer Teilhabe. Hier stößt sich die steinalte Logik des Kapitalmarkts hart mit einem zeitgenössischen Verständnis von Demokratie und Souveränität.

Literatur

Balzer, Arno/Harald Ehren, 1998: Prüfer auf der Watchlist, in: Managermagazin, Nr. 3, S. 64-73.

CSIS, 1998: Integrating Africa into International Financial Markets – The Impact of Sovereign Credit Ratings, Centre of Strategic & International Studies, Washington D.C.

Dieter, Heribert, 1999: Eine neue Finanzarchitektur?, in: E+Z, Frankfurt/M., 40. Jg., H. 3, S. 79-82.

Ferri, Giovanni/Li-Gang Liu/Joseph E. Stiglitz, 1999: The Procyclical Role of Rating-Agencies: Evidence from the East Asian Crisis, Paper prepared for the conference on ›The East Asian Crisis: Lessons for Today and for Tomorrow‹, Siena, May.

Hillebrand, Ernst, 2000: Die diskreten Zensoren, in: der überblick, Hamburg, H. 1, S. 105-107.

Huffschmid, Jörg, 1999: Kapital auf der Suche nach dem schnellen Gewinn, in: E+Z, Frankfurt/M., 40. Jg., H. 3, S. 64-68.

International Monetary Fund, 1999: International Capital Markets – Developments, Prospects and Key Policy Issues, Washington D.C.

Kunczik, Michael, 2000: Globalization: News Media, Images of Nations and the Flow of International Capital with Special Reference to the Role of Rating Agencies, Mainz, unveröffentlichtes Manuskript.

Moody's, 1999: Bond Defaults in Emerging Markets: The Slide Down a Slippery Slope, Moody's Investors Service, New York City, August.

Murphy, Brendan, 2000: Credit Ratings and Emerging Economies: Building Confidence in the Process of Globalization, Friedrich-Ebert-Stiftung, Bonn.

Radke, Detlef, 1999: Private Zuflüsse in Entwicklungsländer, DIE, Berlin (Analysen und Stellungnahmen Nr. 1).

Reisen, Helmut, 1999: Revisions to the Basel Accord and Sovereign Rating, OECD, Paris.

Standard & Poor's, 1998: Sovereign Credit Ratings: A Primer. London/New York, Dezember.

UN Executive Committee on Economic and Social Affairs, 1999: Towards a New International Financial Architecture, New York, 21.1.

Dritter Teil:
Weltmärkte für Hilfe und Sicherheit

BERND LUDERMANN

Privater Arm der Geberstaaten?
Widersprüchliche Funktionen von NGOs in der Not- und Entwicklungshilfe

Wer im Südsudan einen Arzt benötigt, ist auf internationale Hilfswerke angewiesen. Denn der Bürgerkrieg zwischen der Regierung des Nordsudan und der *Sudan People's Liberation Army* (SPLA) hat die staatlichen Sozialdienste in dem Gebiet, das größtenteils von der SPLA gehalten wird, praktisch zum Erliegen gebracht. Auch in anderen Ländern im Bürgerkrieg, etwa in Afghanistan, haben Hilfswerke – Nicht-Regierungsorganisationen (NGOs) wie *Oxfam*, das Rote Kreuz oder kirchliche Werke sowie Spezialorgane der Vereinten Nationen (UN) wie das Kinderhilfswerk UNICEF und der Flüchtlingskommissar UNHCR – den größten Teil der öffentlichen Wohlfahrtsfunktionen übernommen.

Auch außerhalb von Kriegsgebieten leisten NGOs in vielen Entwicklungsländern grundlegende Sozialdienste. Zum Beispiel trugen sie Mitte bzw. Ende der neunziger Jahre 30 bis 50 % des Gesundheitswesens in Uganda und Tansania. In Bolivien hatte sich der Staat aus den Programmen zur Förderung der Landwirtschaft im Hochland zurückgezogen und dieses Feld NGOs überlassen. Finanziert wurde deren Arbeit in beiden Fällen aus Entwicklungshilfe.

Solche Aufgaben könnten NGOs – einheimische und ihre Partner aus dem Norden, die das Geld mitbringen –

174

nicht übernehmen, wenn nicht seit den achtziger Jahren mehr Entwicklungshilfe als vorher über NGOs vergeben würde. Die Statistiken darüber sind lückenhaft und schwer vergleichbar. Das *Development Assistance Committee* (DAC) der OECD, das die Hilfe der 21 wichtigsten Geberländer verfolgt, schätzt jedoch, dass NGOs aus dem Norden in der zweiten Hälfte der neunziger Jahre Entwicklungs- und Nothilfe in Höhe von rund 10 Mrd. US-$ pro Jahr geleistet haben und etwa die Hälfte davon staatlich finanziert war. Rund zehn Prozent der staatlichen Entwicklungshilfe werden über NGOs geleitet – mit großen Unterschieden je nach Land.[1] Die Zahlungen der EU – sie vergibt inzwischen 15 bis 20 % ihrer Entwicklungshilfe über NGOs – und von UN-Organisationen, die einen Teil ihrer Programme über NGOs abwickeln, sind dabei noch nicht berücksichtigt.

Von großer Bedeutung war auch der Anstieg der Nothilfe. Sie hängt von einzelnen Katastrophen ab und schwankt daher von Jahr zu Jahr, aber der langfristige Trend ist deutlich: Der für Nothilfe aufgewandte Betrag ist in zwei Schritten – zuerst 1985 und dann seit 1991 – dramatisch gewachsen. 1994 erreichte er einen Spitzenwert und sank dann wieder, lag aber 1998 mit rund 4,5 Mrd. US-$ noch bei mehr als dem Vierfachen der Jahre vor 1985.[2] Nothilfe machte damit knapp acht Prozent der Ent-

---

1 Die Quote lag für Frankreich und Japan unter zwei Prozent, für Deutschland, Großbritannien und die Niederlande bei neun bis elf, für Dänemark und die USA bei 16 bis 17 und für Norwegen um 25 %.
2 Allerdings ist ein Teil des Anstiegs darauf zurückzuführen, dass die DAC-Geber seit 1992 die Aufwendungen für Flüchtlinge in ihrem Land während des ersten Jahres als Nothilfe deklarieren dürfen; zwölf

wicklungshilfe aus. Sie wird zu einem wesentlich höheren Teil von NGOs abgewickelt als reguläre Entwicklungshilfe. Die meisten DAC-Mitgliedsländer vergaben in der zweiten Hälfte der neunziger Jahre mindestens ein Viertel ihrer bilateralen Nothilfe über NGOs, einige deutlich mehr. Die beiden größten Geber von Nothilfe, die USA und die Europäische Union (EU), wickelten rund 60 % dieser Hilfe über NGOs ab.

Was bedeuten diese Tendenzen für die Rolle der NGOs auf der internationalen Bühne? Werden sie zum privaten Arm der Entwicklungs- und der Außenpolitik ihrer Heimatstaaten, zu bloßen Dienstleistern für Hilfsprogramme oder zu einer eigenen Größe in der Diplomatie? Betreiben sie Hilfe als Geschäft? Tragen NGOs dazu bei, den öffentlichen Sektor in armen Ländern zu schwächen, oder helfen sie im Gegenteil, staatliche Strukturen dort aufzubauen? Für die meisten dieser Vermutungen lassen sich Beispiele finden.

Von der Nothilfe zur Entwicklungsarbeit – Zur Geschichte privater Auslandshilfe

Pauschale Aussagen über NGOs sind problematisch. Unter dem Begriff »NGO« werden sehr verschiedene nichtstaatliche Gruppen zusammengefasst – etwa Gewerkschaften und Handelskammern, Sportvereine und Tierschutzgruppen. Hier geht es nur um eine Untergruppe: um nicht profitorientierte Organisationen im Norden, die im Süden

---

tun das regelmäßig. Das bläht die Summe seitdem je nach Jahr um eine halbe bis eine Milliarde US-$ auf.

Hilfsprogramme durchführen, zum Teil über Partner dort. Viele engagieren sich auch in der Öffentlichkeits- und Lobbyarbeit und in Kampagnen, aber Organisationen, die nur das tun – etwa Greenpeace oder Menschenrechtsgruppen –, bleiben hier außer Betracht. Auch in der Untergruppe gibt es jedoch sehr verschiedene NGOs. Manche sind groß und weltweit tätig, andere beschränken sich auf die Arbeit in einem Partnerland; manche leben überwiegend von staatlichen Mitteln, andere weisen diese zurück. Doch alle sind ein Teil der Gesellschaft in ihrem Heimatland und daher geprägt von der politischen Kultur und den dort vorherrschenden Entwicklungskonzepten, die das Selbstverständnis der Gesellschaften im Norden spiegeln.

Die entwicklungspolitische NGO-Szene ist wie das Konzept von Entwicklung und Unterentwicklung nach dem Zweiten Weltkrieg entstanden. Viele heute bedeutende Hilfswerke sind aber älter und gehen auf Nothilfe in Kriegen zurück. Aus der Hilfe für Verwundete und Kriegsgefangene in den italienischen Einigungskriegen der sechziger Jahre des 19. Jahrhunderts entstand die Rotkreuzbewegung. Das Internationale Komitee vom Roten Kreuz (IKRK) brachte vor dem Ersten Weltkrieg mit privaten diplomatischen Initiativen die Entwicklung des humanitären Völkerrechts auf den Weg und hat seitdem eine völkerrechtliche Sonderstellung als neutraler Sachwalter dieses Rechts. Viele weitere Hilfsgruppen entstanden während des Ersten und Zweiten Weltkriegs oder kurz danach, vor allem in Ländern außerhalb des Kriegsschauplatzes, um Kriegsopfern in Europa zu helfen. Viele lösten sich mit dem Ende der Not auf, manche suchten neue Aufgaben. In Großbritannien entstanden 1919 *Save the Children* und 1942 *Oxfam*, in den USA 1943 *Catholic Relief Services* (CRS), 1945 CARE und dann während des Koreakrieges *World Vision*; alle fünf gehören heute auf dem Gebiet der Nothilfe zu den bedeutendsten NGOs.

Mit der Dekolonisierung wandten sich Hilfswerke dem Süden zu; neben Nothilfe trat die langfristige Entwicklungsarbeit. In Europa spielten dabei die Kolonialgeschichte und der Einfluss der UN und der Kirchen eine große Rolle. In den USA führten einige NGOs wie CARE und CRS schon seit den fünfziger Jahren für die Regierung große Programme zur Nahrungsmittelhilfe durch. Diese Art der Hilfe diente auch strategischen Zielen, so dass große Verteiler von Nahrungsmittelhilfe in den Kalten Krieg hineingezogen und von den Agrarüberschüssen der USA und deren Außenpolitik abhängig wurden.

In den fünfziger Jahren entstanden darüber hinaus in vielen Ländern Freiwilligendienste, die zum Teil staatlich gefördert wurden. Zurückgekehrte Freiwillige sowie die Kampagne der Ernährungs- und Landwirtschaftsorganisation der UN (FAO) gegen den Hunger in der Welt trugen seit den sechziger Jahren dazu bei, dass NGOs gezielt auf die politische Öffentlichkeit im Heimatland einzuwirken begannen. Daneben bildeten sich Ende der sechziger Jahre im Umkreis der Proteste gegen den Vietnamkrieg auch stark politisch ausgerichtete Solidaritätsgruppen.

Politik mit der Hilfe – NGOs und Geberstaaten während des Kalten Krieges

Staatliche Zuschüsse für die Entwicklungsarbeit von NGOs gehen in manchen Staaten auf die sechziger Jahre zurück (den ersten Topf dafür schuf die bundesdeutsche Regierung 1962). Seit dem Beginn der siebziger Jahre wurden sie ausgeweitet und waren der wichtigste Grund dafür, dass die Summe der Hilfsleistungen von NGOs von 1970 bis 1989 nominal um das Viereinhalbfache wuchs.

Dieser Politik der meisten Geberstaaten lagen bei allen Besonderheiten ihrer politischen Systeme und Verfahren mehrere allgemeine Trends zugrunde: Erstens wuchs mit der Zahl der NGOs ihr Gewicht als Lobby. Zweitens traten, auch unter dem Einfluss der Weltbank und der Internationalen Arbeitsorganisation (IAO), in der ersten Hälfte der siebziger Jahre neben den alten Konzepten, Entwicklung vorwiegend durch den Aufbau staatlicher Institutionen und große Investitionen in moderne Infrastruktur zu fördern, eher grundbedürfnisorientierte Strategien und die integrierte ländliche Entwicklung in den Vordergrund. Drittens entstanden in Lateinamerika und Asien seit den siebziger, in Afrika seit den achtziger Jahren immer mehr einheimische NGOs. Nach und nach begannen NGOs aus dem Norden, Projekte von Süd-NGOs zu unterstützen, statt sie in eigener Regie und mit eigenem Personal durchzuführen (spätestens seit den neunziger Jahren arbeiten sie überwiegend über Partner im Süden). NGOs zu fördern, schien der neuen Entwicklungsstrategie angemessen, da im Süden NGOs einen direkteren Zugang zu den Armen hatten (oder zu haben schienen) als die Behörden. Zudem galten ihre Projekte als unbürokratischer und kostengünstiger.

Viertens wurden diese Trends seit Anfang der achtziger Jahre erheblich verstärkt durch die Folgen der internationalen Schuldenkrise. Die Wendung zu einer angebotsorientierten Wirtschaftspolitik in den Industrieländern –

ausgehend von den USA 1979 – ging mit starken Zinser-höhungen und einem schnellen Anstieg des Dollarkurses einher; das führte Anfang der achtziger Jahre dazu, dass zahlreiche Entwicklungsländer ihre Kredite nicht mehr bedienen konnten. In der Folge verordneten der Internationale Währungsfonds (IWF) und die Weltbank einschneidende Strukturanpassungsprogramme, die auf die Übernahme neoliberaler Rezepte hinausliefen. Dazu gehörten in der Regel eine Abwertung der heimischen Währung, die den Schuldendienst in dieser Währung weiter steigen ließ und den Staatshaushalt tief in die roten Zahlen trieb. Deshalb wurden starke Einschnitte bei den Staatsausgaben verordnet – auch im Gesundheits- und Bildungswesen. Zahlreiche NGOs im Norden kritisierten diese Programme; das Thema trug zu ihrer Politisierung erheblich bei. Zugleich aber sprangen viele in die Lücke, die die Programme rissen: Höhere Entwicklungshilfeleistungen an NGOs dienten nun auch dazu, den Rückzug der Staaten aus dem Schul- und Gesundheitswesen teilweise auszugleichen.

Der fünfte Grund für die Ausweitung der staatlichen Zuschüsse an NGOs waren politische Interessen der Geberstaaten. Schon im Kalten Krieg haben Regierungen NGOs als zusätzlichen Kanal zu nutzen versucht, um auf Länder des Südens politisch einzuwirken. Dafür wurde sowohl Nothilfe als auch Entwicklungshilfe eingesetzt. Den großen politischen Rahmen bildete der Ost-West-Konflikt; eine Rolle spielten gelegentlich aber auch Streitigkeiten zwischen Staaten des westlichen Blocks oder innerhalb eines Staates (etwa wenn der US-amerikanische Geheimdienst CIA außenpolitische Richtlinien des Kongresses unterlief).

Ein Beispiel ist Zentralamerika. Die USA förderten in den achtziger Jahren die Stabilität der Militärregime in Guatemala und El Salvador mit Entwicklungshilfe und nutzten dafür auch US-NGOs, soweit die sich dazu bereit fanden. Die Entwicklungsbehörde USAID vergab etwa in Guatemala Nahrungsmittelhilfe über CARE und andere NGOs für Siedlungen, in denen Menschen, die vom Bürgerkrieg vertrieben waren, unter der Kontrolle des Militärs angesiedelt wurden. Sie unterstützte Sozialdienste und Kleingewerbeprojekte von örtlichen NGOs, schloss dabei aber die älteren, populären und regimekritischen Gruppen von der Förderung aus. Kanada und mehrere europäische Staaten arbeiteten dieser Politik dadurch entgegen, dass sie genau diese Gruppen unterstützten – über NGOs aus dem Geberland, nicht zuletzt kirchliche. Laut Biekart (1999) hat dies die Arbeit oppositioneller Gruppen gestärkt und die Voraussetzungen der späteren Demokratisierung verbessert. Die gegensätzlichen Förderstrategien der USA und ihrer Bündnispartner haben aber auch die Spaltung der NGO-Szene in Zentralamerika vertieft.

Auch bei der Abwicklung von Nothilfe über NGOs spielten politische Erwägungen eine Rolle. Besonders deutlich war das im Fall Afghanistan. Nach der Invasion der UdSSR haben manche NGOs Hilfe – auch staatlich bezuschusste – von Pakistan aus nach Afghanistan geleitet. Das war nur über die Mudschaheddin möglich, sodass manche NGOs Beziehungen zu jeweils einer Fraktion der Kämpfer aufbauten. So schwand die Grenze zwischen humanitärer Hilfe und Unterstützung von Kriegsparteien, zumal der pakistanische und US-amerikanische Geheimdienst für militärische Hilfe dieselben Kanäle nutzten. Erst der Rückzug der Sowjets und die Einrichtung eines UN-

Koordinators für die Hilfe 1988 änderten das grundlegend.

Die Gefahr, dass NGOs sich für die Außenpolitik einspannen lassen, und die Chance, dass sie umgekehrt einen begrenzten Einfluss auf die Politik ausüben, sind also nicht neu. Doch die politischen Parameter haben sich mit dem Ende des Kalten Krieges sowie den Veränderungen in der Dritten Welt stark verschoben. Das hat weitreichende Auswirkungen auf die Not- und die Entwicklungshilfe gehabt und damit auch auf die Rolle von NGOs.

Nach dem Kalten Krieg: Weniger Entwicklungshilfe, mehr Hilfe in Bürgerkriegen

Als Instrument, einzelne Länder an den westlichen Block zu binden, verlor diese Hilfe mit dem Ende der Blockkonfrontation ihren Nutzen. Zudem liegt es seitdem im Interesse der westlichen Staaten, die Transformationsprobleme im früheren Ostblock abzufedern; das Geld dafür wird zum Teil von der Hilfe für den Süden abgezweigt. Unter anderem aus diesen Gründen sind die Entwicklungshilfeleistungen der 21 DAC-Mitglieder von 1992 bis 1998 inflationsbereinigt um rund ein Fünftel gesunken. Ihr Anteil am gemeinsamen Sozialprodukt ist von 0,33 auf 0,23 % gefallen. Da einige Gebiete des früheren Ostblocks, darunter Mittelasien und das ehemalige Jugoslawien, jetzt Hilfe erhalten und als Entwicklungsländer geführt werden, ist die Einbuße für Afrika und arme Länder Lateinamerikas und Asiens noch größer.

Die Entwicklungshilfe geriet im Norden unter stärkeren Rechtfertigungsdruck. Eine Folge war, dass ihre Fürsprecher innerhalb und außerhalb der Regierungen enger zusammenrückten. Zum einen betrachten die Entwicklungsbehörden und -politiker die NGOs ihrer Länder zunehmend als wichtigen Verbündeten beim Versuch, weitere Kürzungen ihres Etats zu verhindern. Das fördert ihre Neigung, den Forderungen der NGOs nach finanzieller Unterstützung nachzugeben.

Zum anderen haben sich die vorherrschenden entwicklungspolitischen Konzepte beider Seiten auf unterschiedlichen Wegen aufeinander zu bewegt. Die staatliche Entwicklungshilfe wurde zu Beginn der neunziger Jahre an politische Bedingungen gebunden, wie die Achtung der Menschenrechte und des Rechtsstaats, gute Regierungsführung sowie eine im Grundsatz marktwirtschaftliche Politik. Das war einerseits eine Reaktion auf Demokratisierungsprozesse in vielen afrikanischen und lateinamerikanischen Staaten. Andererseits konnten arme Staaten nun nicht mehr mit dem Wechsel ins feindliche Lager drohen und hatten damit ein Mittel verloren, solche Einmischungen in ihre Innenpolitik abzuwehren. Die Entwicklungspolitiker konnten ihrerseits die außenpolitische Zwangsjacke des Ost-West-Konflikts ablegen und durch das Ziel ersetzen, die Demokratisierung zu fördern. Als ein Träger von mehr Teilhabe der Bevölkerung boten sich NGOs im Süden an.

In der Dritte-Welt-Bewegung im Norden setzten sich ähnliche Ideen durch. Denn der Zusammenbruch des »Realen Sozialismus« und die Wahlniederlage der Sandinisten in Nicaragua 1990 hatten die Vorstellung weiter erschüttert, dass progressive politische Kräfte mit Hilfe der

Kontrolle über den Staat die armen Länder voranbringen könnten. Ein anderes großes Konzept fehlte jedoch. Viele NGOs sahen so in der Arbeit ihrer Partner-NGOs im Süden und der Förderung kleiner Entwicklungen an der Basis den wichtigsten Ansatz für große gesellschaftliche Veränderungen. Unter dem Schlagwort »Förderung der Zivilgesellschaft« fanden sich die Ansätze aus Regierungen und NGOs zusammen.

Die Rolle von NGOs in der Entwicklungsarbeit hat so weiter zugenommen. Noch stärker ist sie im Bereich der Nothilfe gewachsen, besonders in Kriegen. Dass der Umfang dieser Hilfe im Gegensatz zur Entwicklungshilfe zugenommen hat, ist Folge mehrerer Veränderungen. Erstens brachen im früheren Sowjetblock eine Reihe von neuen Kriegen aus, insbesondere im Kaukasus und im früheren Jugoslawien. Zweitens änderte sich seit Ende der achtziger Jahre der Charakter laufender Bürgerkriege, insbesondere in Teilen Afrikas: Aus politisch-ideologischen Kämpfen zwischen wenigen, einigermaßen disziplinierten Kriegsparteien wurden Raubkriege, in denen zahlreiche Kriegsfürsten oder Armeekommandanten die Bevölkerung auspressten oder Bodenschätze auszubeuten suchten.

Drittens hat sich die Art geändert, wie Kriegsopfern geholfen wird: Dies geschieht wesentlich häufiger auf dem Kriegsschauplatz selbst. Zum Teil liegt das daran, dass in der neuen Form der Kriege kaum die Kampfzonen vom Hinterland zu unterscheiden sind. Außerdem kann es ein Kriegsmittel und (man denke an Bosnien) sogar ein Kriegsziel sein, Zivilisten zu vertreiben oder auszuhungern und dazu einzelne Bevölkerungsgruppen von der Hilfe abzuschneiden. In solchen Fällen greifen die UN und einzelne Staaten seit dem Ende des Kalten Krieges viel häufiger ein.

Die neuen Verfahren für die Nothilfe in Kriegen sind aus einer Serie von großen und zum Teil improvisierten Hilfsoperationen entstanden, und NGOs hatten daran ihren Anteil. Die Hilfe in Äthiopien seit 1984 war hier ein Wendepunkt. Die Militärregierung dort hatte durch ihre Kriegführung gegen die Befreiungsbewegungen eine Hungersnot mit verursacht. Sie bat dann verspätet um Nothilfe, verhinderte jedoch Hilfslieferungen in von Rebellen gehaltene Gebiete, wo die Not besonders groß war. UN-Organisationen sowie das IKRK, das wegen seiner strikten Neutralität nur mit Zustimmung aller Seiten hilft, benötigen für ihre Arbeit aber die Einwilligung der Regierung. Ein Konsortium kirchlicher Werke setzte sich darüber hinweg: Es belieferte mit stillschweigender finanzieller Unterstützung der westlichen Geber vom Sudan aus die Befreiungsbewegungen Tigres und Eritreas. Weil diesen – anders als etwa den Mudschaheddin in Afghanistan – an einer echten Massenmobilisierung lag, hat das wirksam den Hunger gelindert.

Im Sudan entstand dann der Prototyp der UN-Konsortien, die Operation Lebenslinie Sudan (OLS). Die UN handelten hier 1989 sowohl mit der Regierung als auch mit der SPLA sichere Korridore für Hilfslieferungen aus. Zum ersten Mal verhandelten sie mit Rebellen, und zum ersten Mal gestattete eine Regierung, dass unter Aufsicht der UN Hilfe aus dem Ausland in Rebellengebiete gebracht wurde. Wie der Bürgerkrieg im Südsudan dauert die OLS noch an. Die beiden die OLS leitenden UN-Organisationen (UNICEF im Südsudan, das Entwicklungsprogramm UNDP im Nordsudan) vergeben einen

185

erheblichen Teil ihrer Hilfe über NGOs und stellen im Süden ein logistisches Gerüst bereit, etwa ein Funknetz, Flüge und ein Warnsystem einschließlich Notevakuierung für Helfer im Fall von Kämpfen.

Konsortien, in denen UN-Organisationen und NGOs zusammenwirken, sind mittlerweile gängige Praxis bei großen Hilfsoperationen. Weitere Beispiele sind Afghanistan nach dem Rückzug der Sowjets 1988, Somalia, Ruanda, Bosnien, Haiti, Angola, Liberia sowie jüngst das Kosovo. Ein Teil dieser Hilfsoperationen fand bzw. findet im Rahmen einer militärischen Intervention statt, meist einer Schutztruppe unter UN-Mandat – etwa in Irakisch-Kurdistan nach der Niederlage des Irak im ersten Golfkrieg, in Bosnien und jetzt in Ost-Timor und im Kosovo. Somalia war Ende 1992 der erste Fall, in dem eine Militärintervention das erklärte Ziel hatte, die humanitäre Hilfe zu schützen (nicht etwa, so bemerkten Kritiker bitter, die somalischen Opfer des Bürgerkriegs).

Zu staatsnah, zu geschäftsorientiert? NGOs geraten in die Kritik

Diese miteinander verwobenen Trends – Demokratisierungsprozesse in armen Ländern, der Abbau der Staatstätigkeit dort infolge von Strukturanpassungsprogrammen, der Rückgang und die Umorientierung der Entwicklungshilfe sowie die Zunahme der Nothilfe, insbesondere in Bürgerkriegen – haben die NGOs und ihre Rolle stark verändert. Seit Beginn der neunziger Jahre sehen sie sich kritischen Fragen ausgesetzt.

So warnen Edwards und Hulme (1997), die NGOs drohten zu Hilfs-Dienstleistern für die Geber zu werden und ihre eigenständige Rolle einzubüßen. Dagegen beschreiben Helmich und Smillie (1999) das Verhältnis eher als eines der gegenseitigen Abhängigkeit. In der Tat sind die Entwicklungshilfebehörden heute auf NGOs angewiesen. Zum einen sind diese als Lobby für die Entwicklungshilfe im Inland unentbehrlich. Zum anderen könnte insbesondere die Nothilfe ohne NGOs kaum mehr abgewickelt werden, zumal NGOs flexibler mit politischen Kräften in einem Bürgerkrieg arbeiten können. In der Entwicklungshilfe sind die NGOs des Nordens weiter ein wichtiger Vermittler zwischen Gebern und NGOs im Süden. Diese werden zwar von einigen Gebern auch direkt gefördert, aber dies in großem Stil zu tun, erlauben in den meisten Fällen deren begrenzte Verwaltungskapazitäten nicht. NGOs des Geberlands übernehmen hier die Rolle einer ausgelagerten und kostengünstigen Verwaltung.

Doch die Nord-NGOs sind gegenüber den Gebern in der schwächeren Position. Viele beziehen inzwischen einen großen Teil ihrer Mittel vom Staat – in Kanada und Australien im Durchschnitt rund die Hälfte. Für andere Staaten ist der Schnitt nicht bekannt, und die Unterschiede zwischen NGOs sind groß. Der Anteil staatlicher Zuschüsse ist für die meisten aber bedeutend und beeinflusst ihre Arbeit, zumal die Zuschüsse der Geber in den vergangenen Jahrzehnten nicht nur gewachsen sind, sondern sich auch verändert haben: Ein höherer Teil kommt aus besonderen Fonds, die an bestimmte Arten von Projekten oder bestimmte Länder gebunden sind, statt aus freien Zuschüssen.

Die Geber prägen damit stärker, was NGOs wo tun. Zum Beispiel haben manche europäische NGOs auch deshalb ihre Arbeit in Osteuropa ausgeweitet oder begonnen, weil es dafür von der EU-Kommission Geld gab. Und öffentliche Zuschüsse zur Nothilfe sind die größte Chance für Neugründungen von NGOs. Wenn Geber kurzfristig riesige Hilfsoperationen finanzieren wie für Ruanda 1994-95 und für das Kosovo seit 1999, beackern oft einige hundert NGOs das Projektgebiet, auch solche ohne Erfahrung in der Region oder der erforderlichen Art der Hilfe. Da das in der Regel mit einem »Medienzirkus« einhergeht, kommen in kurzer Zeit zusätzlich große Summen privater Spenden für diejenigen Hilfswerke herein, die am Ort sind. Selbst große NGOs können es sich kaum leisten, mehrmals hintereinander an einer solchen Operation nicht teilzunehmen, da sie sonst irgendwann als Abwickler für staatliche Nothilfe aus dem Rennen wären.

Die härtere Konkurrenz unter NGOs und die staatliche Vergabepraxis haben die Herausbildung von »transnationalen NGOs« begünstigt. CARE, *Oxfam*, *World Vision*, Plan International, SCF, *Medecins sans Frontières* und einige weitere haben in anderen Industriestaaten und zum Teil auch in Entwicklungsländern Filialen gegründet oder sich mit NGOs dort zusammengeschlossen. Das erlaubt ihnen zum Beispiel, unter einem gemeinsamen Logo Werbung zu machen, sich gegenseitig Mittel zu überlassen (ein bestimmter Anteil von Eigenmitteln ist meist die Voraussetzung für staatliche Zuschüsse) und Unterschiede in der Förderpraxis verschiedener Geberländer zu nutzen. Außerdem können sie so leichter den gewachsenen Anforderungen an Professionalität genügen und ständig für komplizierte Nothilfeeinsätze gerüstet sein. Unter anderem deshalb bevorzugen Nothilfegeber die großen Hilfswerke: 1998 gingen 37 % der Mittel von ECHO, dem Amt für Humanitäre Hilfe der Europäischen Gemeinschaft, an 14 NGOs. Die USA gaben von der Nothilfe, die über NGOs verteilt wurde, drei Viertel des Geldes und einen noch höheren Anteil der Nahrungsmittel an nur zehn Hilfswerke. NGOs konkurrieren manchmal als Dienstleister, etwa in der Logistik, mit gewerbsmäßigen Firmen und neuerdings im Kosovo sogar mit verschiedenen nationalen Armeen der Interventionstruppe.

Wie weit diese Trends ihre Arbeit beeinträchtigen, ist umstritten. Schon immer stehen die Werte von Hilfswerken, etwa der Einsatz für Benachteiligte und die Humanität, unvermeidlich in einem Spannungsverhältnis zu ihren institutionellen Interessen und zur Notwendigkeit, Mittel für ihre Arbeit zu beschaffen. Verschiedene NGOs finden die Balance mehr oder weniger gut. Aber der Umfang des Hilfsgeschäfts und die Konkurrenz unter NGOs haben dem Interesse, sich als Institution zu erhalten und zu wachsen, mehr Gewicht verliehen.

Die Befürchtung, dass sie deshalb die Politik der Geberregierungen nicht mehr kritisieren, scheint sich bisher nicht bestätigt zu haben. Einige große NGOs, die sich Abteilungen für Forschung und Kampagnen leisten können, haben im Gegenteil zur sachlichen Untermauerung von Forderungen an die Geber oder die Weltbank beigetragen. Es scheint aber, dass NGOs zunehmend größere Projekte gegenüber kleinen vorziehen. Biekart (1999) kommt am Beispiel Zentralamerikas zu dem Schluss, dass NGOs damit ihre Vorteile aufgeben: schnell, in Abstimmung untereinander, mit kleinen Summen und viel Expertise zu helfen und kleinen Partnergruppen einen Zugang zur internationalen politischen Bühne zu verschaffen. Wo NGOs staatlichen Durchführungsorganisationen ähnlicher werden oder als Logistik-Unternehmen auftreten, kann man in der Tat fragen, ob sie ihrem Anspruch gerecht werden.

Zudem überprüfen die meisten die Wirkung ihrer Arbeit nur unzureichend, und die Versuchung, Misserfolge zu verschweigen, steigt mit der Konkurrenz untereinander. Gefördert wird das allerdings dadurch, dass die Geber NGOs als billige Abwickler behandeln und ihnen nur wenig Verwaltungskosten ersetzen; Evaluierungen und Kleinprojekte sind teuer. Auch Veränderungen in der Arbeitsweise der Medien fördern das Bestreben der NGOs zu wachsen: Beachtet werden vor allem große, bekannte Hilfswerke, und inzwischen ist eine aufwendige Pressearbeit nötig, um entwicklungspolitischen Fragen Aufmerksamkeit zu verschaffen.

Besonders das Verhalten von NGOs in Bürgerkriegen wird von Autoren wie Alex de Waal (1997) scharf kritisiert: Viele arbeiteten vorsätzlich an einheimischen Organisationen vorbei und seien blind dafür, dass große Hilfslieferungen niemals neutral sind und häufig Kriegsparteien in die Hände spielen. In der Tat hat die Hilfe vielfach, etwa für Somalia oder Ruanda, zweifelhafte Formen angenommen. Unerfahrene NGOs sind ins Land eingefallen, um dabei zu sein, und die Konkurrenz unter den Hilfswerken hat es immer wieder erschwert, die Hilfe zu koordinieren. In einigen Fällen – so in Somalia und dem Sudan – sind Hilfslieferungen zum Grund von Kämpfen geworden.

Allerdings verlangen Bürgerkriege den Helfenden auch ständig äußerst schwierige Entscheidungen ab, deren

Folgen oft kaum abzusehen sind – etwa mit welchen einheimischen Gruppen man zusammenarbeiten kann, ohne Konflikte anzuheizen oder eine Partei zu begünstigen. Und es ist oft kaum möglich, den Missbrauch von Hilfe zu verhindern. Die Frage, ob man Hilfe verweigern soll, stellt aber die NGOs wie die Geber vor ein kaum lösbares Dilemma. Denn die Hilfe einzustellen, verkürzt Kriege in aller Regel nicht und birgt das Risiko, Menschen sterben zu lassen, denen man helfen könnte.

Im übrigen sind die Geber für Fehlleistungen der NGOs in der Nothilfe mitverantwortlich. Zum einen ziehen sie es – zum Teil unter dem Druck der veröffentlichten Meinung – oft vor, NGOs aus dem eigenen Land zu finanzieren, statt das Geld über die UN zu leiten, deren Aufgabe die Koordination ist. Das Kosovo ist dafür das jüngste Beispiel. Und die Geber lassen sich bei der Frage, für welche Notlagen sie wie viel Hilfe bereitstellen, von politischen Erwägungen leiten. ECHO zum Beispiel vergab in den vergangenen sieben Jahren 40 % seiner Mittel allein für das frühere Jugoslawien. Andere Notlagen werden vernachlässigt; die Nothilfe für Afghanistan betrug zum Beispiel 1998/99 nur ein Drittel des von der UN erbetenen Umfangs.

Zum anderen haben sich die Industrieländer und der UN-Sicherheitsrat vielfach nicht auf eine gemeinsame und schlüssige Strategie einigen können, um auf Kriegsparteien einzuwirken. Zum Beispiel kommen erst in jüngster Zeit (und unter dem Druck von NGOs) Versuche in Gang, Bürgerkriege auszutrocknen, indem der Nachschub an Kleinwaffen und Munition und die Einkommensquellen der Kriegsparteien verstopft werden. Daher beklagen nicht nur Kritiker der Hilfsoperationen, sondern auch viele

NGOs, dass die Nothelfer oft als Ersatz für ernsthafte politische Initiativen dienen.

Als Folge wird die Hilfe mit politischen Aufgaben befrachtet – zum Beispiel, zur Konfliktlösung beizutragen. Wo sie zum Dauerzustand geworden ist, verschwimmt der Unterschied zwischen Not- und Entwicklungshilfe zur »Entwicklung unter Notstandsbedingungen«. Diese Rezepte bergen sowohl Vorteile als auch Gefahren. Doch wie immer man sie beurteilt – klar ist, dass Hilfe, auch kluge, allein kaum geeignet ist, Kriege beizulegen. Sie kann politische Initiativen stützen, aber nicht ersetzen. Dies aber muss sie mancherorts. Denn westliche Regierungen intervenieren in strategisch bedeutenden Gebieten wie im Kosovo mit großem Einsatz und halten sich in anderen Fällen zurück – besonders nach der gescheiterten Intervention in Somalia. Hier beschränken sie sich häufig darauf, die Folgen von Kriegen einzuhegen und die Flüchtlinge im Kriegsland zu halten. Zuweilen lenkt die Hilfe dort auch die Öffentlichkeit davon ab, dass die Geberstaaten entweder nicht wirksam politisch intervenieren wollen oder es gar nicht können.

Unabhängig vom Verhalten einzelner NGOs wächst damit die Gefahr, dass die Hilfswerke insgesamt in die Rolle des Feigenblattes geraten, das die Folgen der Politik (oder des Nichtstuns) gegenüber armen Ländern notdürftig verdeckt. Das gilt nicht nur für die Nothilfe, sondern auch für die Entwicklungsförderung. Hier leisten NGOs soziale Grunddienste, die der Staat infolge der Strukturanpassungsprogramme und der anhaltenden Überschuldung der armen Länder nicht mehr leisten kann. NGOs können diese Dienste aber nur selektiv, für Teile der Bevölkerung, ersetzen. Sie übernehmen eine Rolle als

»minderwertiger Staatsersatz«, wie van Rooy (1999) es nennt. Allerdings finden sich nicht nur NGOs in der Rolle der Lückenbüßer, sondern im Grunde die gesamte Entwicklungspolitik.

Stützen oder untergraben Hilfswerke die Staaten im Süden?

Es bleibt die Frage, ob die Arbeit der Hilfswerke in armen Ländern staatliche Institutionen weiter schwächt oder ihren Aufbau behindert. Genau davor warnen Christopher Collier (2000) und Alan Whaites (2000). Dagegen betont Smillie (1995), dass NGOs nur Lücken füllen, die ganz andere Ursachen haben, und die meisten Regierungen im Süden die Tätigkeit von NGOs zwar nicht übernehmen, wohl aber bei Bedarf reglementieren können.

In der Tat liegen die Gründe für die Schwäche eines Staates in erster Linie in seiner Geschichte und seiner sozialen Ordnung, im Verhalten seiner Eliten und in der Art seiner Eingliederung in die Weltwirtschaft. Die Schwäche vieler armer Staaten ist gleichzeitig eine Ursache und eine Folge ihrer wirtschaftlichen Misere. Reiche Länder tragen mit Wirtschaftsstrategien, die die Entwicklung der armen weiter erschweren (etwa subventionierten Agrarexporten oder dem Erhalt eines instabilen Weltwährungssystems), zuweilen mit ihrer Außenpolitik (etwa Waffenexporten) und insbesondere mit den Strukturanpassungsprogrammen zu den Missständen bei. Verantwortlich dafür sind aber nicht NGOs, sondern Regierungen. Und dass Hilfe stärker über NGOs geleitet wird, hat gute Gründe, wo der Empfängerstaat zerrüttet oder korrupt ist, als Partei in einem Bürgerkrieg kämpft oder eine brutale Zwangsherrschaft ausübt.

NGOs übernehmen Sozialdienste oft da, wo einheimische Behörden sie gar nicht leisten könnten. Insoweit verdrängen sie nicht den Staat, sondern füllen ein Vakuum. Allerdings kann ihre Hilfe Nebenwirkungen haben, die den Aufbau funktionierender Behörden erschweren. So kann sie die Bevölkerung davon abhalten, Sozialdienste vom Staat einzufordern, und damit die Herausbildung von in der Gesellschaft verankerten staatlichen Strukturen behindern. Hier liegt ein Problem des Konzepts, die Zivilgesellschaft zu fördern: Es ist zwar gegenüber der Entwicklungspolitik während des Kalten Krieges ein Fortschritt, aber ihm wohnt die Gefahr inne, die Umgehung staatlicher Institutionen im Süden zum Programm zu erheben. Entwicklungspolitisch sinnvoll scheint es dagegen, sowohl Behörden als auch NGOs zu unterstützen. Collier (2000) schildert zum Beispiel, wie in einem Fall die Zusammenarbeit von NGOs mit Lokalbehörden in Sambia diese stärker rechenschaftspflichtig machen konnte.

Eine weitere Nebenwirkung der Hilfe besteht darin, dass NGOs manchmal mit hohen Löhnen qualifiziertes Personal aus Behörden abwerben. Zudem kann Hilfe Abhängigkeit schaffen. Ein beträchtlicher Teil der NGOs im Süden ist eigens als Kanal für Geld von außen gegründet worden – etwa in Simbabwe, Kenia oder den Philippinen. Das kann Korruption in NGOs im Süden begünstigen, zumal die Partner im Norden den Skandal fürchten, wenn sie wegen Missbrauchs die Zusammenarbeit beenden. Und es kann neuen Eliten zum Aufstieg verhelfen, zum Beispiel den von Bierschenk (1998) beschriebenen lokalen Entwicklungsmaklern. Diese vermitteln, wenn die Hilfe am

Staat vorbeigeleitet wird, zwischen Gebern bzw. ausländischen NGOs und lokalen Machthabern, die den Projektjargon nicht beherrschen; die Makler werben Geld von außen ein und steigen dadurch in die örtliche Führungsschicht auf.

Solche Nebenwirkungen von Hilfe können örtliche Machtstrukturen untergraben, aber auch stärken. Denn auch wo es gelingt, die Zentralregierung zu umgehen, sind Hilfswerke darauf angewiesen, dass örtliche Machthaber ihre Arbeit zumindest dulden. Das gilt sogar für Bürgerkriege. Deshalb besteht ja die Gefahr, dass hier Kriegsherren und örtliche Potentaten von Nothilfe profitieren. Lokale Machthaber zu unterstützen, ist heikel; es kann kompetente Verwaltung fördern, ebenso jedoch Klientelismus und Willkür.

Ob ausländische NGOs von der Mikroebene aus die Bildung staatlicher Institutionen fördern oder sie behindern, hängt entscheidend von den politischen Verhältnissen am Ort und der Gesamtpolitik der Geberstaaten ab, in die die Hilfswerke eingebunden sind. Dies muss am Einzelfall untersucht werden. Gemeinsam ist aber vielen armen oder von Bürgerkriegen zerrissenen Ländern – insbesondere in Afrika, aber auch etwa Kolumbien oder Afghanistan –, dass die Geber und NGOs dort nicht auf fertige Staaten einwirken, sondern auf Staatsbildungsprozesse. Es ist wichtig, das zu bedenken, denn wo ein moderner Staat erst im Werden ist, ist die Unterscheidung zwischen öffentlich und privat nur begrenzt anwendbar. Zum Beispiel sind in vielen afrikanischen Ländern einheimische NGOs in klientelistische Strukturen eingebunden und Teil einer informellen Machtstruktur, aus der sich eine moderne Verwaltung oder öffentliche Dienste bilden können.

Manchmal haben Geberstaaten gezielt versucht, bestehende Behörden zu schwächen und damit Staatsbildungsprozesse zu behindern. Ein solcher Fall war Mosambik. Hier haben die Geber, allen voran die USA, in den achtziger Jahren dafür gesorgt, dass Behörden systematisch umgangen wurden – nicht zuletzt um das Land zu einer liberalen Wirtschaftspolitik zu zwingen. Auch nach dem Friedensschluss von 1992 arbeiteten sie, ebenso wie viele internationale NGOs, gezielt an Mosambiks Behörden vorbei. Trotz aller Förderung von Privatisierung und Liberalisierung ist dieser Ansatz aber nicht die Regel. Das gegenteilige Extrem sind Versuche, mit großen, oft von den UN geführten Hilfsoperationen einen modernen Staat von außen aufzubauen, wie zur Zeit in Ost-Timor und im Kosovo. Hier beteiligen sich NGOs, zum Teil neben militärischen Interventionstruppen, an der Hilfe zur Staatsbildung. In Somalia ist ein solcher Versuch 1992-95 gescheitert.

Fazit: NGOs und Entwicklungsbehörden – Partner ohne Einfluss?

Auf die Frage, ob die Arbeit privater Hilfswerke im Süden zur Entstaatlichung beiträgt, kann man also kaum eine allgemeine Antwort geben. NGOs können dort widersprüchliche Trends begünstigen. Das Ergebnis hängt nicht nur von ihnen ab, sondern mehr noch vom Kontext, in dem sie arbeiten. Dreierlei kann man aber festhalten: Erstens sind die Ursachen für den Rückzug des Staates in einem Teil der armen Länder in erster Linie in Krisen und Kriegen dort zu suchen. Zweitens sind dafür Strukturanpassungsprogramme mitverantwortlich, und NGOs haben die Rolle übernommen, die Folgen dieser Programme zu mildern. Und drittens ist der Begriff »Entstaatlichung« nur begrenzt tragfähig: Wo es keinen funktionierenden Staat gibt, kann man auch nichts entstaatlichen. Die Frage sollte in solchen Fällen eher lauten, wie NGOs und die Entwicklungshilfe allgemein den Aufbau staatlicher Strukturen fördern oder behindern. Dabei sollte man nicht vergessen, dass der Staat ebenso Teil des Problems wie der Lösung ist, wie Menschenrechtler bezeugen können.

Und die Rolle der NGOs in der Nord-Süd-Politik? Auch hier sollte ihr Einfluss nicht überschätzt werden. Sie wirken auf die Politik der Geber vor allem dann ein, wenn sie mit Hilfe der Medien die Öffentlichkeit mobilisieren können, insbesondere bei akuten Notsituationen. Indirekt beeinflussen sie die Politik, weil sie als Informationsfilter wirken: Journalisten nutzen für Berichte aus armen Ländern – besonders wenn wie in Kriegsgebieten der Zugang schwierig ist – gerne die Unterstützung der NGOs am Ort.

Was das Verhältnis zu den Geberregierungen angeht: Dass diese ihre Hilfe über NGOs vergeben, bedeutet keine Privatisierung ihrer politischen Entscheidungen. Wohl aber lagern sie die Abwicklung mancher Hilfsprogramme aus. Dieser Trend ist eine Reaktion auf Umbrüche im Süden, auf neue Entwicklungskonzepte sowie auf den Bedeutungsverlust der Entwicklungshilfe. Zum Teil ist diese Arbeitsteilung durchaus sinnvoll. Entwicklungsbehörden und NGOs haben sich zudem gegenseitig angenähert, um ihren Politikbereich zu verteidigen; sie leben in einer Art Symbiose. Dabei sind allerdings die Behörden der deutlich stärkere Partner. Ihr Geld beeinflusst die Arbeit vieler NGOs, und die Gefahr besteht, dass manche als privater

Arm der Geber auftreten – auch wenn keine NGO völlig in dieser Rolle aufgehen dürfte. Außerdem handelt es sich gleichsam um eine Symbiose in der politischen Nische: Beide, NGOs wie Entwicklungsbehörden, haben weiterhin wenig Einfluss auf die »harten« Politikbereiche, insbesondere die Wirtschafts-, die Finanz- und die Außenpolitik des Nordens. Damit bleibt ihr Einfluss auf die strukturellen Ursachen und die politische Bearbeitung von Krisen in den armen Ländern beschränkt.

Literatur

Biekart, Kees, 1999: The Politics of Civil Society Building. European Private Aid Agencies and Democratic Transition in Central America, Utrecht.

Bierschenk, Thomas, 1998: Lokale Entwicklungsmakler, in: E+Z, 39. Jg., Heft 12.

Collier, Christopher, 2000: NGOs, the Poor, and Local Government, in: Eade 2000, S. 115-123.

de Waal, Alex, 1997: Food and Power in Sudan. A Critique of Humanitarianism, London.

der überblick, 1999: Katastrophen. Streit um die Nothilfe (Themenschwerpunkt), Heft 1, S. 4-77, Hamburg.

Donini, Antonio, 1996: The Politics of Mercy: UN Coordination in Afghanistan, Mozambique, and Rwanda. Thomas J. Watson Jr. Institute for International Studies, Occasional Paper 22, Providence (USA).

Eade, Deborah (Ed.), 2000: Development, NGOs, and Civil Society. Selected Essays from »Development in Practice«, introduced by Jenny Pearce, Oxford.

Edwards, Michael/David Hulme (Eds.), 1997: NGOs, States, and Donors: Too Close for Comfort? New York.

Global Humanitarian Assistance 2000, 2000: An Independent Report Commissioned by the IASC from Development Initiatives, Geneva.

Helmich, Henny/Ian Smillie (Ed.), 1999: Stakeholders. Governmental – NGO Partnerships for International Development, London.

Macrae, Joanna/Anthony Zwi (Eds.), 1994: War and Hunger. Rethinking International Response to Complex Emergencies, London/New Jersey.

Pouligny, Béatrice, 2000: Les acteurs non étatique et la guerre: Réflexion à partir du cas des organisations non gouvernementales d'aide humanitaire. Papier für das Kolloquium »La guerre entre le local et le global«, Paris (CERI), Mai

(http://www.ceri-sciencespo.com/cherlist/pouligny.htm).

Ruttan, Vernon W., 1996: United States Development Assistance Policy. The Domestic Politics of Foreign Economic Assistance, Baltimore.

Smillie, Ian, 1995: The Alms Bazaar. Altruism Under Fire – Non-Profit Organizations and International Development, London.

Sogge, David (Ed.), 1996: Compassion and Calculation. The Business of Private Foreign Aid, London/Chicago.

van Rooy, Alison, 1999: Changing Liaisons. Hot Topics in Canadian NGO's Relationships with CIDA, the Private Sector, Each Other, and Their Southern Counterparts, Background Paper, August (http://www.nsi-ins.ca/ensi/research/research05.html).

Weiss, Thomas G. (Ed.), 1998: Beyond UN Sub-Contracting. Task-Sharing with Regional Security Arrangements and Service Providing NGOs, New York.

Whaites, Alan, 2000: Let's Get Civil Society Straight: NGOs, the State, and Political Theory, in: Eade 2000, S. 124-141.

PETER LOCK

Sicherheit *à la carte*?
Entstaatlichung, Gewaltmärkte und die
Privatisierung des staatlichen Gewaltmonopols

Seit den neunziger Jahren ist eine zunehmende Privatisierung des Sicherheitssektors zu beobachten – ein Trend, der die Übernahme sowohl polizeilicher als auch militärischer Funktionen durch private Dienstleister meint. Der Boom von Sicherheitsfirmen und »schwarzen Sheriffs« ist ein offenkundiger Beleg. Mit Executive Outcomes, Gurkha Security Ltd., MPRI (Military Professional Resources Incorporated) etc. sind sogar Firmen auf den Plan getreten, die neben militarisiertem Werkschutz Söldneraufgaben erledigen und auf einem regelrechten Weltmarkt für Sicherheit zur Rebellenbekämpfung angeheuert werden können. Dieser Trend reagiert auf die sozioökonomische Segmentierung und mitunter auch Fragmentierung von Gesellschaften. Greifbar wird diese in Siedlungsgeographien, die durch starke Wohlstandsgefälle determiniert sind. Private Dienstleister bieten sich in dieser Situation denen an, die über genügend Geld verfügen. Besteht die Gefahr, dass es künftig nur noch »Sicherheit *à la carte*« (bzw. *à la* Kreditkarte) gibt?

Der vorliegende Beitrag geht davon aus, dass die Privatisierung der Sicherheit sich weltweit in äußerst vielfältigen Ausprägungen manifestiert. Zugleich wird vorausgesetzt, dass diesem Trend gemeinsame Antriebsfaktoren zugrunde liegen, die sich in verschiedenen Ländern und Regionen entsprechend Wohlstand, Einkommensverteilung und staatlicher Konsolidierung in unterschiedlicher Weise brechen. Zunächst behandle ich deshalb die Dynamik der neoliberal geprägten Globalisierung und argumentiere, dass Entstaatlichung und das Schrumpfen der regulären Ökonomie zu gewaltoffenen Räumen geführt hat, in die private Sicherheitsakteure eindringen. Zweitens untersuche ich, wie sich die zunehmende Kommerzialisierung des Sicherheitssektors konkret darstellt. Neben der Privatisierung polizeilicher Aufgaben sind dabei auch die Militarisierung des Werkschutzes, das Aufkommen von Söldnerfirmen und das *Outsourcing* von Militärhilfe, wie sie die USA jüngst bei der Unterstützung Kroatiens praktizierten, Gegenstand. Das abschließende Fazit untersucht Chancen und Grenzen einer Regulierung privater Sicherheitsakteure und fragt, ob das staatliche Gewaltmonopol als Leitbild und Realität ausgedient hat.

Globalisierung, Entstaatlichung und gewaltoffene Räume: Antriebsfaktoren für eine Privatisierung der Sicherheit

Bei der zunehmenden Privatisierung von Sicherheit handelt es sich um eine Entwicklung, die unmittelbar mit dem die gegenwärtige Phase der Globalisierung prägenden neoliberalen Paradigma verknüpft ist. Zurzeit findet ein Wandel und Zerfall von Staatlichkeit statt. Er hat äußerst unterschiedliche Ausmaße, ist aber von einem gemeinsamen Grundmuster geprägt. In den westlichen Staaten ist die Erosion des wohlfahrtsstaatlichen Modells und die

Marginalisierung ärmerer Bevölkerungsschichten zu beobachten; in Regionen des Südens und zum Teil auch des Ostens kommt es zu tiefgreifender gesellschaftlicher Fragmentierung und Staatszerfall. Die reguläre Ökonomie verliert in diesem Prozess weltweit an Bedeutung gegenüber dem informellen Sektor und insbesondere kriminellen kommerziellen Netzwerken, die global operieren. Die Verschränkung dieser drei Sphären der globalen Ökonomie im jeweiligen nationalstaatlichen Kontext ist sehr unterschiedlich. Überall entstehen jedoch – teilweise enklavenhaft, teilweise flächendeckend – gewaltoffene Räume, die privaten Sicherheitsanbietern zuvor ungeahnte Möglichkeiten der Entfaltung und Expansion eröffnen.

Wandel und Zerfall von Staatlichkeit im neoliberal geprägten Globalisierungsprozess

Unsere Vorstellungen von Staatlichkeit sind zeit- und kontextbezogen und durch normative Muster bestimmt. Gerade in Westeuropa macht sich die Wahrnehmung von Staatlichkeit häufig an den Errungenschaften sozialdemokratisch geprägter Wohlfahrtsstaatlichkeit fest. Sie bildete sich in einem singulären historischen Prozess heraus und erreichte in den siebziger Jahren einen Höhepunkt (Trotha 1995). Hintergrund war insbesondere der lang anhaltende wirtschaftliche Aufschwung nach dem Zweiten Weltkrieg.

Seit den Ölpreisschocks von 1973/74 und 1978 hat sich das wirtschaftliche Wachstum deutlich verlangsamt. Die Verteilungsspielräume sind kleiner geworden und haben zu einem schleichenden Abbauprozess dieser umfassenden Ausprägung von Staatlichkeit geführt. Er geht Hand in Hand mit dem inzwischen dominanten neoliberalen

Paradigma. Es wurde zunächst im angelsächsischen Raum unter Führung von US-Präsident Ronald Reagan und der britischen Premierministerin Margaret Thatcher durchgesetzt und prägt inzwischen die Wirtschaftspolitik weiter Teile der Welt. Der Anspruch an (Wohlfahrts-)Staatlichkeit war in Westeuropa besonders groß, während die wohlfahrtsstaatliche Dimension in den USA deutlich weniger ausgebildet blieb. Daher werden die laufenden Veränderungen der gesellschaftlichen Wirklichkeit in Europa mit besonderer Skepsis verfolgt. In anderen Erdteilen hatte es oftmals ohnehin nur eine Fassade formaler Staatlichkeit gegeben – eine Fassade, die häufig als Machtapparat genutzt wurde. Dessen Organe konnten aber selten das sozioökonomische Geschehen eigenständig gestalten.

In weiten Teilen der Dritten Welt ist die Durchsetzung demokratisch-wohlfahrtsstaatlicher Normen bereits in ersten Ansätzen gescheitert. Formale Staatlichkeit bildete den politischen Handlungsraum für korrupte Eliten; klientelistische Strukturen verliehen ihm eine relative Stabilität. Die politische und militärische Unterstützung durch die beiden Blöcke trug in der Zeit der Ost-West-Konfrontation zu dieser fragilen Stabilisierung bei. Zugleich war jedoch auch das, was derzeit als explosive Zunahme von Staatszerfall erscheint, in den zurückliegenden Jahrzehnten angelegt. So wurde die faktische Aneignung rohstoffreicher Staaten durch korrupte Eliten zum Beispiel in Zaire (Wrong 2000) oder Brunei aus interessenpolitischen Erwägungen häufig bewusst gefördert oder – im besten Fall – ignoriert. Politische Netzwerke, die im Kalten Krieg als Instrumente von Einflusssphärenpolitik aufgebaut wurden, bilden heute den Ausgangspunkt für transnationalen Terrorismus. Die US-Unterstützung islamischer

Gruppen in Afghanistan in den achtziger Jahren ist ein besonders beredtes Beispiel. Heute legitimieren diese kriminellen Netzwerke umfassende präventive Sicherheitsideologien.

Eilfertig gewährte Kredite verdeckten Staatskrisen und »schmierten« das klientelistische Räderwerk. Die globale wirtschaftliche Rezession in den achtziger Jahren legte dann jedoch die Verschuldung offen. In dieser Situation boten die neoliberalen Rezepturen von IWF und Weltbank die scheinbar einzige Alternative, vom weltwirtschaftlichen Integrationsprozess nicht zwangsweise abgekoppelt zu werden. Diese Programme zielten vor allem auf eine drastische Reduzierung staatlicher Aktivitäten, nicht zuletzt weil sich die Weltbank davon eine entscheidende Einschränkung der endemischen Korruption versprach. Wachstum als Voraussetzung für spätere Verteilung hieß die neue Parole. Damit wurde das Legitimationsmuster wiederholt, das für die Stützung der lateinamerikanischen Militärdiktaturen in den siebziger Jahren verwendet worden war. Als Folge dieser Programme kam es zu einer weiteren Vertiefung des Bruches zwischen Staat und Gesellschaft. Beschleunigte Verelendung und in günstigen Fällen befristete selektive Konkurrenzfähigkeit auf dem Weltmarkt waren zumeist das unmittelbare Ergebnis dieser Programme. Oftmals wurde die Krise nach dem Wegfall der Bipolarität noch verstärkt, weil die Dritte Welt den Rest an verbliebener Verhandlungsmacht gegenüber der dominierenden OECD-Staatenwelt und in der Folge auch Entwicklungshilfegelder einbüßte.

Die gegenwärtige Phase der Globalisierung hat in allen Weltregionen einen Wandel von Staatlichkeit zur Folge gehabt. Dabei gibt es erhebliche Variationen, die von der

Erosion des wohlfahrtsstaatlichen Modells bis hin zum Zerfall der Fassade formaler Staatlichkeit reicht. Trotz dieser Unterschiede gilt aber weltweit, dass sich die innergesellschaftliche Einkommensverteilung verschärft, wachsende Teile der Bevölkerung völlig marginalisiert und für große Teile der nachwachsenden, in den meisten Ländern sehr zahlreichen Generationen keine Integration in das reguläre Erwerbsleben stattfindet. Gerade dem Segment der 15- bis 25-Jährigen bietet die neoliberal gesteuerte Weltökonomie nur wenige Partizipationschancen. Dieses Alterssegment weist überall die höchste Arbeitslosenrate auf, häufig über 50 %. Ein Abschieben in informelle und kriminelle Sektoren ist von daher besonders folgenreich. Denn ausgeschlossene junge Männer ohne Hoffnung auf eine reguläre konstruktive gesellschaftliche Rolle haben grundsätzlich eine Gewaltdisposition: Gewalt auszuüben bedeutet in ihrer Situation Selbstbestätigung. Sie bilden daher eine gewaltbereite Reservearmee, auf die Akteure des kriminellen Sektors zurückgreifen.

Das Schrumpfen der regulären Ökonomie und die Entstehung von Gewaltmärkten

Um die Triebkräfte von Entstaatlichung und Marginalisierung besser zu verstehen, ist es hilfreich, sich den Globalisierungsprozess als eine Symbiose dreier ökonomischer Sphären vorzustellen: dem regulären, informellen und kriminellen Sektor. Wie weit Staatlichkeit in verschiedenen Ländern und Weltregionen reicht, lässt sich gut aus den relativen Größen dieser Sphären ableiten. Der gegenwärtige wirtschaftliche Boom in den USA und zum Teil auch Europa wird unter anderem mit verbesserter struktureller

Flexibilität erklärt. Hinter dieser Formel sind jedoch auch mehrere Millionen illegale Arbeitskräfte versteckt, zumeist aus Lateinamerika, die die hohe Beschäftigungsrate in den USA bei konstant niedrigen Zinsen ermöglichen. Für Deutschland dürfte gelten, dass die wohlfahrtsstaatliche Regulierung des Arbeitsmarktes längst zu einer volkswirtschaftlichen Blockade geführt hätte, würde sie nicht – stillschweigend geduldet – durch ein Millionenheer illegaler Arbeitskräfte – zunehmend aus Osteuropa – fortwährend umgangen. Aber auch der Drogenhandel, die größte unbesteuerte Branche in der globalen Ökonomie, hat in den USA und Westeuropa seine größten Märkte. Zwar dominiert die reguläre Ökonomie die Gesellschaftswelt in den OECD-Staaten und erlaubt die Reproduktion von Staatlichkeit. Aber informelle und kriminelle Sektoren sind auch dort konstitutive Elemente, die jedoch nur in Ansätzen eine mit dem Staat konkurrierende Territorialität ausbilden, etwa den urbanen Mikrozonen, die von Polizisten gemieden werden.

In Kolumbien und Burma hingegen, beides traditionelle Drogenanbaustaaten, drückt sich die Vorherrschaft krimineller und informeller wirtschaftlicher Betätigung in gewalttätiger territorialer Konkurrenz zwischen Staat und Gewaltunternehmern bzw. *Warlords* aus. In Kongo-Zaire ist mittlerweile sogar der ganze Staat in einen gewaltoffenen Raum transformiert, in dem Polizisten und Soldaten selbst zu Gewaltakteuren werden (Wrong 2000). Nachdem Mobutu dreißig Jahre lang die persönliche Aneignung des Staates mittels klientelistischer Strategien erfolgreich betrieben hatte, war diese Strategie in der ersten Hälfte der neunziger Jahre ökonomisch erschöpft und die reguläre Ökonomie nahezu völlig zerstört.

Die regulären Sektoren in der globalen Ökonomie sind durch eine rechtliche Ordnung gekennzeichnet, die Transaktionen für alle Marktteilnehmer berechenbar macht. Die Reproduktion des Staates stützt sich überwiegend auf Steuern – wobei das Niveau der Besteuerung als Folge weltweiter Standortkonkurrenz allgemein abnimmt. Die Wachstumsraten der regulären Ökonomien halten global nicht Schritt mit dem Wachstum der Weltbevölkerung im erwerbsfähigen Alter.

Die informellen Sektoren absorbieren weltweit bei weitem den größten Teil der erwerbsfähigen Bevölkerung. Selbst in der relativ entwickelten Region Lateinamerika hat die *International Labour Organization* (ILO) jüngst einen Anteil des informellen Sektors von 56 % an der Erwerbsbevölkerung (EAP, *economically active population*) ermittelt. Bezogen auf die Zahl der Teilnehmer wächst dieser Sektor am schnellsten. Rechtsstaatliche Normen haben nur sehr begrenzte Geltung. Vielmehr sind die informellen Sphären der Ökonomie durch Machtstrukturen gesteuert. Sie stützen sich auf eine Mischung von Vertrauen innerhalb sich abgrenzender Gruppen einerseits (Monsutti 2000 als Beispiel für die Komplexität und Reichweite solcher Strukturen) und Gewaltanwendung andererseits. Die informellen Sektoren tragen wenig zur Reproduktion des Staates bei, da kaum oder keine Steuern gezahlt werden. Allerdings erhöht der Sektor in erheblichem Umfang die individuelle Wohlfahrt von Personengruppen, die in die reguläre Ökonomie integriert sind. So ist in Deutschland unter anderem die häusliche Pflege Schwerstkranker durch qualifizierte polnische Krankenpflegerinnen weit verbreitet, die jeweils im Turnus des Touristenaufenthaltes bis zu drei Monate »illegal« arbeiten.

Für unser Argument wichtig ist zudem, dass die ohnehin vergleichsweise niedrigen Einkommen aus informeller Erwerbstätigkeit zusätzlich dadurch gemindert werden, dass kriminelle Akteure territoriale Gewaltmonopole ausüben. Anstelle von Steuern des entfernten, für sie real nicht existierenden Staates zwingen sie den informell bzw. »illegal« Erwerbstätigen Schutzgeldzahlungen ab.

Die global vernetzten Sphären krimineller wirtschaftlicher Betätigung weisen die höchsten Wachstumsraten auf. Dies gilt gleichermaßen für Umsätze wie Profite. Geschäftsgrundlage bilden nicht rechtsstaatliche Regelungen, sondern latente und manifeste Gewaltverhältnisse. Einen Beitrag zur Reproduktion des Staates leistet dieser Sektor nicht – es sei denn, er bemächtigt sich eines Staatsorganes oder gleich des gesamten Staatsapparates eines schwachen (failed) Staates. Bei der kriminellen Sphäre handelt es sich um ein parasitäres Gebilde. Die Aktivitäten usurpieren Teile der regulären und der informellen Ökonomien und bilden einen kriminellen Handlungsraum heraus. Die definitorische Abgrenzung fällt folglich nicht immer leicht. Schätzungen gehen von einem BKP (Bruttokriminalprodukt) von jährlich 1.000 Mrd. US-$ aus (Reinicke 1998). Knapp die Hälfte davon entfällt auf Drogengeschäfte, die auf die Nachfrage in den wohlhabenden Nationen reagieren. Die kriminelle Wirtschaftssphäre kennt keine nationalstaatlichen Grenzen. Welches Gewicht und welche Brisanz sie hat, zeigt ein Vergleich mit dem BSP (Bruttosozialprodukt) des afrikanischen Kontinentes, das nur 330 Mrd. US-$ beträgt – wovon ein Drittel alleine auf Südafrika entfällt. Die Verwandlung zahlreicher afrikanischer Staaten innerhalb weniger Jahre in bedeutende Transitländer für Drogen aus dem asiatischen Raum, vor allem dem

Goldenen Dreieck, belegt die transnationale unternehmerische Agilität im kriminellen Sektor. Dessen Akteure entwickeln globale Operationsbasen im Kontext weitgehend aufgelöster oder wenigstens preiswert bestechlicher Staatlichkeit. Dies erklärt die Affinität zwischen Drogenökonomie, *Warlords* und Teilen des afrikanischen Kontinents in den neunziger Jahren (Segell 1999; Observatoire 1996).

Das Eindringen privater Sicherheitsakteure in gewaltoffene Räume

Zunächst muss daran erinnert werden, dass im Zeitalter des Handelskapitalismus vom 17. bis in das 19. Jahrhundert hinein die notwendigen Sicherheits- und Erzwingungsmaßnahmen selbstverständlicher Teil des unternehmerischen Kalküls waren. So unterhielten die verschiedenen ostindischen Kompanien vor der kolonialen Unterwerfung im 19. Jahrhundert eigene Streitkräfte und Polizei. Diese waren die mit Abstand mächtigsten militärischen Formationen mit bis zu 300.000 Mann in den betreffenden Regionen. Diese hohen Kosten haben dazu geführt, dass zahlreiche ostindische Handelsgesellschaften in Konkurs gingen und einige bereits nach wenigen verlustreichen Jahren wieder aufgelöst wurden, so zum Beispiel die schwedischen und dänischen Gesellschaften. Um die hohen Kosten der Handelserzwingungs- und Schutzmaßnahmen zu decken, wurde zusätzlich zum Kolonialhandel (Gewürze etc.) sämtlicher intraregionaler Handel von diesen Gesellschaften monopolisiert. Der profitable Opiumexport aus Indien in den chinesischen Markt, um den es 1900 beim Angriff der vereinten imperialistischen Mächte gegen China ging, geht auf das privat-militärisch erzwungene Seehandelsmonopol der ostindischen Kompanien zurück.

Aber auch für die im 19. Jahrhundert entstehenden Industrien gilt weitgehend, dass sie »ihr« Territorium eigenständig »poliziert« haben. Als Werkschutz ist dieses Instrumentarium heute, zumindest in Westeuropa, in den Rechtsstaat integriert. Rohstoffe produzierende Enklaven internationaler Konzerne in Entwicklungsländern genießen traditionell eine gewisse Exterritorialität, innerhalb derer sie weitgehend über das Gewaltmonopol verfügen. Mit der Ausübung sind heute überwiegend spezialisierte private Sicherheitsunternehmen beauftragt.

Die Diskrepanz zwischen den schrumpfenden Staatssphären, dem Wachstum des informellen Sektors und dem Boom der kriminellen Wirtschaftsaktivitäten nimmt zu. Die gegenwärtigen Trends deuten darauf hin, dass die Reichweite von Staatlichkeit – ausgedrückt durch die allgemeine Verfügbarkeit von öffentlichen Gütern – weiter abnehmen wird. Zugleich nimmt die Bedeutung sich abgrenzender, informeller und auch krimineller Netzwerke zu. Folglich entstehen immer mehr gewaltoffene Räume (Elwert 1997), in denen Normen wenig Wirkung entfalten und zunehmend auch Gewalt wirtschaftliche Transaktionen steuert. Diese Tendenz ist in den verschiedenen Weltregionen sehr unterschiedlich ausgeprägt. Sie folgt jedoch ähnlichen Grundmustern. Das Spektrum gewaltoffener Räume reicht von kleineren Armutsghettos in den Metropolen der Industrienationen bis hin zu ganzen Krisenregionen – zum Beispiel in Westafrika (Sierra Leone, Liberia), Lateinamerika (Kolumbien) und Südostasien (Burma), in denen das staatliche Gewaltmonopol weitgehend aufgehoben ist. Es entstehen Gewaltmärkte, auf denen sich ein breites Spektrum konkurrierender Anbieter entfaltet, das von kollektiver gewaltbereiter Selbsthilfe über kriminelle Geschäftemacherei und Schutzgelderpressung bis zum Typus des *Warlord* reicht.

In gewaltoffene Räume, aus denen sich der Staat bewusst oder gezwungenermaßen zurückzieht, können neben kriminellen Organisationen auch private Sicherheitsakteure eindringen – wobei die Grenzen zwischen den beiden Gruppen mitunter fließend sein können. Diese Entwicklung hat in zerfallenden Staaten eine besondere Qualität, lässt sich jedoch *en miniature* und für bestimmte Bevölkerungsteile durchaus spürbar auch in den Industrienationen finden. Private Anbieter verstehen es dabei, das fundamentale Grundbedürfnis nach physischer Unversehrtheit gezielt als Ware zu vermarkten, die sie vorgeblich effizienter als staatliche Organe bereitstellen können. Entsprechend sind private Sicherheitsdienstleistungen aller Art eine Boombranche. Sicherheit wird zu einer abhängigen Variable individueller Kaufkraft. Die sozialgeographische Segmentierung von Gesellschaften in einkommensschicht-spezifische Zonen beschleunigt eine weitgehende Privatisierung von Sicherheit. Am offensichtlichsten ist dies im Falle der ghettoartig abgeschlossenen Wohnkomplexe (*gated communities*) wohlhabender Bevölkerungsgruppen, die längst nicht mehr auf die USA beschränkt sind. Logisch konsequent hat ein solcher Wohnkomplex in Kalifornien eine Klage auf Steuerbefreiung angestrengt. Grund: Da man Sicherheit privat organisiere, beanspruche man keine staatlichen Leistungen und brauche für diese auch nicht aufzukommen (Blakely/ Snyder 1997).

Auch im internationalen Umfeld bilden sich vielfältige private Sicherheitsstrukturen heraus. Schwierige Gebiete zwischenstaatlicher Zusammenarbeit und Hilfeleistungen werden zunehmend privaten Unternehmen und Nichtregierungsorganisationen zur Durchführung übertragen *(siehe hierzu auch den Beitrag von Bernd Ludermann)*. Vor allem im Kontext humanitärer Krisen verliert das Prinzip der Nichteinmischung in innere Angelegenheiten an Bedeutung – zumal hier bereits ein beschäftigungsintensiver Dienstleistungssektor entstanden ist, der beständig nach Märkten sucht und bestehende Märkte zu sichern versucht. Folgerichtig wurde bereits der Einsatz privater Sicherheitsdienste zur Sicherung humanitärer Einsätze erwogen (World Disasters Report 1997).

In Anlehnung an Elwert (1997) wird hier die Figur des Marktes benutzt, um die Eigendynamik der Privatisierungsprozesse zu erfassen. Anbietern von Sicherheitsdienstleistungen im weitesten Sinne stehen Nachfrager gegenüber. Anbieter streben danach, die Märkte und ihren Marktanteil zu erweitern. Der Sicherheitsmarkt spiegelt in der Regel die Wirkungsmächtigkeit der rechtlichen Ordnung in einer Volkswirtschaft wider. Ein Teil dieses Marktes wird nicht durch Normen, sondern durch latente Gewalt reguliert, der eine expansive Logik immanent ist. Anhand des relativen Anteils, den die reguläre Ökonomie am Bruttosozialprodukt hat, lässt sich meist ablesen, wie sich der Sicherheitsmarkt zwischen legal und illegal agierenden Akteuren aufteilt. Schwache Staaten sind durch eine große Grauzone und Akteure gekennzeichnet, die in staatlicher Hoheitsfunktion handeln und gleichzeitig auch auf den Märkten privater, illegaler Sicherheitsdienstleistungen operieren.

Die Kommerzialisierung des Sicherheitssektors: Zur privaten Aneignung polizeilicher und militärischer Aufgabenfelder

Im folgenden beleuchte ich drei Felder, in denen private Sicherheitsanbieter zunehmend Fuß gefasst haben. Die innergesellschaftliche Segmentierung hat dabei zunächst die Aneignung polizeilicher Aufgaben durch neue Dienstleister befördert. Was für Menschen und Nachbarschaften die individuelle Sicherheit ist, bedeutet für Unternehmen der Werkschutz. Dieser hat sich mittlerweile in vielen Fällen regelrecht militarisiert. International agierende Sicherheitsfirmen sind in den neunziger Jahren zudem dazu übergegangen, Regierungen in Bürgerkriegen zu unterstützen – und erhalten als unmittelbare Gegenleistung mitunter die Lizenz zur Extraktion mineralischer Rohstoffe. Kulminationspunkt der bisherigen Entwicklung ist das *Outsourcing* von Militärhilfe und das *Leasen* von Streitkräften – ein Trend freilich, der bereits in verschiedenen Phasen des 20. Jahrhunderts aufgetaucht ist.

My home is my castle: Zur (Re-)Privatisierung ursprünglich polizeilicher Aufgaben

Die Ausgangspunkte der rasanten Privatisierung von Sicherheit sind zumeist banal. Scheinbar unverfängliche Akteure lösen oft eine Kettenreaktion aus, die sich in einem Aktions-Reaktions-Muster zu einem eigendynamischen innergesellschaftlichen »Aufrüstungswettlauf« steigert. Hierbei ist die Förderung von Kriminalitätsangst für die Anbieter instrumentell. Die Versicherungsindustrie gehört zu diesen Akteuren. Sie schafft sich fortlaufend neue, erweiterte Märkte dadurch, dass sie Versicherungen gegen häufig real nicht existierende Risiken propagiert. Parallel prämiert sie die präventive Minderung der Risiken durch investive Vorkehrungen seitens des Versicherungsnehmers. Der dadurch beförderte Prozess der Kommodifizierung[3] der Sicherheit entwickelt eine Eigendynamik nicht zuletzt dadurch, dass das tatsächliche Risiko verschoben wird und sich dort konzentriert, wo weniger Mittel für eine Kommodifizierung von Sicherheit verfügbar sind. Kurzum: Das tatsächliche Kriminalitätsrisiko wird in den Sockel der sozialen Pyramide gedrängt.

Hierzu trägt auch der rasant wachsende Sektor privater Sicherheitsdienstleistungen bei. In den USA ist diese Entwicklung besonders weit vorangeschritten; auf einen Polizisten entfallen drei Uniformträger, die in privatem Auftrag »polizieren«, das heißt Sicherheitsdienstleistungen erbringen (Skogan 1995; Fyfe 1995). Der privaten Sicherheitsindustrie ist es inzwischen auch gelungen, das Gefängniswesen zunehmend aus der staatlichen Sphäre herauszulösen und in einen Industriezweig mit aktiver Lobby zu transformieren (Christie 1994). In diesen Trend fügt sich, dass der öffentliche Raum immer umfassender privatisiert wird. Der Marktplatz als klassischer öffentlicher Raum verschwindet und wird durch private Einkaufszentren und Erlebniszonen ersetzt, in denen das Hausrecht des Besitzers die Polizei zunächst ausschließt (Sack 1995).

---

3 Kommodifizierung bezeichnet investive Vorkehrungen aller Art, die die Sicherheit von Personen und Eigentum präventiv gewährleisten sollen. Sie stellen einerseits einen bedeutenden wirtschaftlichen Faktor dar, sind aber nicht primär wohlfahrtsmehrend.

Kriminalitätsängste im oberen Segment der sozialen Pyramide (die im übrigen zumeist überzogen sind) fördern den Prozess der Selbstghettoisierung privilegierter Schichten in abgeschlossenen und privat gesicherten Wohnparks. Dieser weltweite Trend prägt in wachsendem Maße urbane und suburbane Regionen. In den Vereinigten Staaten wohnen inzwischen etwa zehn Millionen Menschen in den *gated communities*. Diese soziale und siedlungsgeographische Segmentierung steht in einem Wechselverhältnis mit dem Trend, staatliche Infrastrukturleistungen und öffentliche Güter möglichst weitgehend privat zu substituieren. Die Gesellschaft wird so mehr und mehr zu einem Agglomerat von Selbstverteidigungsgemeinschaften.

Neben dieser kritischen Interpretation gibt es auch den Versuch, diese Segmentierung positiv aufzugreifen und sie als Kommunitarismus zu interpretieren, dem daher auf allen Stufen der sozialen Pyramide zum Durchbruch verholfen werden müsse. So wird zum Beispiel für die Vereinigten Staaten gefordert, dass ebenso wie die geschützten (oder besser: verbarrikadierten) Wohnparks der Wohlhabenden die Bewohner von Straßen in Armutsvierteln das Recht haben sollten, den Zugang zu ihrem Wohnquartier zu kontrollieren und beschränken (Etzioni 1996). Dass eine solche fragmentierte Milizianisierung der Gesellschaft in zahlreichen Armutsstaaten bereits Alltag ist und Gewaltoffenheit lediglich eskaliert, bleibt in dieser Debatte ausgeblendet.

My (our) home is my castle wird in dieser Logik zur postmodernen Realität – zumindest für diejenigen, die über genügend Kaufkraft verfügen. Die Gleichheit der Bürger im Schutz vor dem Verbrechen geht schrittweise verloren. Denn die mit der Privatisierung von Sicherheit abgewehrte kriminelle Energie verlagert sich zwangsläufig auf diejenigen, die sich am wenigsten wehren können. Dieser breite Sockel der sozialen Pyramide hat sich in vielen Gesellschaften zu einer mehr oder weniger strukturierten sozialen Formation ausdifferenziert, die man als Armutsapartheid bezeichnen kann. Von Apartheid lässt sich hier insofern sprechen, als diese Siedlungsräume mit ihren verschiedenen Subkulturen oftmals jenseits öffentlicher Institutionen und der von ihnen bereitgestellten Güter liegen.

Das Leben in der ausgegrenzten Armutsapartheid wird zur »kriminellen Hölle« zum Beispiel der *Favelas* in Brasilien oder den »Sowetos« in Südafrika. Sie ist erst im vergangenen Jahrzehnt schicksalhafter Lebenshorizont geworden, denn nicht einmal mehr auf der ideologischen Ebene ist von der Möglichkeit nachholender Entwicklung die Rede. Vielmehr sind die Gewaltakteure des kriminellen Sektors fester Bestandteil des internationalen Systems geworden. Noch sträuben sich akademische Disziplinen wie die Lehre von den Internationalen Beziehungen, diesen Sachverhalt zu akzeptieren und angemessen begrifflich zu fassen (Chan 1999).

Die voranschreitende Privatisierung der sozialen Infrastruktur und die damit einhergehende Vernachlässigung des verbleibenden Restes staatlicher Angebote setzt die soziale Ausgrenzung fort. Denn unter den sich derart verschlechternden Bedingungen hat man aus der Armutsapartheid heraus nur geringe Chancen, den steigenden Ausbildungsanforderungen jener modernisierten, global wettbewerbsfähigen Volkswirtschaft gerecht zu werden, die im Kontext der vorherrschenden neoliberalen

Ideologie einzig reguläre Partizipationschancen in der globalen Ökonomie bietet. Mit anderen öffentlichen Gütern verschwindet auch die Sicherheit und wird zunehmend ein privates Privileg.

Dies gilt besonders für die Organe der Rechtspflege. In dem eigenständigen Kosmos, der sich in den Zonen der Armutsapartheid herausbildet, entstehen territorial abgegrenzte Ordnungsformen. Sie entwickeln sich in einem ständigen Spannungsverhältnis zwischen Versuchen kommunitärer Selbstorganisation und Gewaltunternehmern. Die Konkurrenz von Gewaltunternehmern um territoriale Kontrolle alimentiert einen latenten innergesellschaftlichen »Aufrüstungs«- bzw. »Sicherheitswettlauf«. Die Anwendung und Androhung von Gewalt sichert die Unterordnung und erzwingt die Nachfrage nach »Schutz« durch den Gewaltunternehmer. Die Polarisierung von staatlicher Ordnung einerseits und den Territorien der Armutsapartheid andererseits tritt naturgemäß am deutlichsten zutage, wenn der Staatsapparat nicht mehr hinreichend durch Steueraufkommen reproduziert wird und seine Akteure sich im Rahmen ihrer Funktionen illegal selbst bereichern. Schlecht bezahlte Polizisten bieten für die Bewohner der Armutsterritorien keinen Schutz. Im Gegenteil: Die Polizei und andere Organe der Rechtspflege werden eher als Bedrohung wahrgenommen – und dies nicht zu Unrecht, wie viele Fallstudien belegen (zum Beispiel Cano 1998).

Von der Militarisierung des Werkschutzes zur Privatisierung militärischer Dienstleistungen

Bislang wurde nur die Transformation ursprünglich polizeilicher Aufgaben angesprochen. Tatsächlich geht die Privatisierung der Sicherheit jedoch sehr viel weiter und erfasst zunehmend auch Aufgaben, die eigentlich dem Militär zugeordnet sind. Dabei handelt es sich um militärische Schutzdienstleistungen für Industrien – meist im Primärsektor –, die von den Sicherheitsorganen zerfallender Staaten nicht oder nicht länger hinreichend erbracht werden. Allerdings sind die Übergänge zu dem, was man in Deutschland gemeinhin als Werkschutz bezeichnet, fließend. Es handelt sich zudem nicht um eine gänzlich neue Erscheinung. Vielmehr war es zunächst ein sehr zäher Prozess, bis staatliche Hoheitsträger auch in privaten Industriebetrieben zur Durchsetzung allgemeiner Rechtsnormen tätig werden durften (Sack 1995).

Bei der Akquisition von privaten Sicherheitsdienstleistungen bedient man sich regelmäßig fremder Unternehmen. Sie können im Zweifelsfalle auch außerhalb der bestehenden Gesetze agieren, ohne den Ruf des jeweiligen Konzerns zu gefährden. In schwachen Staaten, in denen die formellen Hoheitsträger nur ein sehr geringes Gehalt erhalten, sind es häufig Armee- und Polizeiangehörige, die im illegalen Zweitjob private Sicherheitsdienstleistungen erbringen. Dabei entstehen kriminelle Grauzonen, in denen Unsicherheit gezielt erzeugt wird, um private Sicherheit zu verkaufen. Polizei und Armee leisten kaum noch einen Beitrag zur öffentlichen Sicherheit – und haben diesen oftmals auch nie hinreichend erbracht. Vielmehr dienen Uniform und Bewaffnung vorrangig dazu, Schutzgelder zu erpressen. Sie werden eine permanente Bedrohung für die Zivilgesellschaft. Diese ist ihrerseits gezwungen, sich in einem dynamischen kriminellen Umfeld zu schützen. Der innergesellschaftliche Aufrüstungswettlauf mündet schließlich in einer Milizianisierung der gesamten Bevölkerung (Marchal 1997; Lock 1998b). Folge sind hohe Transaktionskosten für jegliche reguläre wirtschaftliche Betätigung und Wohlfahrtsverluste. Die gesellschaftlichen Handlungsspielräume für die Rekonstruktion eines fairen Staates, in dem Sicherheit wieder zu einem öffentlichen Gut wird, schrumpfen.

In einigen Ländern entwickelt sich derzeit der traditionelle Werkschutz zu bewaffneten Formationen, die über infanteristische Ausrüstung einschließlich Hubschrauber verfügen. Der russische Erdölkonzern Gazprom beschäftigt eine Streitmacht von 20.000 Personen, die mittels besserer Bezahlung gezielt bei den russischen Streitkräften abgeworben wurden. British Petroleum hat einen privaten Sicherheitsdienst zum Schutz seiner Erdölförderung in Kolumbien unter Kontrakt, der von ausgeschiedenen Angehörigen britischer Spezialtruppen betrieben wird, die ihrerseits zusätzlich lokal rekrutiertes Personal ausbilden. Diese Militarisierung von »Werkschutz« kommt nicht von ungefähr: Die betreffenden Unternehmen trauen den staatlichen Sicherheitsorganen nicht zu, den unternehmerischen Aktivitäten hinreichend Schutz gegen kriminelle Eingriffe und andere Störungen zu gewähren. Derartige Sicherheit ist aber ein zentraler Faktor bei der Standortwahl im globalen Wettbewerb. Hinzu kommt, dass es großen Konzernen oftmals nicht ungelegen kommt, wenn sie ihre Fertigungsstätten in quasi exterritorialer Autonomie selbst sichern und damit auch entsprechend frei walten können.

Wie sehr sich hoheitliche Befugnisse in schwachen Staaten verschoben haben, manifestiert sich mitunter sehr anschaulich: So sind die Kontrollen an nationalen Grenzen in der Regel weniger aufwendig als beim Betreten des Betriebsgeländes eines großen Konzerns. Es ist damit zu rechnen, dass Unternehmen im Bereich umfassender Sicherheitsdienstleistungen weiter sehr hohe Wachstumsraten aufweisen werden. Denn in der regulären Ökonomie werden öffentliche Güter wie Sicherheit immer weniger von staatlichen Organen bereitgestellt und entwickeln sich in rasantem Tempo zu kommerziellen Dienstleistungen. Firmen wie Control Risk erbringen überdies für große Unternehmen mittlerweile Dienstleistungen, die auf der staatlichen Ebene geheimdienstlichen Tätigkeitsfeldern zuzurechnen wären.

Große politische Aufmerksamkeit ist in den vergangenen Jahren jenen Sicherheitsdienstleistungsunternehmen zuteil geworden, die in Bürgerkriegen an der Seite einer kämpfenden Partei in Erscheinung getreten sind. Insbesondere die südafrikanische Firma Executive Outcomes hat mit gutem Erfolg militärische Dienstleistungen an die jeweiligen Regierungen in Angola und Sierra Leone verkauft. Sie war dabei ausgerüstet mit den Kriegserfahrungen des Apartheidregimes und dem freigesetzten Militärpersonal aus dieser Epoche. Neben Executive Outcomes sind noch eine Reihe weiterer britischer, amerikanischer Militärdienstleistungsunternehmen zu nennen: Sandline International, IDAS, Gurkha Security Guards, DSL, Levdan, Silvershadow, MPRI, Vinnel. Dass die Bezahlung der Dienstleistungen in machen Fällen mit der Vergabe von Schürfrechten erfolgt sein soll, hat die kontroverse internationale Diskussion über diese Art des Söldnertums weiter angeheizt. Denn Verbindungen zu den verschiedenen Netzwerken illegalen Exporthandels liegen insbesondere in Afrika nahe, wo nicht-staatliche Konfliktparteien Devisen erwirtschaften, um sich auf dem internationalen Schwarzmarkt mit Waffen und anderem Kriegsmaterial zu versorgen.

Die Privatisierung militärischer Dienstleistungen ist nicht gänzlich neu. Vielmehr hat es ähnliche Vorgänge sowohl nach dem Ersten als auch nach dem Zweiten Weltkrieg gegeben (Lock 1998a). Die wohl umfassendste Operation dieser Art, die mit reichlich Geld, Rüstungsaufträgen und Lieferung strategischer Rohstoffe für die deutsche Industrie belohnt wurde, haben deutsche Offiziere unter Leitung von Hans von Seeckt[4] (nach seiner Pensionierung) im Auftrage von Tschiang Kai-schek durchgeführt. Diese Gruppe hat chinesische Bürgerkriegstruppen ausgebildet, Kampftruppen geführt und chinesischen Bürgerkriegsparteien deutsche Waffenlieferungen im Tausch gegen Edelmetalle vermittelt, darunter das für die Rüstungsfertigung wichtige Wolfram. Die Ähnlichkeit mit dem »Business Modell« Executive Outcomes ist frappierend.

Offensichtlich müssen einige Bedingungen für die Privatisierung militärischer Dienstleistungen gegeben sein, die in verschiedenen historischen Kontexten gelten: Auf der Angebotsseite ist freigesetztes qualifiziertes Militärpersonal erforderlich. Dieses muss bereit sein, gewisse Risiken einzugehen, will es im Kontext eines bewaffneten Konfliktes erfolgreich agieren. Die nachfragende Partei muss Zugriff auf export- bzw. weltmarktfähige Produktion

---

4 Hans von Seeckt war unmittelbar nach dem Ersten Weltkrieg Chef der Heeresleitung. Er gilt als »spiritus rector« der Wehrmacht und genießt entsprechendes Ansehen in militärischen Kreisen.

haben, um die militärische Dienstleistung bezahlen zu können. Schließlich muss auch das Preis-Leistungsverhältnis stimmen. Dies gilt umso mehr, wenn militärische Unterstützungsleistungen für Bürgerkriegsparteien alternativ auch von fragwürdigen staatlichen Anbietern bereitgestellt werden können. Die Intervention der zimbabwischen Streitkräfte in der Demokratischen Republik Kongo (Zaire) gegen Anteile an Gécamines – der größten, von Mobutu verstaatlichten Minengesellschaft – ist ein extremes Beispiel (Wrong 2000).

Zwischenstaatliche Unterstützung wird in solchen Fällen nicht mehr – wie bis 1989 üblich – ideologisch begründet. Vielmehr geben ökonomische Interessen von Machteliten den Ausschlag, die im klientelistischen Verbund mit dem Offizierskorps agieren und ihre Kontrolle über staatliche Ressourcen für private Bereicherung nutzen. Zentralafrika ist bei weitem nicht das einzige Beispiel nachbarstaatlicher Militärhilfe, die der privaten Aneignung dient. Ähnlichen Mustern folgt auch die Unterstützung, die die *Revolutionary United Front* (RUF) bei ihrer Rebellion gegen die Regierung von Sierra Leone durch Burkina Faso und Charles Taylor – früher selbst Rebellenchef und inzwischen Präsident Liberias – erfahren hat. In Lateinamerika hat das peruanische Offizierskorps offensichtlich Waffengeschäfte mit der kolumbianischen *Exército de Liberación Nacional* (ELN) abgewickelt, die wiederum in den Drogenhandel verwickelt ist. Den russischen Streitkräften wird nachgesagt, viele derartige Geschäfte innerhalb der ehemaligen Sowjetunion abgewickelt zu haben.

Outsourcing von Militärhilfe und Leasing von Militärberatern

Der Markt für private Anbieter von militärischen Dienstleistungen unterschiedlichster Art hat eine Erweiterung dadurch erfahren, dass die Vereinigten Staaten Teilbereiche ihrer auswärtigen Militärhilfepolitik an private Firmen »auslagern« und damit eine »Vorreiterrolle« für künftige Entwicklungen einnehmen dürften. Die Ausbildung der kroatischen Streitkräfte durch ein solches Unternehmen, das amerikanische MPRI, in dessen Aufsichtsrat pensionierte Generäle mit vier Sternen und ehemalige Staatssekretäre aus dem Pentagon und dem State Department sitzen, war der spektakuläre Beginn dieser Politik. Sie hat den Vorteil, dass die Außenpolitik heikle Aktivitäten unauffällig verfolgen kann, gleichwohl aber durch die Genehmigungspflicht über politische Kontrolle verfügt. Für hochrangige militärische Ruheständler hat sich hier ein profitables Geschäftsfeld eröffnet. In der US-Diskussion werden private militärische Dienstleister dabei übrigens vorrangig als ein geeignetes Instrumentarium begriffen, kritische Situationen zu stabilisieren, ohne direkt militärisch eingreifen zu müssen. Dementsprechend sind bereits Vorschläge aufgetaucht, diese neue Sphäre internationaler Kooperation völkerrechtlich zu regeln und gegen dubiose Söldnerunternehmungen abzugrenzen (Howe 1998; Shearer 1998).

Der Einsatz militärischer Mittel zur Absicherung export- bzw. weltmarktorientierter Sektoren in Afrika, Lateinamerika und Asien hat im übrigen eine wechselvolle Geschichte. Die Kolonialmächte setzten immer wieder Truppen ein, um die Inwertsetzung ihrer Überseeterritorien abzusichern. Auch nach der Dekolonisierung waren insbesondere in Afrika vor allem französische Truppen stationiert, die als eine Art »Werkschutz« für die dort tätigen französischen Staatskonzerne, allen voran ELF-Aquitaine, abrufbar waren. Nach der Privatisierung dieser Konzerne werden die französischen Streitkräfte aber kaum länger so unverblümt operieren können. Ein besonders widersprüchliches Beispiel bot Angola in den achtziger Jahren: Hier waren kubanische Truppen im Auftrag der angolanischen Regierung tätig, um die Förderanlagen amerikanischer Ölkonzerne abzusichern; zugleich unterstützten die USA finanziell wie militärisch die Rebellenorganisation UNITA in ihrem verlustreichen Krieg gegen die Regierung.

Es ist recht unwahrscheinlich, dass westliche Streitkräfte in den kommenden Jahren in instabilen Situationen oder Kriegen eingreifen, um extraktive Industrien abzusichern. Die Standortkonkurrenz ist weltweit so virulent und das Finanzkapital so mobil, dass sich das Risiko einer gezielten militärischen Intervention zur Sicherung eines Standortes nicht rechnet – einmal davon abgesehen, dass sich dieses Vorgehen schwer gegenüber den Wählern und Steuerzahlern in den USA und Europa rechtfertigen lässt. Unternehmen mit einem bedrohten Anlagekapital müssen von daher Kosten und Nutzen privater Sicherheitsdienstleistungen gegen die Möglichkeiten abwägen, den Standort durch Korruption abzusichern. Derartige Schutzgelder für den ungestörten Betrieb von Unternehmen eröffnen Rebellenorganisationen und *Warlords* eine reelle Chance, zu internationaler Anerkennung aufzusteigen, wie die Beispiele Mosambik (RENAMO) und Liberia (Charles Taylor) gezeigt haben. Dauerhafte Sicherheitsgarantien durch staatliche Streitkräfte von innen oder außen bleiben fragwürdig oder unwahrscheinlich. Entsprechend kurzfristig sind die Rentabilitätskalkulationen von Investitionen in solchen Ländern angelegt. Alternativ engagiert sich spekulatives Kapital aus der kriminellen Sphäre, das auf diese Weise gewaschen werden soll.

Eine Ausnahme bildet zweifelsohne die Region des persisch-arabischen Golfes, die durch die dort konzentrierten Energieressourcen eine besondere Bedeutung hat. Westliche Staaten versuchen, diese korrupten, klientelistischen und äußerst brüchigen Minderheitsdiktaturen aufrechtzuerhalten. Insbesondere die USA, Großbritannien und Frankreich bieten dabei militärische Dienstleistungen an. Externe Akteure stellen zudem qualifiziertes Militärpersonal (unter anderem aus Pakistan und Großbritannien) und helfen beim Ausbau der militärischen Infrastruktur (unter anderem deutsche und südkoreanische Unternehmungen).

Staatliches Gewaltmonopol oder Sicherheit à la carte? Chancen und Grenzen einer Regulierung privater Sicherheitsakteure

Es ist sicherlich richtig, dass viele Sicherheitsdienstleistungen wirkungsvoll privatwirtschaftlich erbracht werden können. Insoweit dies auf der Grundlage rechtsstaatlicher Regeln geschieht, mag dies akzeptabel sein. Doch darf damit nicht de facto das Kriminalitätsrisiko bei den wirtschaftlich schwächsten sozialen Gruppen konzentriert werden, die ihren Lebensraum weder durch entsprechende Investitionen noch durch personelle Dienstleistungen gegen Kriminalität abschotten können. In unserer Gesellschaft zum Beispiel konzentriert sich drogenbedingter Diebstahl eher auf die untere Hälfte der sozialen Pyramide. Allein die weltweite dynamische Entwicklung des öffentlichen Marktes für Sicherheitsdienstleistungen verweist darauf, dass diese Veränderungen strukturelle Auswirkungen haben müssen. Eine renommierte Marktanalyse (Barnes 2000) geht von einem Branchenumsatz im Jahre 1997 von 56 Mrd. US-$ aus und prognostiziert für die Jahre 2002 bzw. 2007 85 bzw. 131 Mrd. US-$. Dies entspricht einem Wachstum von über 50 % alle fünf Jahre. Der aktuelle Umsatz bei nicht-militärischen Sicherheitsgütern wird mit 40 Mrd. US-$ angegeben. Nicht erfasst sind die zusätzlichen Aufwendungen im Bereich Städtebau etc., die als Kommodifizierung von Sicherheit verstanden werden müssen.

Die hier diskutierten Entwicklungen verweisen insgesamt darauf, dass die Privatisierung von Sicherheit zumeist auch ein Indikator für die Auflösung einer einheitlichen Rechtssphäre ist, die durch das staatliche Monopol legitimer Gewalt gesichert wird. Die Bewahrung bzw. die Entwicklung des demokratisch legitimierten Gewaltmonopols erfordert daher dringend eine umfassende Regulierung privatisierter Sicherheitsdienstleistungen. Leider hängen in dieser Hinsicht die Wahrnehmungen der Gesetzgeber weit hinter der dynamischen Entwicklung der Realität her. Noch bevor die Probleme überhaupt erkannt werden, hat sich aber bereits eine machtvolle international gut organisierte Lobby dieses Erwerbszweiges mit vielen Verbündeten etabliert. Es gilt den politischen Diskurs darüber aufzunehmen, wie viel von diesem Geist wieder in die Flasche gebracht werden muss und wie viel man wie regulieren kann. Diese Diskussion darf sich nicht allein auf den jeweiligen nationalen Kontext beschränken. Denn in der globalisierten Ökonomie ist Sicherheit zu einem zentralen Standortfaktor geworden. Allein die kostengünstigste Gewährung eines »sicheren« Produktionsstandortes sichert die Beteiligung in der globalen Ökonomie. Auf diesem Umweg aber laufen wir Gefahr, dass uns Sicherheitsordnungen – auch in Form der zynischen Organisation totaler ökonomischer Apartheid – als vermeintliche Sachzwänge begegnen, die unser Verständnis von Rechtsstaatlichkeit unterminieren.

Literatur

Barnes, William, 2000: Security Sector Aims at Global Standards, in: Financial Times, 10.11., S. 11 (Ausgabe Frankfurt).

Blakely, Edward J./Mary Gail Snyder, 1997: Fortress America – Gated Communities in the United States, Washington D.C.: The Brookings Institution Press.

Cano, Ignacio, 1997: Letalidade da Açao Policial no Rio de Janeiro, Rio de Janeiro: ISER.

Chan, Steve, 1999: The War Lord and Global Order, in: Paul B. Rich (Ed.), Warlords in International Relations, New York: St. Martins Press, S. 164-172.

Christie, Nils, 1994: Crime Control as Industry, London: Routledge.

Elwert, Georg, 1997: Gewaltmärkte: Beobachtungen zur Zweckrationalität der Gewalt, in: Trutz von Trotha (Hg.), Soziologie der Gewalt, Kölner Zeitschrift für Soziologie und Sozialpsychologie, Sonderheft 37, S. 59-85.

Etzioni, Amitai, 1996: The New Golden Rule, New York: Basic Books.

Fyfe, Nicholas R., 1995: Policing the City, in: Urban Studies, Vol. 12, H. 4-5, S. 759-778.

Howe, Herbert M., 1998: Private Security Forces and African Stability: The Case of Executive Outcomes, in: Journal of Modern African Studies, Vol. 36, No. 2, S. 307-331.

ILO (International Labour Office), 2000: World Labour Report. Income Security and Social Protection in a Changing World, Geneva: ILO.

Lock, Peter, 1998a: Military Downsizing and Growth in the Security Industry in sub-Saharan Africa, in: Strategic Analysis, Vol. XXII, December, No. 9, S. 1393-1426.

Lock, Peter, 1998b: Privatisierung der Sicherheit oder private Militarisierung?, in: Afrika-Jahrbuch 1997, Opladen: Leske + Budrich, S. 71-82.

Marchal, Roland, 1997: Terminer une guerre, in: Roland Marchal/Christine Messiant, Les chemins de la guerre et de la paix, Paris: Karthala, S. 5-48.

Monsutti, Alessandro, 2000: The Hazards of Afghanistan: Coping Through Emigration and Remittances, in: Gilles Carbonnier/Sarah Fleming (Eds.), War, Money and Survival. Geneva: International Committee of the Red Cross, S. 72-73.

Observatoire géopolitique des drogues (Ed.), 1996: Atlas mondiale des drogues, Paris: PUF.

Reinicke, Wolfgang B.: Global Public Policy Governing without Government, Washington D.C.: The Brookings Institution Press 1998.

Reminisce, Wolfgang R., 1998: Global Public Policy: Governing without Government? Washington D.C.: Brookings Institution Press.

Sack, Fritz (Hg.), 1995: Privatisierung staatlicher Kontrolle: Befunde, Konzepte, Tendenzen, Baden-Baden: Nomos.

Segell, Glen, 1999: Warlordism and Drug Trafficking: From Southeast Asia to Sub-Saharan Africa, in: Paul B. Rich (Ed.), Warlords in International Relations, New York: St. Martins Press, S. 38-51.

Shearer, David, 1998: Private Armies and Military Intervention, Adelphi Paper 316, London: IISS.

Skogan, Wesley G., 1995: Reactions to Crime and Violence, The Annaly of the American Academy of Political and Social Science, Vol. 539, May.

Trotha, Trutz von, 1995: Ordnungsformen der Gewalt oder Aussichten auf das Ende des staatlichen Gewaltmonopols, in: Brigitte Nedelmann (Hg.), Politische Institutionen im Wandel, Kölner Zeitschrift für Soziologie und Sozialpsychologie, Sonderheft 35, S. 129-166.

United Nations, 2000: The World's Women 2000 Trends and Statistics, New York (Sales No. E.00.XVII.14).

United Nations Development Programme, 2000: Human Development Report 2000, New York: Oxford University Press.

World Disasters Report 1997, (Ed.) International Federation of Red Cross and Red Crescent Societies, Oxford, Oxford University Press.

Wrong, Michaela, 2000: In the Footsteps of Mr Kurtz: Living on the Brink of Disaster in the Congo, London: Forth Estate.

Vierter Teil:

Menschenrechtspolitik jenseits der Staaten

Andrea Liese

Privatisierung und die (Um-)Setzung der Menschenrechte
Die Rolle lokaler und transnationaler NGOs

Im letzten Viertel des 20. Jahrhunderts schlossen sich vermehrt Menschenrechtsaktivist(inn)en und Bürgerrechtsgruppen zu transnationalen nichtstaatlichen Organisationen zusammen, um die internationale Menschenrechtspolitik aktiv mitzugestalten. Durch ihre Tätigkeiten haben diese privaten Akteure zu einer Entterritorialisierung von Politik und zur Entstehung einer globalen Werte- und Wissensbasis beigetragen, von der zugleich weitere Privatisierungsimpulse ausgehen.

Insgesamt betrachtet nahm die Zahl von internationalen nichtstaatlichen Menschenrechtsorganisationen bis Mitte der siebziger Jahre nur leicht zu, um dann rasant anzuwachsen.[1] Noch eindrucksvollere Dimensionen nimmt das Wachstum von Organisationen an, die allein national organisiert und meist auch nur national tätig sind. Hier kam es insbesondere seit den achtziger Jahren zur Gründung vieler Nichtregierungsorganisationen (NGOs), ein Trend der in den neunziger Jahren anhielt. Sichtbar wird dieser auch, wenn man sich die Zahl beteiligter

---

1 Margaret Keck und Kathryn Sikkink (1998, 11) zählen 33 NGOs im Jahre 1953, 39 im Jahre 1963 und 41 im Jahre 1973. 1983 ermitteln sie bereits 79 und im Jahre 1993 gar 168 internationale Menschenrechts-NGOs.

NGOs auf den Weltmenschenrechtskonferenzen vor Augen führt: 1968 nahmen in Teheran 57 NGOs teil, 15 Jahre später, in Wien, waren es rund 1.500.

Wie äußert sich dieser Trend zur Transnationalisierung und Privatisierung im Politikfeld Menschenrechte? Dieser Beitrag stellt zunächst dar, mittels welcher Tätigkeiten NGOs die internationale und nationale Menschenrechtspolitik zu beeinflussen suchen. In ihrem klassischen Arbeitsfeld, der Beeinflussung und Beobachtung von Normsetzung und Normdurchsetzung, sind NGOs als Experten, Mahner und Partner mit staatlichen Akteuren und vor allem zwischenstaatlichen Organisationen seit langem tätig. In neuerer Zeit lassen sich in diesen beiden Bereichen Formen der Privatisierung beobachten, die vor allem darin bestehen, dass zunehmend auch privatwirtschaftliche Akteure – besonders transnationale Konzerne – in diesen Aktivitäten zum Schutz von Menschenrechten berücksichtigt werden. Die zielgerichtete Beeinflussung internationaler und nationaler Menschenrechtspolitik, eine Form globalen Regierens, wird zunehmend im Rahmen von Koalitionen unterschiedlicher nichtstaatlicher und staatlicher Akteure von der lokalen bis zur internationalen Ebene betrieben.

Der zweite Abschnitt geht der Frage nach, ob es durch die Aktivitäten nichtstaatlicher und vorwiegend zivilgesellschaftlicher Akteure *(für privatwirtschaftliche Akteure siehe den Beitrag von Rainer Braun)* zu einer Entstaatlichung der Menschenrechtspolitik kommt. Dabei werde ich zeigen, dass Menschenrechts-NGOs vornehmlich Aufgaben wahrnehmen, die von Staaten nur bedingt geleistet werden können und bislang nicht geleistet wurden. Schließlich mussten Menschenrechte den Staaten abgerungen werden.

Die Menschenrechte dienten stets auch zur Beschränkung staatlicher Herrschaft auf Grundlage überstaatlich geltender Rechte. Sie hoben den Staat aber nicht auf. Dieser wurde vielmehr zur Gewährung und Achtung von Individual- und Gruppenrechten verpflichtet. Insofern trägt der Einfluss nichtstaatlicher Akteure in der Menschenrechtspolitik also eher zu einem Wandel der Staatlichkeit denn zur Entstaatlichung bei.

Der dritte Teil des Beitrags analysiert für den Bereich der Menschenrechte verschiedene Implikationen des globalen Privatisierungstrends *(siehe den Beitrag von Hartwig Hummel)*. Wohnen die Tendenzen der Kommerzialisierung und Exklusivität auch einer nicht-staatlich organisierten transnationalen Menschenrechtspolitik inne? Die Antwort lautet: ja und nein. Einerseits lassen sich Menschenrechts-NGOs identifizieren, deren finanzielle Ausstattung und Organisationsstruktur deutliche Privatisierungszüge aufweist. Andererseits sind handlungsfähige Menschenrechts-NGOs darauf angewiesen, von einer internationalen Öffentlichkeit akzeptiert und legitimiert zu werden.

Das menschenrechtliche Engagement privater Akteure in einer internationalen Öffentlichkeit

Aktivitäten nichtstaatlicher Akteure bestimmten die internationale Menschenrechtspolitik von Anbeginn. Obwohl viele Organisationen erst Mitte der siebziger Jahre des 20. Jahrhunderts entstanden, gehört die Menschenrechtsbewegung doch zu den ältesten transnationalen sozialen Bewegungen. Das Internationale Komitee vom Roten Kreuz (1863) und die *Anti Slavery Society for Human Rights*

(1838) können als Vorläufer der global orientierten Menschenrechtsbewegung in der Zeit nach 1945 gelten. Denn auch nach dem Zweiten Weltkrieg spielten einige wenige NGOs eine wichtige Rolle bei der Aufnahme des Menschenrechtsschutzes in den Aufgabenkatalog der Vereinten Nationen (VN). NGOs haben das in Folge errichtete System zum Schutz der Menschenrechte im Rahmen der Vereinten Nationen mit aufgebaut. Außerdem sind sie maßgeblich daran beteiligt, das System auszubauen und seine Mechanismen in Gang zu setzen.

Welche Tätigkeiten üben NGOs im Menschenrechtsschutz aus? Es sind sehr unterschiedliche: NGOs recherchieren Menschenrechtsverletzungen, fertigen Berichte über Verletzungen der Rechte an, stellen Öffentlichkeit im Rahmen von Kampagnenarbeit her, antichambrieren bei staatlichen Stellen und Politiker(inne)n, die Schritte gegen Menschenrechtsverletzungen unternehmen sollen, und sie beraten und versorgen (potentielle) Opfer. Die Aktivitäten zielen im wesentlichen auf zweierlei ab: zum einen durch Bewusstseinsbildung menschenrechtliche Normen (weiter) zu verankern, zum anderen ihre Einhaltung zu überwachen und damit zur Umsetzung international ausgehandelter Rechtsnormen beizutragen. Der Weg über internationale Normen trägt auch dazu bei, willkürliche staatliche Herrschaft einzugrenzen.

NGOs sind stark im Bereich der Normsetzung engagiert und kooperieren in diesem Feld mit internationalen Organisationen und Staaten. Die Normsetzung verfolgt meist zwei Ziele. Erstens sollen durch die Präzisierung bestehender und die Ausformulierung neuer Rechte neue Normen geschaffen werden; zweitens soll staatliche Legitimität (und die Achtung staatlicher Souveränität) an die

Achtung eben dieser Menschenrechtsnormen gebunden werden. Den Weg über internationale Normen, die Erwartungen und Anforderungen an staatliches Handeln beinhalten, haben NGOs schon früh gewählt. Das *International Committee of the Red Cross* (ICRC), das sich ab Mitte des 19. Jahrhunderts für die Rechte von Verwundeten im Krieg einsetzte, ist eine der ersten NGOs, die auf das Völkerrecht Einfluss nahm (siehe den Beitrag von Bernd Ludermann). Die Entstehung der ersten Genfer Konvention von 1864, welche internationale Normen für den Umgang mit Verletzten und Gefangenen in Kriegszeiten etablierte, wird auf die Initiative des ICRC-Gründers Henri Dunant zurückgeführt (Finnemore 1996, 73-82).

Die Lobbyarbeit von NGOs erreichte auch, dass menschenrechtliche Themen auf die Tagesordnungen von Regierungen, Forschungszentren und multilateralen Organisationen gesetzt wurden. Zur Stärkung des Schutzes vor Folter erreichte die Kampagnenarbeit von Amnesty International in den achtziger Jahren beispielsweise, dass das Folterverbot in einer speziellen Konvention verankert wurde. Unterdessen ist eine VN-Konvention geplant, welche die von Menschenrechts-NGOs aufgedeckte und öffentlich gemachte Praxis des »Verschwindenlassens« von missliebigen Personen ächten soll.

Mittlerweile schließen sich NGOs häufig zu Koalitionen zusammen, um im Vorfeld und Umfeld von Staatenkonferenzen auf eine Ergänzung des völkerrechtlichen Normenbestandes hinzuwirken, indem sie auf moralische Gebote verweisen und ihr Expertenwissen zur Verfügung stellen. So zielte die Kampagne von Frauenorganisationen »Frauenrechte sind Menschenrechte« Anfang der neunziger Jahre darauf, Gewalt gegen Frauen in der Privatsphäre in den Katalog der zu schützenden Menschenrechte aufzunehmen. Die Frauenrechtsorganisationen vernetzten sich mit klassischen Menschenrechts-NGOs, warben für ihre Ideen auf den regionalen Vorbereitungstreffen der Wiener Weltmenschenrechtskonferenz von 1993, richteten ihre Lobbyarbeit an einzelne staatliche Delegationen und inszenierten etwa mit dem Frauentribunal auf der Konferenz medienwirksam ihre Kampagne. All diese Aktivitäten trugen dazu bei, dass im privaten Bereich verübte geschlechtsspezifische Gewalt im Wiener Abschlussdokument als Menschenrechtsverletzung anerkannt und der VN-Generalversammlung empfohlen wurde, eine Erklärung über die Beseitigung von Gewalt gegen Frauen zu verabschieden (Finke 1998). Die Vereinten Nationen schufen bereits 1993 die Position einer Sonderberichterstatterin zu diesem Thema. Heute ist Gewalt gegen Frauen auch in der Privatsphäre unbestreitbar eine Menschenrechtsverletzung.

Ein zweiter wichtiger Bereich, in dem sich nichtstaatliche Akteure engagieren, ist die Durchsetzung der Menschenrechte. NGOs tragen dazu bei, die Position von Staaten zu stärken, die sich für eine Achtung der Menschenrechte einsetzen und die sich diesem Prinzip selbst unterwerfen. Umgekehrt versuchen sie jene Staaten, die nicht bereit sind, die Menschenrechte zu achten, bloßzustellen und sie so international und national zu delegitimieren.

Zu den Tätigkeitsfeldern von Menschrechts-NGOs zählen mithin: das Werben für den Ausbau des völkerrechtlichen Menschenrechtsschutzes, die Stärkung privater Akteure und die Hilfe für Opfer und schließlich die Kontrolle und das Beschämen normverletzender Staaten.

Anstrengungen zum Ausbau des völkerrechtlichen Menschenrechtsschutzes

Im Rahmen der von ihnen betriebenen Internationalisierung von Menschenrechtsnormen haben NGOs seit Mitte der siebziger Jahre darauf gedrängt, die Einhaltung der Rechte von Organen der VN (und regionalen Organisationen) überwachen zu lassen und Beschwerdeverfahren einzuführen. Ob Staaten in ihrem Handeln menschenrechtlichen Normen genügen, sollte nach NGO-Auffassung nicht von ihnen selbst entschieden werden können. Ziel der Menschenrechts-NGOs war und ist es deshalb, weitgehend unabhängige völkerrechtliche Gremien und Verfahren zu erreichen.

Wie die NGOs vorgehen und vorankommen zeigt das Beispiel Argentinien, wo lateinamerikanische und internationale NGOs, darunter die *International Commission of Jurists* und die *International League for Human Rights*, Menschenrechtsverletzungen und vor allem das staatliche »Verschwindenlassen« missliebiger Personen aufdeckten. Sie brachten Opfer und Zeug(inn)en zu den Sitzungen der VN-Menschenrechtskommission, damit sie dort berichten konnten. In der Folge setzten die selbst weisungsgebundenen Mitglieder der VN-Menschenrechtskommission 1980 eine fünfköpfige Arbeitsgruppe zur Untersuchung des Phänomens ein. Die unabhängige Expertengruppe erhielt das Mandat, Einzelfällen nachzugehen, Regierungen auf diese Fälle anzusprechen und von Regierungen, Regierungsorganisationen und NGOs Informationen über Verschwundene anzufordern.

Direkten Einfluss auf die Entstehung und Ausgestaltung des Europäischen Übereinkommens zur Verhütung von Folter übten die *International Commission of Jurists* und das Schweizer Komitee gegen die Folter aus. Diese Konvention schuf ein bisher einmaliges Untersuchungsverfahren, das einem Ausschuss mit dem Recht, die Haftanstalten in Mitgliedstaaten zu inspizieren, weitreichende Möglichkeiten der Tatsachenermittlung gibt.

Auch bei der Erweiterung völkerrechtlicher Kompetenzen gegenüber menschenrechtsverletzenden Akteuren begleiteten, förderten und kritisierten NGOs den Entscheidungsfindungsprozess der Staatengemeinschaft. Bereits drei Jahre vor der VN-Staatenkonferenz zur Errichtung eines ständigen Internationalen Strafgerichtshofs hatten sich 30 regierungsunabhängige Organisationen zur NGO-Koalition für einen internationalen Strafgerichtshof zusammengefunden. Die bis 1998 auf 800 Gruppen anwachsende Koalition erstellte Analysen und Stellungnahmen zu den rechtlichen und politischen Fragen der Konferenz und agierte nicht nur als lästige Mahnerin von Regierungen, die sich gegen eine Einrichtung des Strafgerichtshofs wehrten, sondern auch als Expertin und Partnerin von Regierungen, die sich, wie zum Beispiel Deutschland, für die Einrichtung des Strafgerichtshofs einsetzten.

Die Stärkung privater Akteure und die Hilfe für Opfer

Transstaatliche Organisationen wie Amnesty International, die Menschenrechtsnormen zu globaler Achtung verhelfen wollen, und nationale Menschenrechtsgruppen, welche das gleiche Ziel mit Blick auf einen bestimmten Staat verfolgen, sind miteinander vernetzt. In diesen Netzwerken bilden sich in der Regel gemeinsame Werte heraus und es werden Informationen ausgetauscht, welche die Handlungsfähigkeit der einzelnen Organisationen erhöhen. Die Solidarität im Netzwerk unterstützt den Erhalt einzelner Organisationen, denn vor allem in Krisensituationen stehen sich die Mitglieder des Netzwerkes bei (Liese 2000). Nicht zu unterschätzen ist die Bedeutung von Solidaritätsbekundungen und die Verleihung von Ehrentiteln von transstaatlichen an nationale NGOs oder die Präsenz transstaatlicher Organisationen bei Gerichtsverfahren. Sie signalisieren den Stellenwert, den die Organisationen der Arbeit nationaler Menschenrechtsaktivist(inn)en beimessen. Indirekt werden nationale Menschenrechts-NGOs so als Vertreter einer nationalen Zivilgesellschaft ausgezeichnet. Hierdurch erhöhen sich die »Kosten« staatlicher Repression, der viele NGOs ausgesetzt sind – die repressive Regierung verliert an Legitimation.

Die Betreuung und Unterstützung der Opfer von Menschenrechtsverletzungen stärkt die Stellung der Individuen im internationalen System. Nichtstaatliche Rehabilitationszentren leisten eine medizinische und psychologische Betreuung der Opfer von Folter und anderen schweren Menschenrechtsverletzungen. Amnesty International und andere NGOs bemühen sich um die Freilassung politischer Häftlinge und organisieren internationalen oder nationalen Protest bei politischer Verfolgung. Schließlich helfen NGOs den Opfern von Menschenrechtsverletzungen Rechtsmittel einzulegen, zum Beispiel bei Individualbeschwerden vor dem Europäischen Gerichtshof für Menschenrechte. So übersetzen die Mitarbeiter(innen) der in London ansässigen NGO *Kurdish Human Rights Project* nicht nur die ihnen aus der Türkei zugetragenen Angaben über Menschenrechtsverletzungen, sondern passen diese formal so an, dass sie den Standards für eine Klage in

Straßburg genügen. Derartige Aktivitäten betreffen zwar »nur« Einzelfälle, zwingen Staaten in eben diesen aber zu Verhaltensänderungen. Die Entscheidungen des Europäischen Gerichtshofs für Menschenrechte werden in der Regel umgesetzt und auch die Individualbeschwerden vor dem VN-Menschenrechtsausschuss erzielen Wirkungen, wenn auch deutlich bescheidenere.[2] Amnesty International wiederum berichtet, dass Protestschreiben und andere Eilaktionen in immerhin 42 von 72 Fällen aus den Jahren 1996 und 1997 zu Haftentlassungen und anderen positiven Entwicklungen geführt haben (Gesterkamp 1998, 18).

Kontrolle und Beschämen normverletzender Staaten

Die Lage der Menschenrechte in einzelnen Ländern zu überwachen, ist seit jeher ein Tätigkeitsschwerpunkt transstaatlicher Menschenrechts-NGOs. Die Erhebung gesicherter Informationen steht dabei im Vordergrund. Transstaatliche Menschenrechts-NGOs beziehen ihre Informationen von Privatpersonen, von Opfern und deren Angehörigen sowie von nationalen Menschenrechtsaktivist(inn)en und Journalist(inn)en. Sie stützen sich – soweit möglich – auf eigene Recherche. Die Informationssammlung und -verbreitung geschieht vor dem Hintergrund der Erfahrung, dass bereits die öffentliche Kenntnis von Menschenrechtsverletzungen weitere verhindern kann. Regierungsstellen wollen nicht, dass Fehlverhalten aufgedeckt wird. Denn dies delegitimiert sie im eigenen Lande und

---

2 Da gesicherte Zahlen über die Beachtung der Ausschussempfehlungen fehlen, sei lediglich darauf verwiesen, dass 30 % der bekannten Reaktionen betroffener Staaten vom Ausschuss selbst als »zufriedenstellend« eingestuft werden (UN Doc. A/50/40: para. 550).

beschädigt ihre Reputation im Ausland. Außerdem entsteht öffentlicher Druck, welcher zum Gesichtsverlust führt und immaterielle Kosten verursachen kann. Da Staaten jedoch eine Fülle an Gegenstrategien und Ausweichtaktiken zur Verfügung stehen, um den öffentlichen Druck zu minimieren, trägt eine derartige Strategie meist nur langfristig Früchte. Sie mag zum Beispiel einen Herrschaftswechsel begünstigen (Risse et al. 1999; Jetschke 2000). Dass Menschenrechtsverletzungen sofort eingestellt werden, ist jedoch die Ausnahme. Als eine solche gilt der Stopp von Folterungen der französischen Armee im Algerienkrieg, dem Enthüllungen des Internationalen Roten Kreuzes und der französischen Presse vorausgingen (Forsythe 1976, 616).

Neuere Tendenzen zur »Entstaatlichung« der Menschenrechtspolitik

Sowohl im Bereich der Normsetzung als auch im Bereich der Normdurchsetzung lassen sich seit einiger Zeit neue Formen der Privatisierung von Menschenrechtspolitik beobachten:

So sind NGOs maßgeblich an der Politisierung des Privaten beteiligt. Sie erweitern das vorherrschende staatszentrierte Menschenrechtsverständnis um nichtstaatlich induzierte Menschenrechtsverletzungen. Weiterhin fordern sie – durchaus erfolgreich – staatliche Verantwortung für Menschenrechtsverletzungen in der Privatsphäre, etwa beim Schutz von Frauen und Kindern vor ihren Männern oder Familien. Diese Erweiterung des Menschenrechtsverständnisses schafft neue Aufgaben für bereits existierende

Frauenrechts- und Kinderrechtsorganisationen und bildet eine Plattform für neu hinzukommende Organisationen.

Zudem zeichnen NGOs nach wie vor für den Bedeutungsgewinn des Individuums im Völkerrecht mitverantwortlich. Zu den bereits existierenden Verfahren der Annahme und Prüfung von Individualbeschwerden unter dem Zivilpakt und den beiden VN-Konventionen gegen Folter und Rassendiskriminierung sollen nun die für die VN-Frauenrechtskonvention und für den Sozialpakt hinzutreten. Privatpersonen werden zunehmend zu Rechtssubjekten, die ihre Rechte gegenüber Staaten auch international einklagen können.

Weil staatliche Zuständigkeit sich in der Folge von Globalisierung verändert und die Bedeutung von Unternehmen und Konzernen zunimmt, versuchen NGOs auch diese in den Menschenrechtsschutz einzubeziehen. Amnesty International veröffentlichte ein Papier mit Menschenrechtskriterien für Wirtschaftsunternehmen, *Human Rights Principles for Companies* (Amnesty International 1998). Danach sollen Firmen Diskriminierung am Arbeitsplatz verhindern, das Recht der Versammlungsfreiheit gewähren und ihre Tätigkeit daraufhin überprüfen, ob sie im Einklang mit den internationalen Menschenrechten steht. Gefordert wird eine explizite Menschenrechtspolitik, welche die Allgemeine Erklärung der Menschenrechte unterstützt. Derartige Vorschläge zur Gestaltung von Arbeitsbeziehungen und anderen Maßnahmen zur Förderung von Menschenrechten ergänzen die Bemühungen von VN-Generalsekretär Kofi Annan, durch den *Global Compact* auch Wirtschaftsunternehmen auf die Achtung der Menschenrechte zu verpflichten.

Zunehmend bemühen sich NGOs auch, die Unterstützung privatwirtschaftlicher Akteure zu gewinnen, um Staaten zur Normeinhaltung zu veranlassen. So suchte Amnesty International Shell dazu zu bewegen, sich für die Freilassung jener Ogoni in Nigeria einzusetzen, welche zuvor gegen die umweltzerstörende Ölförderung durch Shell protestiert hatten.[3] Auch werden NGO-Kampagnen zunehmend auf das Sanktionspotenzial finanzkräftiger westlicher Konsument(inn)en orientiert. Ziel ist es, den ökonomischen Nerv menschenrechtsverletzender Staaten zu treffen, zum Beispiel indem Direktinvestitionen zurückgezogen und Produkte von Verbrauchern boykottiert werden.

Entstaatlichung oder Wandel von Staatlichkeit?

Die beschriebenen Aktivitäten internationaler und nationaler Menschenrechts-NGOs zielen weniger darauf, vormals genuin staatliche Tätigkeiten zu übernehmen, sie wollen einen als mangelhaft wahrgenommenen Menschenrechtsschutz der Außen- und Innenpolitik ergänzen. Als defizitär erachtet werden die Effizienz des internationalen Systems zum Schutz der Menschenrechte als auch vielerorts der nationale Menschenrechtsschutz. Diese Defizite zu beheben ist das Ziel der Menschenrechts-NGOs.

Die Arbeit von NGOs steht also in engem Zusammenhang mit der staatlichen Verantwortung für die Menschenrechte. Schließlich bilden die institutionellen Arran-

---

3 Vgl. das Interview mit Volkmar Deile in der Frankfurter Rundschau vom 12. Oktober 1998.

gements der Staatenwelt den Rahmen für private Akteure aus der Gesellschafts- und auch der Wirtschaftswelt, welche sich für Menschenrechte einsetzen. Vor allem das Menschenrechtsregime der Vereinten Nationen und die hier bestehenden institutionellen Strukturen und Foren festigen die Beziehungen zwischen NGOs und legitimieren ihr politisches Engagement, insbesondere bei der Normsetzung und Normdurchsetzung.

Der Beitrag von NGOs zum internationalen Menschenrechtsschutz stellt insofern eine Ergänzung der Arbeit menschenrechtsfördernder Staaten dar. NGOs »entstaatlichen« Politik deshalb nur dort, wo ihnen staatliche Akteure gegenüberstehen, welche Menschenrechte selbst verletzen oder sich nicht dafür einsetzen wollen, dass die Menschenrechte eingehalten werden.

Schließlich tragen NGOs zu einer Redefinition von Staatlichkeit bei. Es lässt sich eine internationale Regulierung staatlicher Menschenrechtspolitik nicht nur nach innen – im Verhältnis zu den eigenen Bürger(inne)n –, sondern auch nach außen – im Verhältnis zu anderen Staaten – beobachten, welche nicht nur die Achtung, sondern auch die Förderung der Menschenrechte verlangt. Die Handlungsautonomie menschenrechtsverletzender Staaten wird mithin durch neue Formen des Regierens jenseits des Nationalstaats eingeschränkt.

Häufig geraten Menschenrechtsaktivist(inn)en in die Position eines »Feindes« staatlicher oder öffentlicher Akteure, wenn sie als transstaatliche oder innerstaatliche Opposition zu menschenrechtsverletzenden Regierungen und Staatsapparaten agieren. Dies liegt jedoch in der Natur der Menschenrechte, welche vom Staat geachtet, geschützt und gewährleistet werden sollen. NGOs sind nicht

bloß treibende Kraft, wenn es darum geht, Menschenrechtsstandards zu setzen und ihre Durchsetzung zu fördern. Sie leisten darüber hinaus einen Beitrag zu einer
entterritorialisierten Politik, die weltweite Diskurse fördert
und eine globale Wissens- und Wertebasis zur Verfügung
stellt. Gestützt auf eine globale oder zumindest transnationale Wertebasis organisieren NGOs Solidarität mit den
Opfern von Menschenrechtsverletzungen und zeigen sich
vornehmlich die großen internationalen NGOs häufig mit
lokalen NGOs im Süden solidarisch, welche von Regierungen etwa durch Versammlungs- und Vereinigungsver-
bote an ihrer Arbeit gehindert werden.

Implikationen der Privatisierung

Die Privatisierung der Weltpolitik wandelt nicht nur
Staatlichkeit, sie kann auch Aktivitäten kommerzialisieren
und die Entscheidungsfindung in exklusiven Zirkeln begünstigen *(siehe den Beitrag von Hartwig Hummel)*. Trifft
dies auch auf die geschilderten Tätigkeiten von NGOs zu?
    Eine Kommerzialisierung der Menschenrechtspolitik
lässt sich möglicherweise in zwei Bereichen feststellen:
dem der Finanzierung der NGOs und dem des »Verkaufs«
von Dienstleistungen. Im vergangenen Jahrzehnt bildeten
sich viele nationale NGOs nicht mehr aus sozialen Bewegungen und Bürgerrechtsgruppen, sondern als Anbieter
auf einem nationalen und internationalen Dienstleistungssektor. Die größten finanziellen Zuwendungen erhalten
NGOs im Bereich der humanitären Hilfe und der Entwicklungshilfe *(siehe den Beitrag von Bernd Ludermann)*. Da
sie häufig Leistungen für Regierungsstellen, etwa Ent-
wicklungshilfeministerien, oder für internationale Organi-

sationen erbringen, läuft ein Großteil internationaler Gelder durch ihre Kassen. Nicht selten werden diese NGOs mit dreistelligen Millionenbeträgen »genährt«. So wurde beispielsweise das »Einkommen« von Oxfam für 1998 mit 163 Mio. US-$ beziffert. Schätzungen des Roten Kreuzes zufolge geben NGOs insgesamt mehr Geld aus als die Weltbank (The Economist 29.1.2000).

Menschenrechts-NGOs sind nur ein kleiner Teil privater Interessengruppen,[4] im Vergleich zu anderen NGOs sind sie zudem »arm«. Das »große Geld« lässt sich in diesem Politikfeld nicht machen. Den lediglich knapp 200 internationalen und mehreren Tausend nationalen NGOs, die genuin im Bereich des Menschenrechtsschutzes, also nicht der humanitären Hilfe, tätig sind, wird eine vergleichsweise geringe finanzielle Unterstützung zuteil. Dies hat mehrere Gründe.

Zum einen verzichten viele Menschenrechtsorganisationen bewusst auf staatliche Gelder oder Mittel von Oppositionsgruppen und Exilorganisationen, um ihre politische Unabhängigkeit zu wahren. Auch staatskritische NGOs im Süden sind häufig darauf bedacht, nicht Gelder von den Stellen zu beziehen, die sie in den Ruf bringen könnten, ein verlängerter Arm der Regierung zu sein. Zum anderen werden NGOs nicht selten von ihren Regierungen abgehalten, ausländische Zuwendungen entgegenzunehmen. Ägyptische NGOs, die vornehmlich die Einhaltung

---

4 Angaben der Vereinten Nationen zufolge existierten 1995 an die 25.000 internationale NGOs (The Economist, 29.1.2000, Sins of the secular missionaries). Schätzungen gehen allein in den USA von zwei Mio. nationalen NGOs aus. In Russland sollen es sogar 65.000 sein – einem Staat, in dem es bis vor zehn Jahren noch so gut wie keine institutionalisierte Zivilgesellschaft gab.

politischer Menschenrechte und bürgerlicher Freiheiten überwachen, sollen gegenüber NGOs, die im Bereich der Menschenrechtserziehung tätig sind und sich für wirtschaftliche Rechte oder den Schutz von Frauen einsetzen, diskriminiert werden, wenn die ägyptische Regierung Gelder ausländischer Stiftungen, Geberorganisationen und fremder Regierungen zuweist.[5]

Doch wie finanzieren sich Menschenrechts-NGOs dann? Und wie ist es um ihre finanzielle Unabhängigkeit bestellt? Amnesty International ist eine Organisation, die sich ausschließlich aus Spenden und Beiträgen ihrer mehr als eine Mio. Mitglieder und Förderer finanziert.[6] Wenn Menschenrechts-NGOs nicht vorrangig Mitgliederorganisationen sind, sind sie auf andere Finanzquellen angewiesen. Dies gilt auch für große internationale NGOs wie *Human Rights Watch* oder NGO-Koalitionen wie die *Coalition for an International Criminal Court* (CICC), welche bewusst auf eine breite Mitgliederbasis verzichten und sich auf Lobby- und Öffentlichkeitsarbeit beschränken. Meist sind diese NGOs von wenigen Großspendern, Stiftungsgeldern und teilweise gar staatlichen Zuwendungen abhängig.[7]

---

5 Vgl. Al-Ahram Weekly, 21-28 August 1999, Human Rights and the Numbers Game.

6 1996 waren dies 16 Mio. britische Pfund (Amnesty International 1997).

7 *Human Rights Watch* wird größtenteils von Stiftungen (zum Beispiel der *Ford Foundation)* finanziert (Nuscheler 1998, 12), die NGO-Koalition CICC wird sowohl von der *Ford Foundation* und der *MacArthur Foundation* unterstützt, erhält aber auch Regierungsgelder Deutschlands, Liechtensteins, Neuseelands, Norwegens, der Schweiz und Großbritanniens. Vgl. ihre Homepage http://www.igc.apc.org/icc/index.html.

Inwieweit dies die politische Unabhängigkeit der NGOs beeinträchtigt, ist schwer abzuschätzen. Die Organisationen betonen ihre freie Meinungsbildung und Entscheidungsmacht, andere Stimmen bezweifeln diese. Zweifel äußern vor allem jene Organisationen, die wie Amnesty International öffentlich-private Finanzierungspartnerschaften ostentativ ablehnen (Deile 1998, 107).

Es ist keine Seltenheit, dass lokale von internationalen NGOs unterstützt werden. Projektbezogene finanzielle Unterstützung vergeben unter anderen *medico international* (BRD), *International Bar Association* (England), *European Human Rights Foundation* (Belgien), *Norwegian Human Rights Fund* (Norwegen) und *World Organization Against Torture* (Schweiz). Auch in diesen Fällen steht zu befürchten, dass sich die »Empfänger«-NGOs vornehmlich jenen Bereichen zuwenden, die für die »Geber«-NGOs von Interesse sind, etwa dem *Monitoring* oder bestimmten Kampagnen. Der mögliche Verlust von Unabhängigkeit wird von NGOs im Süden zwar kritisch diskutiert, es fehlt aber häufig die Alternative.

Die finanzielle Abhängigkeit von Lobby-NGOs, die sich nicht ausreichend über Mitgliederbeiträge finanzieren können, birgt ein weiteres Problem. Sie ermöglicht es Regierungen, unliebsame NGOs in existenzbedrohende Schwierigkeiten zu bringen. Es ist vorgekommen, dass NGOs ihre Arbeit einstellen mussten, weil sie von ihren Regierungen abgehalten wurden, private oder staatliche Mittel aus dem Ausland anzunehmen. So gab die *Egyptian Organization for Human Rights* im August 2000 auf, nachdem ihr über zwei Jahre die Annahme ausländischer Spenden verweigert worden war.

Auch im Bereich der Menschenrechte lässt sich ein gewisser Kommerzialisierungstrend beobachten, nachdem nicht nur Staaten, sondern auch Unternehmen menschenrechtliche Vorgaben gemacht werden *(siehe den Beitrag von Rainer Braun).* Firmen wie Benetton »werben« regelrecht mit einer freiheitlich orientierten *corporate identity.* Nicht nur Ikea kann es sich nicht leisten, mit Kinderarbeit in Verbindung gebracht zu werden. Problematisch ist, dass weder im *Global Compact* noch sonst ein Verfahren vorgesehen ist, das die Unternehmen bei der Einhaltung ihrer Versprechungen überwacht. Firmen werden also, anders als Staaten, (noch) nicht an ihren Worten gemessen.

Problematisch ist zudem, dass mit den steigenden Anforderungen an die Achtung der Menschenrechte, Informationen über Verletzungen einen neuen, bisweilen kommerziellen Stellenwert erhalten. Auch hier setzt also Kommerzialisierung ein: der »Handel« mit Informationen über Menschenrechtsverletzungen.

Während etwa das internationale Sekretariat von Amnesty International seine Berichte kostenlos im Internet zur Verfügung stellt und lediglich darauf verweist, dass Spenden zur Deckung der Kosten für Recherchen willkommen sind, hat die dänische Sektion im Herbst 1997 einen *Business Club* eröffnet, der beigetretene Firmen gegen einen jährlichen Mitgliedsbeitrag von 2.000 bis 10.000 Kronen (abhängig vom Firmenumsatz) mit zusätzlichen Informationen über die weltweite Menschenrechtslage versorgt.[8] Den sich beteiligenden Unternehmen steht gleichsam ein persönlicher Ansprechpartner im dänischen Sekretariat

---

8 Vgl. Dirk Schümer, Garantiert folterfrei. Ein ganz neuer Markt, FAZ 1.10.1997 und die Angaben auf der *Webpage* der dänischen AI-Sektion unter http://www.amnesty.dk/.

der NGO zur Verfügung, von dem sie Informationen beziehen und sich in Menschenrechtsfragen beraten lassen können. Hierdurch ließe sich die betriebliche Investitionspolitik mit Menschenrechtler(inne)n absprechen und das finanzielle Risiko, etwa durch Verbraucherproteste, im Vorfeld minimieren. Schließlich veranlassten Verbraucherproteste beispielsweise Carlsberg, Heineken und Pepsi-Cola im Jahre 1996 sich aus Burma zurückzuziehen.

Wenn es zu den etwa von Amnesty gewünschten Menschenrechtsklauseln im deutschen Außenwirtschafts- und Kriegswaffenkontrollgesetz kommt, werden Informationen über Menschenrechtsverletzungen – oder genauer: gesicherte Daten von nichtstaatlichen Stellen – an Bedeutung gewinnen. Sie können zum Beispiel von Unternehmensberatungen für ihre Länder-*Rankings* genutzt werden.

Sollten diese Entwicklungen voranschreiten und neben Staaten zunehmend auch Unternehmen an ihrer menschenrechtlichen Leistung gemessen werden, so ist zu erwarten, dass die Bedeutung von Informationen über Menschenrechtsverletzungen weiter ansteigt. Es stünde zu befürchten, dass dann auch Unternehmen versuchen, den Inhalt der Berichte über Menschenrechtsverletzungen in ihrem Sinne zu beeinflussen. Staaten tun dies seit langem, etwa wenn sie NGOs behindern, Informationen zu sammeln oder wenn sie die Entstehung regierungsnaher Menschenrechtsorganisationen fördern. Daher liegt es im Interesse der internationalen und nationalen Öffentlichkeit, dass NGOs weitgehend unabhängig bleiben. Wie ist es aber um die öffentliche Kontrolle von Menschenrechts-NGOs bestellt?

Das Urteil einem exklusiven Zirkel anzugehören, haftet NGO-Mitgliedern nicht an, gelten NGOs doch auf nationaler wie globaler Ebene als Ausdruck oder Vorboten einer Zivilgesellschaft. In der Tat ist der Zugang zu transstaatlichen und lokalen Menschenrechtsgruppen in der Regel nicht restriktiv geregelt. Bei einer basisorientierten Massenorganisation wie Amnesty International mitzuarbeiten ist leichter als in einem Unternehmerverband. Dessen ungeachtet vertreten alle Menschenrechtsorganisationen Partikularinteressen; der Rahmen ihrer Arbeit wird durch eine Satzung und einen Vorstand festgelegt. Auch wenn NGOs zu Recht als Stimme der Zivilgesellschaft oder der außerparlamentarischen Opposition bezeichnet werden, müssen sie nur bedingt in einer nationalen Gesellschaft verwurzelt sein. Dies gilt insbesondere für die mitgliederschwachen, spezialisierten Berufsgruppenorganisationen wie den Reportern ohne Grenzen oder der Internationalen Juristenkommission und für viele kleine lokale Menschenrechtsorganisationen, die vornehmlich die Interessen von Minderheiten vertreten oder aus anderen Gründen auf eine lediglich kleine Anhängerschaft verweisen können.

Letztlich bewegen sich vor allem nationale NGOs, welche die Menschenrechtslage im eigenen Staat kritisieren, weniger in einer nationalen denn einer internationalen Zivilgesellschaft, welche sich unterhalb des Staatensystems ausbildet. Transnationale Bindungen lassen sich anhand finanzieller, personaler und solidarischer Ressourcentransfers nachweisen. Gestützt auf Finanzierung und Solidarität durch ihre Partner in aller Welt benötigen manche NGOs keinen Rückhalt in der nationalen Bevölkerung, was sich als Ausdruck der Exklusivität der Organisation deuten lässt. Da zudem das kooperative Umfeld und die »Abnehmer« ihrer Informationen eher in der internationalen Szene der Menschenrechtsschützer(innen) zu finden sind, ist die Arbeit einiger Organisationen mitunter wesentlich auf die Bedürfnisse des transstaatlichen Netzwerkes zugeschnitten, weniger auf die der nationalen Gesellschaft oder Kultur. Es ist sicher kein Zufall, dass über Menschenrechtsverletzungen an türkischen Kurden zur Zeit weitaus mehr Informationen verbreitet werden als über jene an türkischen Islamisten.

Je nachdem wie hoch die Einflussmöglichkeiten der Menschenrechts-NGOs sind – oder inwieweit sie von ihren transstaatlichen Partnern als Repräsentant(inn)en der Zivilgesellschaft angesehen werden –, entsteht ein Legitimitätsdefizit mit konflikthaftem Potenzial. So werden Menschenrechtsorganisationen, die sich vorwiegend für die Menschenrechte einer terroristischen Organisation einsetzen, im fraglichen Land schwerlich als legitime Fürsprecher gesellschaftlich relevanter Werte und Interessen, sondern allenfalls als Repräsentanten partikularer Interessen angesehen werden. Und vor allem jene internationalen NGOs, die sich an der Setzung und der Implementierung internationalen Rechts beteiligen, sind augenscheinlich intern nicht immer demokratisch organisiert und auch nicht gegenüber wirtschaftlichen Interessen resistent.

Privatisierung der NGO-Arbeit: Ein Beitrag zu einer effektiveren und demokratischeren Menschenrechtspolitik?

NGOs erhöhen die Transparenz innerstaatlicher und internationaler Menschenrechtspolitik und tragen maßgeblich dazu bei, dass die einzelnen Bürger und Bürgerinnen ihre Rechte gegenüber Staaten einfordern können. Durch ihre menschenrechtsbezogene Aufklärungs- und Bildungsarbeit erhöhen NGOs zudem die Kompetenz nationaler und internationaler Öffentlichkeit und leisten so einen indirekten Beitrag zum Menschenrechtsschutz. Zumindest im Rahmen nationaler Entscheidungs- und Implementationsprozesse werden die Handlungs- und Partizipationsmöglichkeiten aufgeklärter Bürger(inne)n somit durch NGOs gestärkt. Ist es diesen Bürger(inne)n aufgrund der geschilderten Tendenzen zu Exklusivität, Selektivität und Kommerzialisierung aber verwehrt, sich in internationale Normsetzungs- und Normdurchsetzungsprozesse einzubringen, so kann der Beitrag von NGOs zur Demokratisierung internationalen Regierens nicht als gleichermaßen hoch eingestuft werden.

Auch wenn man den direkten Menschenrechtsschutz – weniger Verletzungen, mehr Rechtsgewährung – als Maßstab nimmt, so ist die zunehmende Privatisierung der Menschenrechtspolitik eher positiv denn negativ zu beurteilen. Obwohl das Engagement von NGOs nicht immer (und nur selten sofortige) Verbesserungen nach sich zieht, bewirkt es zumindest in geringerem Ausmaß das Gegenteil[9] und erleichtert staatlichen Akteuren und zwischenstaatlichen Organisationen die Setzung und Durchsetzung von Menschenrechtsnormen. Wenngleich Staaten nach wie vor viele Schlupflöcher haben, sich ihren Aufgaben beim Schutz und bei der Durchsetzung von Menschenrechten zu entziehen, so werden diese dank der Koalition von

---

9 Unter vielen autoritären Regimen und in Ländern mit rechtsstaatlichen Defiziten werden nach einer ersten intensiven Kritik an Menschenrechtsverletzungen Regierungsgegner verstärkt unterdrückt (Risse at al. 1999; Liese 2000).

innerstaatlichen und transstaatlichen NGOs sowie völkerrechtlichen Organen doch kleiner. Menschenrechtsverletzungen können heute nicht mehr so leicht geleugnet werden, Verantwortung kann nicht mehr so leicht abgelehnt
und nationale Menschenrechtsgruppen können nicht mehr
so leicht unterdrückt werden, wie noch vor Jahren. Auch
die Einbeziehung von privaten Wirtschaftsunternehmen
zieht das Netz, welches NGOs und internationale Organisationen um Staaten legen, fester.

Literatur

Amnesty International, 1997: Facts and Figures about Amnesty
    International and its Work for Human Rights, London: Press
    Release ORG 10/03/97.
Amnesty International, 1998: Human Rights Principles for Compa-
    nies, London: Report ACT 70/01/98.
Deile, Volkmar, 1998: Können Nichtregierungsorganisationen einen
    Beitrag zum Menschenrechtsschutz leisten?, in: Gerhart Baum/
    Eibe Riedel/Michael Schäfer (Hg.), Menschenrechtsschutz in der
    Praxis der Vereinten Nationen, Baden-Baden, S. 101-118.
Finke, Barbara, 1998: Die internationale Kampagne »Frauenrechte
    sind Menschenrechte«. Eine institutionentheoretische Analyse
    der Rolle von Nichtregierungsorganisationen im Menschen-
    rechtsregime der Vereinten Nationen, Mannheim: Arbeitspapier
    des Mannheimer Zentrums für Europäische Sozialforschung.
Finnemore, Martha, 1996: National Interest in International Society,
    Ithaca.
Forsythe, David P., 1976: The Red Cross as Transnational Move-
    ment: Conserving and Changing the Nation-State System, in:
    International Organization, Vol. 30, Nr. 4, S. 607-630.
Gesterkamp, Harald, 1998: Die Erfolge sind sichtbar, in: ai-Journal 3,
    S. 18.
Jetschke, Anja, 2000: International Norms, Transnational Human
    Rights Networks and Domestic Political Change in Indonesia

and the Philippines, PhD Thesis, Department of Political and Social Sciences, European University Institute, Florence.

Keck, Margaret E./Kathryn Sikkink, 1998: Activists Beyond Borders. Advocacy Networks in International Politics, Ithaca/London.

Khalil, Georges, 1997: Demokratie- und Menschenrechtsorganisationen in Ägypten, in: Orient 38: 3, S. 456-465.

Liese, Andrea, 2000: ›Räuber und Gendarm‹. Die Türkei und das transstaatliche Netzwerk zum Schutz von Menschenrechten in der Türkei, in: Faist, Thomas (Hg.), Transstaatliche Räume. Wirtschaft, Politik und Kultur in und zwischen Deutschland und der Türkei, Bielefeld, S. 299-338.

Nuscheler, Franz (unter Mitarbeit von Brigitte Hamm) 1998: Die Rolle von NRO in der internationalen Menschenrechtspolitik (Gutachten für die Friedrich-Ebert-Stiftung), Bonn.

Risse, Thomas/Stephen C. Ropp/Kathryn Sikkink (Eds.), 1999: The Power of Human Rights. International Norms and Domestic Change, Cambridge.

Rainer Braun

Konzerne als Beschützer der Menschenrechte?
Zur Bedeutung von Verhaltenskodizes

Die Diskussion um Menschenrechte hat sich in den vergangenen Jahren deutlich gewandelt. Während in der Vergangenheit die bürgerlichen und politischen Rechte im Mittelpunkt des ›westlichen‹ Menschenrechtsdiskurses standen (Steiner/Alston 1996, 269f.), erfahren die wirtschaftlichen, sozialen und kulturellen Menschenrechte (WSK-Rechte) derzeit eine wichtige und lange überfällige Aufwertung.

Dies erklärt sich teilweise aus der Aufmerksamkeit, die das UN-System den WSK-Rechten als untrennbarem Bestandteil der Menschenrechte neuerdings widmet. Insbesondere die Wiener Menschenrechtskonferenz (1993), der Weltsozialgipfel (1995) und die Weltfrauenkonferenz (1995) betonten die Interdependenz aller Menschenrechte. Die Aufwertung erklärt sich weiterhin aus der ›gewonnenen Schlacht‹ um die bürgerlichen und politischen Rechte, für deren Erfüllung zwar weiterhin gekämpft werden muss, deren Relevanz und Universalität allerdings nicht mehr ernstzunehmend in Frage gestellt werden. Der wichtigste Grund, ›die zweite Generation‹ der Menschenrechte einzufordern, liegt jedoch in der Globalisierungsdiskussion, die die soziale Gerechtigkeit der neuen internationalen Wirtschaftsordnung hinterfragt.

Globalisierung und Menschenrechte sind auf zweierlei Art miteinander verknüpft. Zum einen können heute aufgrund der neuen Informationstechnologien Nachrichten über Menschenrechtsverletzungen in kürzester Zeit verbreitet und Kampagnen zu ihrer Bekämpfung mit einer großen Zahl von Gruppen diskutiert werden. Dabei kommen viele Gruppen zum ersten Mal mit Menschenrechtsargumentationen in Berührung. Zum anderen ist Globalisierung, besonders als Organisationsprinzip eines liberalisierten internationalen Wirtschaftssystems, ein Prozess der Einschränkung des politischen Handlungsspielraumes von Staaten, deren operationale Souveränität sowohl intern als auch extern herausgefordert wird (Reinicke 1997, 129). Wenn sich auch geopolitisch mächtige Staaten, und besonders Blöcke wie die Europäische Union, diesen Spielraum zurückerobern könnten, sieht sich die überwiegende Zahl der Entwicklungsländer einem Souveränitäts- und Autoritätsverlust nach innen ausgesetzt.

Wir haben es also mit einer Zunahme des menschenrechtlichen Bewusstseins in der breiten Öffentlichkeit bei gleichzeitigem Rückgang der Autorität desjenigen Akteurs zu tun, der für die Verwirklichung von Menschenrechten verantwortlich ist. Das Resultat ist eine Zuständigkeitslücke, in die privatwirtschaftliche Unternehmen teils gedrängt werden, teils sich selbst drängen. Die Fragestellung dieses Aufsatzes lautet, welche Konsequenzen sich aus dieser Verantwortungsverschiebung ergeben. Als Beispiel dient die Diskussion um die Verletzung von Arbeitnehmerrechten in den Exportindustrien in Entwicklungsländern.

Globalisierung und Menschenrechte

Globalisierung ist ein nur schwer abzugrenzender Begriff, aber einer seiner zentralen Inhalte ist zweifellos die internationale Integration von Produktionsprozessen (*global sourcing*), das heißt die Möglichkeit, einzelne Arbeitsschritte der Güterherstellung weltweit zu verteilen (Hoffmann 1999). Insbesondere in traditionellen Niedriglohnindustrien wie der Bekleidungsindustrie hat diese neue internationale Arbeitsteilung zu dramatischen Veränderungen geführt. Die Importquote für Bekleidung beispielsweise liegt in den USA inzwischen bei über 60 %, während sie 1980 noch unter 30 % lag – Tendenz steigend (AAMA 1996, 1998). Bei einigen Produkten, zum Beispiel Sportschuhen, scheint es mittlerweile unmöglich, ein Paar zu erwerben, das nicht in einem Entwicklungsland hergestellt wurde.

Gründe für diese rasche Veränderung sind neben den Kostensenkungen im Kommunikations- und Transportwesen, die es Unternehmen erlauben, Produktionsaufträge weltweit zu verteilen, vor allem das generell freihändlerische Klima der internationalen Wirtschaftsbeziehungen. Dieser politische Aspekt drückt sich auf Seiten der USA durch die Bereitschaft aus, als *buyer of last resort* seit Jahren gewichtige Handelsbilanzdefizite in Kauf zu nehmen. Auf Seiten der Entwicklungsländer zeigt er sich im Festhalten am Entwicklungsparadigma exportorientierten Wachstums. Entwicklungsländer sind weiterhin überschuldet, unterkapitalisiert und abhängig von Import-Technologien und brauchen daher Exporteinnahmen. Durch eine arbeitgeberfreundliche Gesetzgebung versuchen die meisten Entwicklungsländer, investitionsfreundliche Signale an die Außenwelt zu senden.

Die besondere Leistung der Globalisierungsdiskussion liegt darin, aufzuzeigen, welche Auswirkungen diese Integration der Produktion auf die Arbeitnehmer in den Exportindustrien der Entwicklungsländer hat. Zahlreiche Kampagnen in den USA und Europa (hier besonders die *Clean Clothes Campaign*) haben gezeigt, dass der soziale Preis für die gewonnenen Arbeitsplätze in vielen Fällen zu hoch ist, um die Vorteile der neuen Arbeitsteilung – Arbeitsplatzschaffung in Ländern mit hoher Unterbeschäftigung oder gesamtwirtschaftliche Wohlfahrtsgewinne durch Nutzung komparativer Vorteile im internationalen Handel – zu rechtfertigen. Konkret geht es bei diesem sozialen Preis um Kinderarbeit, unmenschliche Arbeitsbedingungen, Unterbezahlung, Unterdrückung von Gewerkschaften und sexuelle Belästigung von Arbeitnehmerinnen: allesamt Verletzungen von Menschenrechten. Menschenrechtsorganisationen sowie Kirchen- und Solidaritätsgruppen haben es in einem bemerkenswerten Ausmaß geschafft, die breite Öffentlichkeit im Norden für diese Probleme zu sensibilisieren. Die Strategie der meisten Gruppen ist dabei zweigleisig: Zum einen argumentieren sie gegen die Ungerechtigkeit des globalen Wirtschaftssystems, zum anderen zeigen sie Menschenrechtsverletzungen auf. Beides mündet dann in der Forderung nach sozialverträglichen Produktionsmethoden.

Die wirtschaftlichen und sozialen Menschenrechte sind in dieser Diskussion leicht instrumentalisierbar, da sie als internationale Normen die kulturellen und ökonomischen Unterschiede zwischen Industrie- und Entwicklungsländern nicht berücksichtigen müssen. So kann die Begründung, aufgrund des niedrigeren Entwicklungsstandes ihres Landes dürften Arbeitnehmer sich nicht gewerkschaftlich organisieren, oder Arbeitnehmerinnen müssten sich aufgrund kultureller Traditionen von ihren Vorgesetzten sexuell belästigen lassen, verworfen werden.

Darüber hinaus sind Menschenrechte permanent gültig. Regierungen können sie nicht suspendieren, wenn es ökonomisch opportun erscheint. Dennoch versuchen sie es immer wieder – zum Beispiel in Honduras, als das Gesetz zur Schaffung der ersten Freihandelszone erlassen wurde (Ley Constitutiva de la Zona Libre de Puerto Cortes, Decreto Numero 356, 19. Julio 1976). Die Freihandelszone von Puerto Cortes sollte Investoren anlocken, die dort zoll- und steuerfrei angelieferte Güter weiterverarbeiten und wieder ausführen konnten. Die Freihandelszone stand unter Aufsicht der Hafenbehörde (Art. 21); daher wurden alle Arbeitnehmer in der Zone Staatsangestellten gleichgestellt, obwohl sie für Privatunternehmen arbeiteten. Staatsangestellte wiederum dürfen nicht streiken, ähnlich dem deutschen Beamtenrecht. Mit diesem legalistischen Trick konnte Honduras geneigten Investoren garantieren, dass es zu keinerlei gewerkschaftlicher Organisation kommen werde.

Außerdem sind Menschenrechte leicht verständlich. Die drei zentralen Texte, die Allgemeine Erklärung der Menschenrechte von 1948, der Internationale Pakt über bürgerliche und politische Rechte (Zivilpakt) und der Internationale Pakt über wirtschaftliche, soziale und kulturelle Rechte (Sozialpakt), die beide 1966 von der UN-Generalversammlung verabschiedet wurden, bilden zusammen die *International Bill of Human Rights*. Sie sind leicht zugänglich und ihre Inhalte sind ohne weiteres nachvollziehbar. Kein Akteur im internationalen System kann sich aus seiner Verantwortung stehlen, indem er

Unwissen vortäuscht. Dies gilt ebenso für privatwirtschaftliche Akteure, auch wenn sie keine Subjekte des Völkerrechts sind.

Was haben Konzerne mit Menschenrechten zu tun?

Innerhalb der Globalisierungsdebatte nehmen Transnationale Konzerne (TNK) eine zentrale Rolle ein. Sie werden zunehmend als die neue, entscheidende Organisationseinheit internationaler Politik gesehen. Staaten werden dagegen zum nachgeordneten Akteur: Sie werben um Investitionen der Unternehmen und unterbieten sich dabei gegenseitig, zum Beispiel durch großzügige Umweltauflagen, Steuerentlastungen oder die Beschneidung von Arbeitsrechten. TNK können sich so über nationale und regionale Kontrollmechanismen hinwegsetzen, ohne im internationalen Rahmen auf bindende Regelwerke zu stoßen. Ihre Verhandlungsposition wird immer stärker, da sie sowohl gegenüber Regierungen als auch Arbeitnehmern damit drohen können, das Land wieder zu verlassen. Durch diesen Machtzuwachs sind TNK in der Menschenrechtsdiskussion zu Akteuren von enormer Wichtigkeit aufgestiegen.

Die im internationalen Recht vorherrschende Meinung besagt, dass nur Staaten Menschenrechte verletzen können, da nur Staaten Vertragsparteien von Menschenrechtsvereinbarungen sind.[10] Wenn zum Beispiel in einem Sektor einer nationalen Industrie das Recht, sich in Gewerk-

---

10 Eine Ausnahme ist die Völkermordskonvention (Art. IV).

schaften zusammenzuschließen, suspendiert wird, dann hat der betreffende Staat gegen Artikel 8 des Sozialpaktes, gegen Artikel 22 des Zivilpaktes oder gegen die Konventionen der Internationalen Arbeitsorganisation (ILO) Nummer 87 und 98 verstoßen – vorausgesetzt er ist Vertragspartei.[11] Der Staat ist dementsprechend für die Wiederherstellung der Menschenrechtskonformität zuständig.

Da Staaten jedoch teilweise nicht willens, teilweise aber auch nicht in der Lage sind, Menschenrechte durchzusetzen, vermehren sich die Stimmen, die auch nicht-staatliche Akteure in die Verantwortung einbeziehen wollen. Dabei stehen TNK an oberster Stelle, gleichgültig ob dies systemisch oder pragmatisch begründet wird: systemisch, wenn ihnen direkte Mittäterschaft bei Menschenrechtsverletzungen unterstellt wird, pragmatisch, wenn sie als vergleichsweise leicht angreifbare Ziele für Kampagnen im industrialisierten Norden dienen. Die erwähnten erfolgreichen Kampagnen waren gezielt gegen TNK gerichtet, die entweder direkt oder indirekt mit Menschenrechtsverletzungen in Entwicklungsländern in Verbindung gebracht werden. Markennamen wie Adidas, Nike oder Reebok haben es möglich gemacht, Menschenrechtsproblematiken von der abstrakten Ebene politischer Auseinandersetzungen des Kalten Krieges auf die Ebene von Millionen Turnschuhbenutzern herunterzuführen.

---

11 Das Recht auf Vereinigungsfreiheit, das einzige Recht, das ausdrücklich in beiden Menschenrechtskonventionen genannt ist, ist von zentraler Bedeutung in der Diskussion um die Verbesserung von Arbeitsbedingungen. Eine Sonderausgabe der International Labour Review (1998) diskutiert das Verhältnis von Menschen- und Arbeitsrechten ausführlich. Weiter spielt es eine zentrale Rolle für den Demokratisierungsprozess in Entwicklungsländern (Stiglitz 2000).

Welche Gefahren und Chancen liegen nun darin, die Diskussion um Menschenrechte von der staatlichen auf die privat(wirtschaftlich)e Ebene zu verschieben? Die Beantwortung der Frage wird durch drei Faktoren erschwert:

Heterogenität von Transnationalen Konzernen

TNK verfolgen höchst unterschiedliche Ziele und handeln unter unterschiedlichen Bedingungen. Mit Ausnahme des Profitmotivs hat jedes Unternehmen seine eigenen Motive, international zu agieren. Dazu können neben Kostensenkung, Markterschließung, die Nutzung des lokalen Knowhows oder die Vermeidung staatlicher Aufsicht in Umwelt- oder auch Forschungsfragen (zum Beispiel bei der Gen- und Biotechnologie) gehören. Die Motive jedes einzelnen Unternehmens wirken auf die Führungsphilosophie des Managements ein und beeinflussen die Menschenrechtsverträglichkeit seiner Operationen.

Auch unterliegen die Unternehmen unterschiedlichen inneren und äußeren strukturellen Zwängen. So wirken sich die Eigentumsverhältnisse fraglos auf die Unternehmensführung aus. Ein Unternehmen in Privatbesitz kann sich auf eine Diskussion über Geschäftspraktiken einlassen, die die Gewinne des Unternehmens kurzfristig drücken könnten. Einer Aktiengesellschaft hingegen, die vierteljährlich ihre Profitabilität ausweisen muss, fällt dies sehr viel schwerer. In Familienbetrieben, die zumindest im Bekleidungshandel eine nennenswerte Bedeutung haben, kann außerdem das persönliche Engagement der Inhaber eine Rolle spielen. Denn die Inhaber identifizieren sich mit der Firma oder sorgen sich um das Ansehen der Familie. Bei anderen Besitzverhältnissen ist diese persönliche Identifikation mit dem Unternehmen sehr viel schwächer, da Manager ihre Firmen und auch Branchen jederzeit wechseln können.

Äußere Bedingungen hingegen sind die Wettbewerbssituation und die Marktsegmente, die vom Unternehmen bedient werden. Eine monopolistische oder oligopolistische Branchenstruktur lässt Unternehmen anders agieren als ein Umfeld mit einer Vielzahl von Wettbewerbern. Ein Massen- und Niedrigpreisanbieter wiederum, der in erster Linie über den Warenpreis konkurriert, muss andere Geschäftsstrategien verfolgen als ein *Haute-Couture*-Modeproduzent, der nicht im Preis-, sondern im Imagewettbewerb steht.

Mittelbarkeit der Präsenz

Ob TNK die Situation der Menschenrechte in einem Entwicklungsland verbessern oder nicht hängt auch davon ab, ob sie selbst vor Ort unter eigenem Namen produzieren oder lokale Unternehmen lediglich als Zulieferbetriebe nutzen. Im erstgenannten Fall lässt sich im allgemeinen eine bessere Menschenrechtsbilanz ziehen als im letztgenannten. In der Bekleidungsindustrie werden allerdings, wenn international produziert wird, überwiegend ›eigenständige‹ Zulieferbetriebe in Anspruch genommen.

Für die Exportfabriken in der Bekleidungsbranche in Zentralamerika beispielsweise gilt generell, dass Niederlassungen US-amerikanischer Firmen ihre Arbeiter besser behandeln als asiatische oder lokale Investoren. Das soll nicht heißen, dass dort paradiesische Zustände herrschen, aber im Vergleich zu anderen Investoren gilt die Präsenz von US-Firmen vielerorts als wünschenswert (siehe unten:

Katalysatoreffekt). Der hier zu beobachtende positive Einfluss von TNK lässt sich jedoch nicht ohne weiteres auf Direktinvestitionen in anderen Industriezweigen, wie zum Beispiel der Mineralölindustrie, übertragen.

Katalysatoreffekt

Viele Akteure im Süden sehen TNK als wichtige Katalysatoren für gesellschaftlichen Fortschritt, da sie althergebrachte paternalistische, teilweise quasi-feudalistische Strukturen durchbrechen, moderne Produktionstechniken und Managementsysteme einführen und insgesamt oftmals bessere Arbeitsbedingungen bieten als lokale Arbeitgeber.

Insbesondere bei Frauen in Entwicklungsländern kann die Beschäftigung im formalen Sektor der Exportindustrie das politische Bewusstsein stärken und Handlungsspielräume öffnen (Tiano 1994, 194-219). TNK bieten eine wichtige Arbeitsplatzalternative an, und ihre überlegenen Geschäftspraktiken im Umwelt- oder Personalmanagement haben Signalwirkung für lokale Firmen. Arbeitnehmer in Entwicklungsländern kommen daher gelegentlich zu einer wohlmeinenderen Einschätzung von TNK, als firmenkritische Aktivisten in Industrieländern es sich wünschen.

Die Wirkung von TNK auf die Verwirklichung von Menschenrechten ist also durchaus nicht eindeutig. Und nicht nur das Unternehmen und seine Handlungsbedingungen, sondern auch das Empfängerland spielen eine wichtige Rolle. Länder wie Indien oder Brasilien können aufgrund ihrer Bedeutung als Zukunftsmärkte anders mit TNK verhandeln als Jamaika oder Mali. Ein besonders interessanter Fall ist China, das aufgrund seiner geopolitischen Macht und seiner vielversprechenden ökonomischen Perspektiven TNK Bedingungen diktieren kann. Unglücklicherweise haben Menschenrechte hier keine Priorität.

Verhaltenskodizes: operationalisierte Sozialverträglichkeit

Das meist diskutierte Mittel, mit dem TNK in jüngster Zeit in die Menschenrechtsdiskussion einbezogen wurden, sind sogenannte Verhaltenskodizes. Ein Verhaltenskodex, oder *Code of Conduct* (CoC), ist eine freiwillige Absichtserklärung eines Unternehmens, in dem es seine angestrebten Geschäftspraktiken bekannt gibt. CoC haben eine zweifache Außenwirkung: Der Öffentlichkeit gegenüber dienen sie als Information über die Absichten des Unternehmens; für Mitarbeiter und Zulieferer sind sie Auflagen, die es zu erfüllen gilt. Ein CoC kann sich auf einzelne Politikfelder wie die Umwelt- oder Sozialverträglichkeit beziehen oder eine Kombination von Themen ansprechen.

CoC gehen auf die Initiative einzelner Unternehmen zurück, die sich gezwungen sahen, öffentlicher Kritik zu begegnen. Als Berichte über ausbeuterische Arbeitsbedingungen und besonders über Kinderarbeit mit bemerkenswerter Hartnäckigkeit in den US-Medien auftauchten, entstanden sie zu Beginn der neunziger Jahre vornehmlich in der US-amerikanischen Bekleidungsindustrie. Die *Global Sourcing & Operating Guidelines*, die Levi Strauss & Co. 1991 veröffentlichte, gelten als der erste Verhaltenskodex. Aufgrund des anhaltenden öffentlichen Interesses ist es mittlerweile zumindest in der Bekleidungsbranche fast selbstverständlich, dass ein CoC die Sozialverträglichkeit der Produktion anspricht.

In der Regel bauen CoC selektiv auf weitgehend akzeptierten internationalen Normen auf. Dazu zählen insbesondere die Dokumente der *International Bill of Human Rights*, das Übereinkommen über die Rechte des Kindes und verschiedene Konventionen der Internationalen Arbeitsorganisation (ILO).[12] Kinder- und Zwangsarbeit werden fast immer ausdrücklich verurteilt, Geschlechterdiskriminierung gelegentlich, die Unterdrückung von Gewerkschaften jedoch fast nie. Die Sara Lee Corporation, einer der größten US-amerikanischen Bekleidungshersteller, spricht sich in ihren *International Operating Principles* sogar offen gegen Gewerkschaften aus:

> »[Sara Lee] vertraut auf eine gewerkschaftsfreie Umgebung, wenn nicht Gesetz und Kultur etwas anderes von uns verlangen ... [Sara Lee] spricht sich für individuelle Freiheit und direkte Verhandlungen zwischen Angestellten und Management aus, während sie sich ausdrücklich gegen gewerkschaftliche Vertretung ausspricht, wo es das Gesetz erlaubt.« (U.S. Department of Labor 1996, 182f., vom Autor ins Deutsche übertragen).

Fairerweise muss man einräumen, dass viele CoC durch ein Bekenntnis zur Beachtung der Menschenrechte, die die Vereinigungsfreiheit oder das Diskriminierungsverbot eindeutig einschließen, ein breites Feld von Rechten implizit respektieren. *Codes* bekennen sich außerdem in der Regel dazu, sich an die nationale Gesetzgebung zu halten.

---

12 Eine umfangreiche Sammlung von CoC (38 US-Firmen) findet sich in der Studie des US-amerikanischen Arbeitsministeriums (U.S. Department of Labor 1996).

Auf den ersten Blick wirkt all dies wenig bemerkenswert. Wenn Unternehmen öffentlich erklären, dass sie sich an geltendes Recht halten wollen – oder indirekt, dass sie von ihren Geschäftspartnern erwarten, dass diese sich nicht kriminell benehmen – dann kann man die Ankündigung wohl kaum als einen bahnbrechenden Erfolg bei der Verwirklichung von Menschenrechten feiern. Dies ist jedoch unter Menschenrechtsaktivisten der Fall gewesen, denn durch ihre Absichtserklärungen haben TNK indirekt zugegeben, dass sie zumindest mittelbar an Menschenrechtsverletzungen in Entwicklungsländern beteiligt sind – TNK haben damit gegenüber der Öffentlichkeit einen Teil der Verantwortung übernommen.

So wichtig es sein mag, die eigene Verantwortung anzuerkennen, entscheidend für die Glaubwürdigkeit aller Beteiligten ist die Umsetzung der in den *Codes* geäußerten Absichten. Ursprünglich gingen TNK davon aus, dass sich Zulieferer freiwillig an die *Codes* halten würden. Diese Vorstellung musste allerdings schnell wieder aufgegeben werden. Unternehmen, die CoC veröffentlicht haben, stehen jetzt vor dem Problem, wie ihre Zulieferbetriebe überwacht werden können (*Monitoring*).

Monitoring kann intern oder extern durchgeführt werden. Bei internem *Monitoring* sorgt das Unternehmen selbst für die Überwachung seiner Anforderungen, zum Beispiel durch hausinterne Abteilungen für Qualitätskontrolle, die in Fragen der Sozialverträglichkeit und Menschenrechten geschult sein müssen. Externes *Monitoring* hingegen kann von einer Vielzahl von Akteuren durchgeführt werden. Dies können klassische Buchprüfungs- oder Managementberatungsfirmen, NGOs oder spezielle Kommissionen sein. Da diese Akteure von den TNK engagiert werden, entsteht häufig der Verdacht, dass sie Berichte im Sinne ihrer Auftraggeber abliefern.

Am besten kann natürlich eine von den betroffenen Arbeitern selbst gewählte Gewerkschaft Arbeitsbedingungen überwachen. Jedoch sind Gewerkschaften in Exportzonen, in denen TNK oftmals produzieren (lassen), entweder ausdrücklich verboten oder sie werden mit Duldung der Behörden von den Firmen unterdrückt. Nicht nur in China, dem mit Abstand wichtigsten Niedriglohnland, sondern in einer Vielzahl von Entwicklungsländern gibt es keine unabhängigen Gewerkschaften, womit die Möglichkeit des glaubwürdigen gewerkschaftlichen *Monitoring*s dort entfällt. Und in den Ländern, in denen freie Gewerkschaften nicht verboten sind, haben sie mit anderen Problemen zu kämpfen.

In Costa Rica wird die Position von freien Gewerkschaften zum Beispiel durch sogenannte *Solidarismo*-Initiativen unterminiert. *Solidarismo* nennt sich eine von den Arbeitgebern initiierte Alternative zur gewerkschaftlichen Organisation; ihre Mitglieder dürfen an von Arbeitgebern finanzierten Kreditgenossenschaften und subventionierten Sparplänen teilnehmen, wenn sie dafür auf ihr Streikrecht verzichten (ICFTU 1998, 51f.). Den Gewerkschaften wird durch diese ›Alternative‹ der organisatorische Boden entzogen. Gewerkschaften stehen daher der Entwicklung von CoC, die ebenfalls als privatwirtschaftliche Alternative zu gewerkschaftlicher Interessenvertretung erscheint, verständlicherweise skeptisch gegenüber. Allerdings muss sich die Existenz einer Aufsichtsinstanz nicht zwangsläufig ungünstig auswirken, etwa wenn das Arbeitsministerium die Aufsicht führt. Das Ministerium ersetzt in diesem Fall nicht Gewerkschaften, sondern versetzt diese in die Lage, ihre Funktionen und Rechte wahrzunehmen.

Wo Gewerkschaften und eine funktionierende staatliche Aufsicht fehlten, erhoben Menschenrechtsgruppen seit dem Beginn der Diskussion um CoC die Forderung nach unabhängigem *Monitoring*. Einzig unabhängige Gruppen, die vorzugsweise vor Ort ansässig sind, könnten die Wirklichkeit in einer Fabrik unverzerrt erfassen. Nur im Gespräch mit Gruppen, denen die Arbeiter vertrauen (zum Beispiel lokale Kirchen-, Menschenrechts-, Frauen- und Nachbarschaftsorganisationen), könne sichergestellt werden, dass Probleme nicht aus Angst vor Entlassungen verschwiegen würden.

Für ein unabhängiges *Monitoring* stellen sich jedoch nicht nur grundsätzliche (welche Gruppe ist wirklich neutral, ohne versteckte Interessen und darf deswegen mitüberwachen?), sondern auch sehr praktische Probleme. Vielen NGOs fehlt es an Erfahrung mit Arbeitsproblematiken, und sie haben keine Mittel, um Mitarbeiter speziell für diese Aufgabe einzustellen und auszubilden. Außerdem gibt es bei NGOs eine verständliche Scheu, sich langfristig auf eine *Monitoring*-Partnerschaft mit TNK einzulassen, da dadurch leicht ihre legitimitätsbegründende Unabhängigkeit in Frage gestellt werden kann.

Um die Einhaltung von menschenrechtlichen Mindestnormen bei der Güterfertigung besser überwachen zu können, sind in den vergangenen Jahren verschiedene Initiativen gegründet worden, die mit Hilfe eines professionalisierten Revisionsprozesses die Sozialverantwortlichkeit einer Firma transparent machen wollen.

In den USA sind die fortgeschrittensten Initiativen der *Social Accountability Standard 8000* (SA 8000) von *Social*

Accountabiliy International (SAI – ehemals CEPAA), die *Fair Labor Association* (FLA), die aus der von der US-Regierung initiierten *Apparel Industry Partnership* (AIP) hervorging, und verschiedene Ansätze von Industrieverbänden, zum Beispiel WRAP (*Worldwide Responsible Apparel Production*) der *American Apparel Manufacturers Association*. Ähnlich den Siegelinitiativen, die einem Produkt ein Gütesiegel ausstellen, wenn es gewisse Kriterien erfüllt (Blauer Engel, Transfair), geht es auch hier letztendlich um eine Informationsleistung für Verbraucher. Verbrauchern wird versichert, dass ihre Kaufentscheidung positive externe Effekte mit sich bringt, während Unternehmen die Siegel nutzen können, um Marktvorteile zu erlangen.

Die konkurrierenden Initiativen für sozialverträgliche Produktion, die ein externes *Monitoring* betreiben, werden von unterschiedlichen Firmen und NGOs unterstützt, die direkt oder indirekt an der Normenfindung und dem Aufbau des *Monitoring*-Systems beteiligt sind. Darin liegt ihr Vorteil gegenüber den CoC einzelner Firmen. Die Standards sind in der Diskussion mit verschiedenen Gruppen abgestimmt worden; ihre Umsetzung und das eigentliche *Monitoring* muss in einem geregelten, nachvollziehbaren Prozess ablaufen, damit alle beteiligten Gruppen ihre Zustimmung geben. Dies wiederum erfordert ein hohes Maß an vertrauensbildender Transparenz, das von einem isoliert handelnden Unternehmen kaum erreicht werden kann. Der Erfolg der Überwacher hängt letztlich davon ab, wie gekonnt sie die oft divergierenden Interessen ihrer Mitglieder (Unternehmen und NGOs) ausbalancieren und dabei das notwendige Vertrauen der Verbraucher gewinnen können.

Märkte und Menschenrechte

Die Debatte um die Sozialverantwortung von Unternehmen wird zumindest in den USA von der Idee bestimmt, dass es im eigenen Interesse von Unternehmen liege, sozialverantwortlich zu handeln. TNK seien um ihren Ruf, um die Motivation ihrer Mitarbeiter oder um ihren Aktienkurs besorgt. Vor allem aber nähmen sie einen Umsatzrückgang sehr ernst. Die vielen Kampagnen gegen TNK hätten gezeigt, dass Konsumenten ernsthaft daran interessiert seien, wie die Produkte, die sie kaufen, hergestellt werden. Bei ausreichender Transparenz würden die Konsumenten ihre Präferenzen zeigen und somit den Unternehmen die notwendigen Signale senden. Wenn dieser Informationsfluss gesichert sei, würden Verbraucher die ›guten‹ Firmen am Markt mit ihren Käufen belohnen, während ›böse‹ Firmen langfristig nicht überleben könnten.

Die Mehrkosten der sozialverträglichen Produktion würden keine entscheidende Rolle spielen, da aufgrund der Universalität der Disziplinierung durch den Markt bei einer konstanten Präferenzfunktion der Verbraucher alle Unternehmen den gleichen Bedingungen ausgesetzt seien. Somit würde bei gleichem Preisniveau und einheitlich gestiegenen Produktionskosten nur die Profitrate sinken, und zwar um die Mehrkosten für Menschenrechtskonformität. Wenn alternativ die Mehrkosten für bessere Produktionsbedingungen an die Verbraucher weitergereicht würden, also ein neues Preisgleichgewicht auf höherem Niveau entstünde, würden Verbraucher entsprechende Wohlfahrtsverluste willentlich in Kauf nehmen, da ihre Besorgnis um das Wohl der betroffenen Arbeiter größer sei als ihr Wunsch nach einer höheren materiellen Lebensqualität.

Dieser optimistischen Sichtweise über den Einfluss von Marktprozessen steht eine eher pessimistische Auffassung gegenüber, nach der Verbraucher Nutzenmaximierer sind, die im täglichen Prioritätenkonflikt zwischen verschiedenen Nutzenqualitäten ethische Gesichtspunkte (wie zum Beispiel menschenwürdige Produktionsbedingungen) weit hinter materiellen Gesichtspunkten zurückstellen würden. Demnach würde sich der größere Teil der Bevölkerung bei der Wahl zwischen zwei identischen Produkten – von denen nur eines unter ethischen Bedingungen hergestellt wurde und damit teurer ist – immer für das preiswertere entscheiden.

Dies muss nicht Zeichen einer skrupellosen Gesellschaftskultur sein, sondern kann an der Knappheit der Mittel jedes einzelnen Haushalts liegen. Die Frage, die sich anschließt, lautet: Um wie viel teurer wird das sozialverträgliche Produkt sein? Wo liegt die Schwelle, bis zu der Verbraucher in der Lage und willens sind, für eine Ware von höherer ethischer Qualität mehr Geld auszugeben? Diese Frage kann leider nicht beantwortet werden, da in der Bekleidungsindustrie bislang weder Einschätzungen noch Kostenkalkulationen bekannt gegeben werden. Die Höhe des Aufpreises wird für den Erfolg sozialverträglicher Produktionsprozesse am Markt allerdings entscheidend sein.

Realistischerweise wird sich eine Schicht von Verbrauchern finden, die es sich leisten kann, ethische Gesichtspunkte in ihren Kaufentscheidungen zu berücksichtigen. Mit zunehmender Marktpräsenz und Aufklärungsarbeit können solche Segmente wachsen. Für diese Verbraucher gilt, dass sie einem viel schwächeren Prioritätenkonflikt ausgesetzt sind, da sie über größere Budgets verfügen.

Privatwirtschaftliche Menschenrechtsinitiativen werden sich folglich auf die Marktsegmente konzentrieren müssen, die nicht über Preise konkurrieren. Über den Marktmechanismus lassen sich so zwar Verbesserungen erreichen, doch nur in wenigen Industrien und für wenige Produkte.

Dazu kommt ein zynischer Nebeneffekt. Verbraucher mit geringeren Einkommen, die sich die teureren, sozialverträglichen Produkte nicht leisten können und sich der Problematik der Arbeitsbedingungen bewusst sind, müssen damit leben, unethisch zu handeln. Am wichtigsten für die Menschenrechtsdiskussion ist aber, dass man sich mit dem Vertrauen auf Marktmechanismen – die zwangsläufig voluntaristischer Natur sein müssen – von der Verbindlichkeit von Rechten verabschiedet. Stattdessen führt man ein Menschenrechtsverständnis der Unverbindlichkeit ein, das es jedem Teilnehmer erlaubt, je nach Produkt mal Menschenrechte zu achten (zu erkaufen) und mal nicht. Ein solches marktgestütztes Menschenrechtssystem macht die Beachtung der Menschenrechte dann zusätzlich von der Konjunkturlage abhängig – und uns alle in rezessiven Zeiten zu etwas schlechteren Menschen.

Wo die Produktion mit Hilfe eines CoC sozialverträglich geworden ist, kann die Gesamtbilanz dennoch ambivalent sein. Die folgenden drei Gesichtspunkte zeigen dies.

Gewerkschaftliche Organisation

Ein CoC kann Gewerkschaften die Tür zu vielen Fabriken öffnen, wenn er das Management ausdrücklich auffordert, Gewerkschaften anzuerkennen und mit ihnen zu verhandeln. In Ländern ohne Gewerkschaften kann ein CoC Handlungsspielräume öffnen, indem er alternative Formen der Vereinigungsfreiheit einfordert.[13] Wenn das Management die Belange der Arbeiterschaft aufgrund eines *Codes* ernst nehmen muss, kann eine Gewerkschaft die Arbeit des Managements deutlich erleichtern, da sie als kompetenter Verhandlungspartner die Interessenvermittlung einer Vielzahl von Stimmen in der Belegschaft vereinfacht.

Andererseits können *Codes* auch eine weitere, unliebsame Konkurrenz für Gewerkschaften bedeuten. Wenn Arbeiter aufgrund eines *Codes* geschützt sind und sich ihre Bedingungen verbessern, gibt es wenig Anlass, regelmäßig in eine Gewerkschaftskasse einzuzahlen. CoC tragen die latente Gefahr in sich, eine Kultur der Abhängigkeit und Akzeptanz der politischen Machtlosigkeit zu perpetuieren.

Kostenstruktur

Codes können nur funktionieren, wenn sie überwacht werden. Der Aufbau von *Monitoring*-Systemen ist jedoch zeit- und geldaufwendig. Das firmeneigene Personal muss geschult und Verwaltungsvorgänge, die die Firmenpolitik überprüfbar machen, müssen eingerichtet, Prüfer, die in die Fabrik kommen, bezahlt werden. Dazu kommen die möglicherweise erheblichen Mehrausgaben für sicherere Arbeitsplätze, Sozialausgaben und vor allem für höhere Löhne. Diese Mehrkosten können dazu beitragen, dass

---

13 Im Standard SA 8000 heißt es in Abschnitt IV (*Social Accountability Requirements*) unter Punkt 4.2: »In Situationen, in denen das Recht der Vereinigungsfreiheit und auf kollektive Verhandlungen gesetzlich beschränkt ist, sollte das Unternehmen dem Personal alternative Wege unabhängiger und freier Vereinigung und Verhandlungen erleichtern« (vom Autor ins Deutsche übertragen).

TNK aus einem Niedrig- in ein Niedrigstlohnland ausweichen. Ein Gutteil der Produktion von Billigfußbällen in Pakistan ist aus diesem Grund nach China verlagert worden (The Economist, 8.4.2000, 73). Ursprünglich schlechte Arbeitsplätze gingen so nach einer kurzen Phase der Verbesserung ganz verloren.

Rolle des Staates

Wie sich erfolgreiche, über den Markt vermittelte Initiativen zur Beachtung der Menschenrechte auf den Staat auswirken, hängt von dessen Handlungsspielraum ab. Zu unterscheiden ist hier zwischen Industrieländern, in denen ›Menschenrechtsmarketing‹ betrieben wird und den Entwicklungsländern, in denen Menschenrechtsverstöße stattfinden.

In Entwicklungsländern werden sich CoC im allgemeinen positiv auswirken. Regierungen, die zwar die Achtung der Menschenrechte fördern wollen, sich jedoch aktive Maßnahmen nicht leisten können, werden jede Initiative, die vom Privatsektor getragen wird, gutheißen. In Staaten hingegen, die Menschenrechte gezielt missachten, können CoC aufgrund des oben beschriebenen Katalysatoreffektes eine Art Keilfunktion übernehmen. Da auch diese Staaten an Investitionen von TNK interessiert sind, kann sich durch CoC und die Vermittlung menschenrechtskonformer Arbeitsbeziehungen ein Spalt öffnen, durch den ein modernes Verständnis individueller Rechte politischen Spielraum gewinnen kann.

Für die Industrieländer verhält es sich weniger eindeutig. Erfolgreiche *Codes* können Regierungen den notwendigen Spielraum verschaffen, höhere Standards sukzessive verbindlich durchzusetzen (zum Beispiel in Handelsverträgen, durch steuerliche Regelungen, durch die Beeinflussung multilateraler Organisationen). Dies wird insbesondere dann der Fall sein, wenn sich aufgrund von *peer pressure* innerhalb einer Industrie die meisten Unternehmen auf höhere Standards einlassen und nur noch ein paar Nachzügler ›eingefangen‹ werden müssen. Staatliche Regulierung kann dann etwas unter der vorherrschenden Industrienorm bleiben und somit die Opposition der Industrie vermeiden, aber gleichzeitig das Niveau des nicht zu unterbietenden Mindeststandards erhöhen.

Diesem optimistischen Szenario steht jedoch eine alternative Möglichkeit gegenüber. Wenn sozialverträgliche Produkte erhältlich sind, können Regierungen den Forderungen nach einer fortschreitenden Umsetzung von Menschenrechten entgegenhalten, dass keine Regierungsintervention notwendig sei, da ein Beeinflussungsmechanismus über den Markt bereits existiere. Wer eine Ausrichtung der Außenwirtschaftspolitik auf Basis der WSK-Rechte wünsche, könne in den Supermarkt gehen und dort seine politischen Ideale umsetzen. Der Analyse von Hirschman (1970) entsprechend wird *voice* schwach, wenn erst einmal eine *exit option* existiert. Mit anderen Worten: Sobald das besorgte Individuum den Markt als Alternative zum bisherigen Menschenrechtsmonopolisten Staat nutzen kann (*exit*), wird es seine Bedenken weniger stark gegenüber dem Staat äußern (*voice*) und diesen tendenziell aus seiner alleinigen (politischen) Verantwortung entlassen. Sollte sich der Staat tatsächlich dieser Verantwortung entziehen, würde der Verwirklichung der Menschenrechte nachhaltig geschadet.

Schlussbemerkung

Eine Diskussion um die Privatisierung von Menschenrechten muss sich mit den Interessen, den Zielen und den Zwängen privater Akteure auseinandersetzen. Bei Missbräuchen in Exportfabriken in Entwicklungsländern können Unternehmen und Verbraucher in Industrieländern in Abwesenheit staatlicher Regulierung versuchen, über den Marktmechanismus eine Verbesserung der Menschenrechtslage zu erreichen.

Verbraucher und Unternehmen müssen jedoch unter individuell unterschiedlichen Bedingungen handeln. Verbraucher müssen in ihren begrenzten Budgets eine Vielzahl von Präferenzen gegeneinander abwägen; Unternehmen und die in ihnen tätigen Manager müssen profitable Geschäftsstrategien verfolgen, bei denen die Achtung der Menschenrechte unter anderem von der Wettbewerbssituation, der Unternehmensstruktur und den Zielgruppen abhängt. Diese Bedingungen bestimmen die Entscheidungen auf Märkten. Erfolgreiche Menschenrechtspolitik in einem Unternehmen oder in einer Branche lässt sich daher nicht ohne weiteres übertragen.

Grundsätzlich ist die Einbeziehung weiterer Akteure in die Diskussion um Menschenrechte begrüßenswert. TNK werden in einigen Industrien und Marktsegmenten zweifellos positiven Einfluss auf die Menschenrechtssituation in Entwicklungsländern haben. Für den Fall, dass sie Sozialverträglichkeit als echten Marktvorteil für ihr Produkt erkennen, können TNK durchaus in effizienter Weise auf die Einhaltung sozialverträglicher Produktionsmethoden achten. Marktmechanismen werden allerdings nur unter speziellen Umständen und in wenigen Bereichen eine

Verbesserung erzielen können. Wir dürfen uns daher nicht damit zufrieden geben, den Respekt vor den fundamental-sten Rechten, die wir haben, allein arbiträren Marktkräften zu überlassen.

Literatur

AAMA (American Apparel Manufacturers Association), 1996: News Release, June.

AAMA (American Apparel Manufacturers Association), 1998: Apparel Industry Trends, March.

The Economist, 2000: After the Children Went to School, April 8th.

Hirschman, Albert O., 1970: Exit, Voice, and Loyalty: Responses to Decline in Firms, Organizations, and States, Cambridge.

Hoffmann, Jürgen, 1999: Ambivalenzen des Globalisierungsprozesses – Chancen und Risiken der Globalisierung, in: Aus Politik und Zeitgeschichte, B23/99, S. 3-10.

ICFTU (International Confederation of Free Trade Unions), 1998: Annual Survey of Violations of Trade Union Rights 1998, Brüssel.

International Labour Review, 1998: Labour Rights, Human Rights: A special issue of the International Labour Review, Vol. 137, No. 2.

Reinicke, Wolfgang H., 1997: Global Public Policy, in: Foreign Affairs, Volume 76, November/December, No. 6, S. 127-138.

Social Accountability International (ehemals CEPAA), 1997: Social Accountability 8000, New York.

Steiner, Henry J./Philip Alston, 1996: International Human Rights in Context, Oxford.

Stiglitz, Joseph, 2000: Democratic Developments as the Fruits of Labor, Keynote Address: Industrial Relations Research Association, Mimeograph, Boston.

Tiano, Susan, 1994: Patriarchy on the Line: Labor, Gender and Ideology in the Mexican Maquila Industry, Philadelphia.

U.S. Department of Labor, 1996: The Apparel Industry and Codes of Conduct: A Solution to the International Child Labor Problem? Washington, D.C.

Fünfter Teil:

Privatisierung der Um-Weltpolitik

JÜRGEN MAIER

Transparenz oder Lobby hinter den Kulissen?

Zum Einfluss privater Akteure in der Klimapolitik*

>»Consensus is the negation of leadership.«*
Margaret Thatcher

Kaum ein international verhandeltes Umweltthema greift
so tief in das Wirtschaftsleben ein wie die Klimapolitik.
Inzwischen bestreitet kein ernst zu nehmender Wissenschaftler, Politiker oder Wirtschaftsvertreter mehr, dass
der Treibhauseffekt untragbare Ausmaße annehmen wird,
wenn die Emissionen nicht reduziert werden. Die Herausforderung, die Emissionen bis Mitte des Jahrhunderts um
bis zu 80 % zu reduzieren, ist enorm. Der Energie- wie
auch der Verkehrssektor basieren im wesentlichen auf der
Verbrennung fossiler Brennstoffe. Solange der Energiebe-
darf nicht klimaneutral gedeckt werden kann, kommt eine
Emissionsreduzierung einer Wachstumsbeschränkung dieser Sektoren gleich.

Zwar ist heute der Energieverbrauch vom Wirtschaftswachstum deutlich abgekoppelt, jedoch sind die notwendigen Emissionsminderungen schwer zu erreichen: Da die
Entwicklungsländer noch erheblichen Emissions-Spiel-

---

* Der Artikel erscheint in einer von Tanja Brühl gekürzten und überar-
  beiteten Version.

raum für ihre industrielle Entwicklung beanspruchen, und ihnen dies auch niemand ernsthaft verwehren kann, müssen die Industriestaaten die Emissionen der Treibhausgase noch deutlich stärker reduzieren.

Klimawandel – eine der größten Herausforderungen des 21. Jahrhunderts

Eine grundlegende Umgestaltung der energetischen Grundlagen nahezu aller wirtschaftlichen Aktivitäten ist also unvermeidlich. Es fällt schwer sich vorzustellen, wie ein hierfür notwendiger Strukturwandel ohne aktive *leadership* der verantwortlichen Regierungen vonstatten gehen soll. Schließlich muss die Menschheit schnellstmöglich handeln, nicht erst, wenn die fossilen Brennstoffe verbrannt sind und es deshalb nicht mehr anders geht. Regierungen, so die These, ergreifen jedoch selten die Initiative in der Klimapolitik. Ihre Rolle zeichnet sich heute in der Regel nicht durch *leadership*, sondern durch Populismus, Attentismus und Aussitzen aus.

Private Akteure spielen dagegen inzwischen eine aktivere Rolle in der internationalen Klimapolitik. Industrielle Akteure haben sich frühzeitig in die Klimadiskussion eingebracht, was angesichts ihrer massiven ökonomischen Interessen kaum verwundert. Es könnte daher sein, dass die treibende Kraft für den ökologischen Strukturwandel nicht Regierungen sind, sondern diejenigen Akteure, die von einem solchen Wandel auch wirtschaftlich profitieren. Regierungen müssen die Vorgaben machen und die Verantwortung über ihre Umsetzung übernehmen, indem sie negative Marktverzerrungen abbauen und dafür sorgen, dass sich Klimaschutzmaßnahmen rechnen. Die Ausgestaltung muss zwangsläufig den Marktakteuren überlassen werden. Im folgenden wird die Rolle der privatwirtschaftlichen Akteure bei internationalen Verhandlungen und bei der Umsetzung des Kyoto-Protokolls untersucht.

Gewinner und Verlierer des ökologischen Strukturwandels

Es ist noch nicht lange her, dass Wohlstand und Wirtschaftswachstum mit steigenden Emissionen gleichgesetzt wurden. Eine Regierung, welche die Emissionen ihrer nationalen Industrien beschränkt hätte, hätte sich dem Vorwurf ausgesetzt, dem nationalen Wirtschaftswachstum Schranken zu setzen. Dies ist inzwischen überholt, da es – wie erwähnt – keinen direkten Zusammenhang mehr zwischen Energieverbrauch und Wirtschaftswachstum gibt. Die wirtschaftliche Bedeutung und politische Macht der traditionellen energieintensiven Branchen sinkt. Heute ist zudem klarer als noch vor wenigen Jahren, dass es Gewinner eines ökologischen Strukturwandels gibt. Ölkonzerne wie Shell und BP haben publikumswirksam einen Richtungswechsel vollzogen: Sie setzen jetzt offen auf erneuerbare Energien und Brennstoffzellen als die entscheidenden Wettbewerbsfelder der Zukunft. Bei den Klimaverhandlungen der UN wird seit der Kyoto-Konferenz 1997 deshalb zwischen grauer und grüner Industrie unterschieden.

Es besteht die Gefahr, dass die Verlierer des ökologischen Strukturwandels ihre – trotz abnehmender wirtschaftlicher Bedeutung – enorme politische Macht noch sehr lange dazu nutzen, um ambitionierte klimapolitische Vorgaben zu verhindern und zu verzögern. Traditionell haben diese Branchen nicht nur in Industrieverbänden eine starke Lobby, sondern auch in Parteien und Gewerkschaften. Diese drei traditionellen, auf einer Massenbasis mit homogenen Interessen beruhenden Organisationsformen des 20. Jahrhunderts erscheinen im Internetzeitalter zunehmend anachronistisch.

Die politische Sphäre tut sich dabei mit dem Strukturwandel noch bedeutend schwerer als Wirtschaft und Gesellschaft. Besonders krass zutage tritt dies in den USA, wo die offen feindliche Haltung des Senats zu internationalen Klima-Verpflichtungen zwar von immer größeren Teilen der Wirtschaft nicht mehr mitgetragen wird, aber durch ansehnliche Wahlkampfspenden von Klimaschutz-Verliererfirmen an Senatoren regelrecht erkauft wird.

1991-98 spendeten Öl- und Erdgasfirmen ca. 53 Mio. US-\$ an US-Senatoren für ihre Wahlkämpfe, 77 % davon gingen an Republikaner.[1] Von den 100 Senatoren erhielten acht ihre höchsten Einzelspenden aus dem Öl- und Gas-Sektor, bei 19 Senatoren rangierte die Branche unter den drei wichtigsten Spendern. Die Gelder wurden strategisch eingesetzt, um die entscheidenden Senatoren in den Schlüsselausschüssen auf die Seite der Branche zu ziehen. Der Nettoertrag dafür bemisst sich keineswegs nur in klimapolitischer Fundamentalopposition, sondern auch in Subventionen und Steuererleichterungen. Greenpeace hat ausgerechnet, dass je nach Berechnungsmethode zwischen

---

1 Oiling the Machine, Greenpeace USA, Washington 1998; Fueling Global Warming – Federal Subsidies to Oil in the United States, Greenpeace USA, Washington 1998; Green Scissors 2000, hrsg. von Friends of the Earth und 27 weiteren NGOs, Washington 2000.

5,2 und 11,9 Mrd. US-$ pro Haushaltsjahr gleichsam als Gegenleistung an die Ölindustrie fließen – die Ausgaben des Pentagons für die Verteidigung des Persischen Golfs nicht berücksichtigt. Pro eingesetztem Polit-Dollar erhält die Ölindustrie also 100 – 224 US-$ zurück; eine bessere Nettorendite ist kaum denkbar.

Der notwendige Abschied von der Ideologie der nationalen Wettbewerbsfähigkeit

»Nationale Industrien« gibt es im 21. Jahrhundert nicht mehr. Welchem Konzern kann man heute noch ein Heimatland zuordnen, und welche Regierung kann sich mit einem Konzern identifizieren, nach dem Motto: »What is good for General Motors is good for America«? Zu welcher Nation gehören DaimlerChrysler, BP Amoco oder Mazda? Die traditionelle außenpolitische Herangehensweise an internationale Verhandlungen war immer, die eigenen »nationalen Interessen« zu verteidigen. In den Klimaverhandlungen war es so ein Hauptmotiv, die Wettbewerbsfähigkeit der jeweiligen »nationalen Industrien« nicht zu gefährden. Unabhängig von der Frage, welche Nationalität Firmen in der zunehmend globalisierten Weltwirtschaft haben, ist das volkswirtschaftliche Interesse einer Nation oft nicht deckungsgleich mit den wirtschaftlichen Interessen maßgeblicher ökonomischer Akteure.

Wie absurd die Politik der Wahrung der eigenen »nationalen Wettbewerbsfähigkeit« ist, wurde auf der 3. Vertragsstaatenkonferenz im japanischen Kyoto im Dezember 1997 deutlich. Die EU ging mit der heute radikal anmutenden Position in die Konferenz, die Industriestaaten sollten eine Reduzierung ihrer Treibhausgasemissionen um 15 % akzeptieren. Die EU-Kommission begründete ihre Position damit, alle vorgeschlagenen Maßnahmen machten volkswirtschaftlich auch ohne Klimaschutz Sinn, weil sie auf Effizienzsteigerung, Abbau von Marktverzerrungen und schädlichen Subventionen sowie Innovationsanreizen für neue Technologien beruhten. Das Ergebnis ist bekannt: Statt unabhängig von den USA oder Japan das volkswirtschaftlich Richtige einfach zu tun, schreckte die EU davor zurück, diesen Strukturwandel schneller als die USA zu vollziehen.

Koalitionen zwischen staatlichen und privaten Akteuren auf nationaler Ebene

Wie die Wirtschaft, so sind heute auch Ministerialbürokratien in den meisten Staaten keine homogenen Einheiten mehr. Wirtschafts- und Umweltministerien verfolgen durchaus divergierende Strategien und Interessen. Bürokratien in Wirtschaftsministerien nehmen nur ungern Abschied von der traditionell engen Interessenverflechtung mit vielen Konzernen der fossilen Energien. Zum traditionellen Politikmuster der Bürokratien gehört es, nichtöffentlich mit diesen Unternehmen bzw. ihren Interessenverbänden in korporatistischer Weise Politik gemeinsam zu formulieren, international abzusichern und national durchzusetzen.

Umweltministerien stehen meist außerhalb solcher korporatistischer Politikstrukturen. Ihr traditionelles Aktionsmuster, regulativ mit Umweltgesetzgebung ihren Interessen Geltung zu verschaffen, ist inzwischen an seine Grenzen gestoßen. Sie stehen daher – nur scheinbar paradoxerweise – marktwirtschaftlichen Politiklösungen vielfach offener gegenüber als Wirtschaftsministerien, sofern damit Markttransparenz, offener Marktzugang für alle Akteure und Abbau marktverzerrender staatlicher Eingriffe (regulativer wie subventionspolitischer Natur) hergestellt werden soll. Dies schwächt nämlich automatisch die Betätigungsmöglichkeiten von Wirtschaftsministerien und die damit verbundene korporatistische Lobbymacht von Industriebranchen, deren Marktmacht gleichzeitig abnimmt.

Akteure und Koalitionen in den internationalen Klimaverhandlungen

Das Klimaregime hat durch das Kyoto-Protokoll eine hohe Komplexität erreicht, die es für die meisten staatlichen Akteure immer schwieriger macht, die Detailfragen zu verstehen und die eigenen Interessen durchzusetzen. Eine gut organisierte und mit profunder Sachkenntnis ausgestattete Lobby hat daher gute Erfolgsaussichten, ihre Interessen in den Prozess einzuspeisen.

Die politische Gestaltung des Klimaregimes liegt weitgehend in den Händen der Ministerialbürokratien. Die politischen Führungen (von den Parlamenten ganz zu schweigen) sind damit längst überfordert. Im Gegensatz etwa zu Parlamentariern sind Teile der Wirtschaft und der NGOs durchaus in der Lage, den Verhandlungen zu folgen und sie zu beeinflussen. Dies führt auch zu neuen Koalitionsbildungen.

Die US-amerikanische »fossile« Lobby, die aktive Klimapolitik zu Hause offen bekämpft, arbeitet mit den OPEC-Staaten zusammen. Amerikanische Anwälte in ihren Diensten agieren häufig als die engsten Berater saudischer, nigerianischer oder anderer OPEC-Delegierter, die mit den komplizierten Verästelungen der Klimaverhandlungen inzwischen teilweise überfordert sind.

Koalitionen sind aber auch diejenigen nichtstaatlichen Akteure eingegangen, die den Klimaschutz vorantreiben wollen. Eine ganze Reihe von umweltpolitisch engagierten Wissenschaftlern oder Umweltaktivisten steht den oftmals nicht minder überforderten kleinen Inselstaaten (AOSIS, *Alliance of Small Island States*) zur Seite, teilweise sogar als Mitglied der Regierungsdelegationen.

Die weitgehende Öffnung internationaler Verhandlungen für nichtstaatliche Akteure wirft ein Problem auf, das für viele Entwicklungsländer ein Grund zur Skepsis ist: Die nichtstaatlichen Akteure, unabhängig davon auf welcher Seite sie agieren, kommen in ihrer ganz überwiegenden Mehrheit aus den Industriestaaten, und zwar vorwiegend aus den angelsächsischen. Auch wenn das noch lange nicht heißt, dass sie damit quasi die fünfte Kolonne Washingtons sind, wie das etwa die Regierungen Kubas oder Chinas gerne unterstellen (was gerade in der Klimapolitik besonders absurd ist), führt dies doch unausweichlich dazu, dass die Globalisierung politischer Entscheidungsprozesse sich stärker als sachlich gerechtfertigt entlang amerikanischer Agenden bewegt.

Beteiligung privater Akteure an der Klimapolitik als ein Mehr an Transparenz

Das Auftreten der privaten Akteure in der Klimapolitik ist im Grunde nur ein Abbild der gesellschaftlichen Realität. In dem Augenblick, in dem Ergebnisse von Umweltverhandlungen die Wirtschaft berühren, treten die im Wirtschaftsleben existierenden Kräfteverhältnisse stärker zutage. Dies einfach zu ignorieren, wie es etwa in vielen Gremien der UNO lange praktiziert wurde, führt faktisch nur zu einer Selbstmarginalisierung des betreffenden Gremiums – Entscheidungen fallen dann woanders, etwa in der WTO.

Private Akteure nahmen in der Vergangenheit und nehmen in der Gegenwart über intransparente Lobbyverflechtungen Einfluss – auch wenn solche Verflechtungen dementiert werden. Bürokratien in Wirtschaftsministerien betreiben aktiv Industriepolitik und unterstützen Firmen und Branchen gezielt. Besonders ausgeprägt sind die intransparenten Entscheidungsprozesse in der Energiewirtschaft, die in den meisten Staaten stark mit dem Staat verflochten oder gar zu erheblichem Ausmaß direkt oder indirekt in Staatseigentum ist.

Die offene Akzeptanz der politischen Einflussnahme aller nichtstaatlichen (das heißt auch privatwirtschaftlichen) Akteure und die transparente Regulierung ihrer Einflussnahme führt tendenziell zu einem Abbau des Beinahe-Monopols von Branchen, die es bisher – national wie international – verstanden, Märkte zu ihren Gunsten durch politische Eingriffe zu verzerren. Es wird schwieriger für diese Interessengruppen, ihre Partikularinteressen mit dem nationalen Interesse gleichzusetzen und vor allen

Dingen Regierungen davon auch noch zu überzeugen. Der gleiche Effekt stellt sich ein, wenn diese Einflussnahme verstärkt direkt auf der internationalen Ebene stattfindet, statt vorwiegend auf der nationalen: Warum sollte ein deutscher oder britischer Regierungsbeamter einer bestimmten internationalen Lobby mehr Gehör schenken als einer anderen, die abweichende oder gar entgegengesetzte Interessen vertritt?

Das Kyoto-Protokoll – undenkbar als Staatshandelsregime

Die Reduzierung der Treibhausgasemissionen soll zwar vorrangig durch nationale Maßnahmen, daneben aber auch grenzüberschreitend durch drei »flexible Mechanismen« erreicht werden: Handel mit Emissionsrechten, *Joint Implementation* und *Clean Development Mechanism*. Alle drei Mechanismen beruhen darauf, dass private Akteure sie ausfüllen.

Der *Clean Development Mechanism* (CDM) sieht vor, dass sich wirtschaftliche Akteure aus einem Industrieland (Annex B-Land) ihre Maßnahmen zur Treibhausgasminderung in Entwicklungsländern auf dem heimischen Konto gutschreiben lassen können. Der Vorteil für den Investor ist, dass in Entwicklungsländern die Emissionsminderung preisgünstiger erzielt werden kann als zuhause – für die Erhaltung der Atmosphäre ist es schließlich irrelevant, wo das CO_2 vermieden wird.

In Kyoto hatten viele Entwicklungsländer noch auf einen CDM-induzierten Technologietransfer gehofft. Heute dominiert dagegen die Befürchtung (vor allem unter den afrikanischen Staaten), dass die CDM-Investitionen überwiegend in die Schwellenländer fließen, die schon jetzt den Löwenanteil der Direktinvestitionen erhalten. Jeder Versuch, regionale Quoten in die Ausführungsbestimmungen des Kyoto-Protokolls zu schreiben, ist jedoch von vornherein zum Scheitern verurteilt: Ein europäischer oder amerikanischer Investor wird im Sudan oder in der Zentralafrikanischen Republik nur investieren, wenn er sich davon ökonomisch etwas verspricht. Wenn Investitionen in China im CDM nur begrenzt anerkannt werden, finden sie in China eben ohne CDM-Anerkennung statt, aber nicht im Sudan, solange eine Investition im Sudan ökonomisch unattraktiv ist.

Der Grundgedanke der *Joint Implementation* (JI) ist ähnlich. Analog zum CDM kann ein wirtschaftlicher Akteur aus einem Industrieland (Annex B-Land) seine Investitionen zur Emissionsminderung auf dem eigenen Emissionskonto gutschreiben; hier handelt es sich aber beim zweiten Land um ein anderes Industrieland. JI soll Investitionen nach Osteuropa und Russland locken.[2]

---

2 Alle drei »flexiblen Mechanismen« sind aus ökologischer Sicht problematisch. Der ökologische Haken am Emissionshandel ist, dass die Vertragsstaaten sich die ihnen zustehende Menge an Emissionsrechten praktisch selbst zugestehen. Russland und die Ukraine haben sich selbst 100 % der Emissionen von 1990 bewilligt, obwohl sie durch ihren wirtschaftlichen Niedergang allenfalls 70-80 % dieser Emissionen selbst in Anspruch nehmen können. Bei der JI ist die Bestimmung der *Baseline* problematisch, das heißt die Festlegung der Emissionsmenge, die ohne JI-Investitionen ausgestoßen worden wäre. Das Problem am CDM ist zum einen wie bei der JI die Ermittlung der *Baseline*. Zum anderen haben die Entwicklungsländer im Gegensatz zu osteuropäischen JI-Partnerstaaten keine Reduktionsverpflichtungen. So können die Gesamtemissionsbudgets der Annex-B-Länder mit dem CDM aufgebläht werden.

Staaten tätigen heute keine Auslandsinvestitionen mehr. Privatunternehmen werden die Investitionen vornehmen, die im Rahmen des *Clean Development Mechanism* oder der *Joint Implementation* mit Emissionsrecht-Gutschriften honoriert werden sollen. Regierungen, die an solchen Investitionen interessiert sind, brauchen dazu nicht mit anderen Regierungen zu verhandeln, sondern müssen ein attraktives Investitionsklima schaffen. Die Zertifizierung solcher Emissionsreduktionen werden (in irgendeiner Weise öffentlich akkreditierte) Privatfirmen übernehmen müssen; auch damit wären staatliche Bürokratien überfordert.

Ähnlich ist es beim Handel mit Emissionsrechten. Ein Vertragsstaat kann ihm zustehende Emissionsrechte, die er selbst nicht benötigt, an andere Vertragsstaaten verkaufen, die mehr emittieren, als sie es nach dem Kyoto-Protokoll dürften. Dieses staatenbasierte Modell ist jedoch nicht mehr realistisch. Die Vorstellung, dass eine nationale Regierung mit einer anderen Regierung Emissionsrechte handelt, ruft heutzutage bestenfalls noch nostalgische Erinnerungen an die Zeiten der Staatshandelsregime hervor. Jeder größere Konzern arbeitet heute international. Sollen Emissionsrechte nur von Staaten gehandelt werden, käme es früher oder später zu einem »Emissionsrechte-Tourismus« bei Produktion und Investitionen, mit den entsprechenden negativen ökologischen Konsequenzen und ökonomischen Marktverzerrungen. Zudem bilden sich Preise bei Geschäften zwischen Staaten nur in den seltensten Fällen nach Marktkriterien, sondern anhand von politischen Kriterien. Damit wäre aber die *raison d'être* des Emissionsrechtehandels, nämlich Emissionsreduktionen so kostengünstig wie möglich zu erzielen, dahin.

Der Staat muss Rahmenbedingungen setzen

Es wird Aufgabe einer nationalen Regierung sein, die dem jeweiligen Land zustehenden Emissionsrechte intern auf die privaten Akteure umzulegen. Hier wird man darauf achten müssen, dass sich nicht Interessengruppen mit privilegiertem Zugang zu den politischen Entscheidungsträgern Vorteile verschaffen. Ein offenes System kann im Grunde nur so aussehen, dass jeder Wirtschaftsraum, ob national oder regional, von Importeuren oder Produzenten fossiler Brennstoffe verlangt, entsprechende Emissionsrechte beispielsweise bei der Zentralbank zu erwerben, bevor die fossilen Brennstoffe verkauft werden dürfen. Die Kosten hierfür wird letztlich der Endverbraucher tragen müssen. Für die Emissionsrechte wird es Mindestpreise geben; übersteigt die Nachfrage das Angebot, erhalten die Meistbietenden den Zuschlag – oder sie müssen im Ausland ihre Emissionsrechte einkaufen.

Regierungen werden daher die Emissionsrechtesysteme in einer Weise gestalten müssen, dass wirtschaftliche Akteure in ihrer Wettbewerbsfähigkeit nicht beeinträchtigt und in die Lage versetzt werden, Emissionsrechte mit privaten Akteuren in anderen Ländern frei zu handeln. Nationale Emissionsrechtssysteme können daher nicht zu sehr voneinander differieren. Sind diese Regeln erst einmal vereinbart und ein Mindestmaß an Rechtssicherheit hergestellt (angesichts der Teilnahme von Staaten wie Russland oder der Ukraine am Emissionsrechtehandel kein einfach zu lösendes Problem), verbleibt den Regierungen noch die Rolle, die Menge der zur Verfügung stehenden Emissionsrechte auszuhandeln und die Einhaltung der Regeln zu garantieren.

Langfristig wird man von der bisher üblichen willkürlichen Zuteilung von Emissionsrechten pro Land – wer am trotzigsten ist, bekommt am meisten – wegkommen müssen und im Großen und Ganzen einheitliche Pro-Kopf-Emissionsrechte für den gesamten Wirtschaftsraum der Staaten festlegen müssen, die Reduktionsverpflichtungen oder Obergrenzen haben (das heißt Industrie- und Schwellenländer). Für die Staatskassen derjenigen Länder, in denen weniger Emissionsrechte verbraucht werden und daher an ausländische Akteure Emissionsrechte verkauft werden können, ist das ein potenziell lohnendes Unterfangen.

Interessanterweise haben europäische Industrievertreter im Gegensatz zu ihren amerikanischen Kollegen den Handel mit Emissionsrechten sehr lange abgelehnt, weil sie darin nicht ganz zu Unrecht eine große Gefahr sahen: Wenn erst einmal jedes Unternehmen Emissionsrechte zugeteilt bekommt, können Eingriffe in die unternehmerische (Emissions-)Freiheit potenziell viel gravierender sein als etwa mit Ökosteuern, sobald die Emissionsrechte entweder zu knapp zugeteilt werden oder teuer erstanden werden müssen (nach dem Muster der Mobilfunklizenzen).

Fazit

Niemand kann Regierungen die Verantwortung abnehmen, internationale Verträge auszuhandeln und ihre Umsetzung zu gewährleisten. In der Klimapolitik hat man oft genug den Eindruck, dass die Regierungen unfähig oder unwillig sind, solche Verträge aktiv auszugestalten und voranzutreiben, und eher die Rolle eines Moderators zwischen verschiedenen – international organisierten – gesellschaftlichen und wirtschaftlichen Interessen einnehmen. In dieser Rolle übernimmt man zwar nicht mehr allzu viel Verantwortung für *leadership*, aber man setzt sich auch nicht mehr allzu starker Kritik aus, bzw. man bekommt gleichviel Kritik aus allen Richtungen. »Consensus is the negation of leadership.«

Allerdings sind an diesem Konsensprozess einer globalen Innenpolitik heute viel mehr Akteure mit viel mehr unterschiedlichen Interessen beteiligt als in den Zeiten der traditionellen Außenpolitik zur Wahrung nationaler Interessen – so wie heute auch in den meisten Staaten die Außenministerien solche Verhandlungen nur noch begleiten, aber die formale und politische Federführung längst an andere Ressorts abgegeben haben. Gleichzeitig ist auch klar, dass es einen wirklichen Konsens nicht geben kann, sondern nur Prozesse, in denen irgendwann gesellschaftliche Mehrheiten für den einen oder anderen Kurs deutlich werden.

Regierungen können in der Klimapolitik immer seltener die Initiative für sich reklamieren. Wenn etwa im Zuge der rasanten technologischen Entwicklung der Brennstoffzelle Firmen zunehmend in postfossile Energiestrukturen investieren, tun sie das nicht, weil Regierungen dies besonders fördern würden, sondern obwohl Regierungen fast überall mit milliardenschweren, politisch gewollten Marktverzerrungen »fossile« Strukturen künstlich wettbewerbsfähiger machen.

Wenn diese staatlich induzierten Marktverzerrungen abgebaut werden, erhöhen sich die Chancen, dass eine offene demokratische Auseinandersetzung um Klima-, Energie- und Verkehrspolitik entsteht. Schon die Beteiligung einer solch großen Bandbreite privater Akteure – von NGOs über Wissenschaftler bis zu Unternehmen – trägt zu einer Demokratisierung bei. Denn Marktverzerrungen zugunsten bestimmter Branchen können nun immer schwerer gerechtfertigt werden.

Das Ziel der Klimakonvention – die Reduzierung der Treibhausgasemissionen auf ein unschädliches Niveau – wird nicht durch Verträge und Gesetze alleine erreichbar sein. Wenn die Bedingungen gegeben sind, dass privatwirtschaftliche Akteure erkennen können, dass Klimaschutz nicht nur in ihrem langfristigen ökologischen, sondern auch im kurzfristigen ökonomischen Interesse liegt, können sie die praktische Umsetzung von Klimaschutz weitgehend selbst übernehmen, lokal, national und international.

Es geht also um aufgeklärte Selbstbeschränkung der Vertragsstaaten, sich erstens auf die Rolle derjenigen zu konzentrieren, die die ökologische Integrität des Prozesses gewährleisten – das heißt tatsächlicher Emissionsrückgang im notwendigen Tempo –, und sich zweitens als Regulierungsbehörde eines Weltmarktes mit Emissionsrechten zu begreifen. In das Marktgeschehen selbst sollten sie sich dabei so wenig wie möglich einmischen, sondern im Gegenteil marktverzerrende Eingriffe zugunsten bestimmter Emittenten (und damit zuungunsten anderer Emittenten) abbauen.

Die Zeiten, in denen die Regierungen für internationale Verhandlungen allein zuständig waren, liegen noch nicht lange zurück. Verglichen damit ist die aktive und anerkannte Beteiligung nichtstaatlicher, also auch privatwirtschaftlicher Akteure ein demokratischer Fortschritt. Die Akzeptanz einer international agierenden Zivilgesellschaft und ihre transparente Einbeziehung in internationale Verhandlungsprozesse ist die Alternative zu einer kaum kontrollierbaren Einflussnahme hinter den Kulissen.

Literatur

Gehring, Thomas, 1997: Internationale Umweltregime. Umweltschutz durch Verhandlungen und Verträge, Opladen.

Gelbspan, Ross, 1998: The Heat is on. The Climate Crisis – The Coverup – The Prescription, Reading.

Ott, Hermann/Sebastian Oberthuer, 1999: The Kyoto Protocol. International Climate Policy for 21st Century, Berlin, Heidelberg.

Vellinga, Pier (Ed.) 2000: International Environmental Agreements: Politics, Law and Economics, Vol. 1 No. 2, Special Issue: From Kyoto to The Hague, Dordrecht.

Walk, Heike/Achim Brunnengräber, 2000: Die Globalisierungswächter. NGOs und ihre transnationalen Netze im Konfliktfeld Klima, Münster.

Interessante Internet-Adressen

Climate Action Network (internationaler Zusammenschluss von mehr als 280 NGOs): http://www.climatenetwork.org/

Forum Umwelt und Entwicklung: http://www.forumue.de

Intergovernmental Panel on Climate Change: http://www.ipcc.ch/

International Institute for Sustainable Development (IISD):
http://www.iisd.ca/

Sekretariat des Klimaregimes: www.unfccc.de

Florianne Koechlin

Patente auf Lebewesen
»Biopiraterie« und die private Kontrolle genetischer Ressourcen

Die Patentierung genetischer Ressourcen ist ein hervorstechendes Beispiel dafür, wie selbst die Kontrolle über gemeinschaftliche Güter zunehmend kommerzialisiert wird. Unternehmen melden Tiere, Pflanzen, aber auch menschliche Gene und Zellen bei Patentbehörden an. Als PatentinhaberInnen haben sie das Recht zur Verwertung des Patentgegenstandes. Die Unternehmen können andere ganz von ihrer Erfindung ausschließen oder auch Lizenzgebühren verlangen. Patente sind folglich der Schlüssel zur exklusiven Kontrolle von Lebensprozessen. Derzeit profitieren vor allem Multinationale Konzerne von der Patentierung von Lebewesen. Doch können alternative Schutzsysteme (wie ›sui-generis Systeme‹) durchaus auch eine positive Wirkung erzielen: In der in Rio 1992 verabschiedeten Konvention über biologische Vielfalt ist etwa festgehalten, dass die sich aus der nachhaltigen Nutzung der biologischen Vielfalt ergebenden Gewinne gerecht geteilt werden sollen – hierunter könnten Gewinne aus solchen Schutzsystemen fallen.

Florianne Koechlin diskutiert im folgenden die Patentierung auf Leben als problematischen Privatisierungstrend in seinen Erscheinungen, Auswirkungen und Kontrollmöglichkeiten. Sie illustriert an verschiedenen Beispielen, wie genetische Ressourcen und traditionelles Wissen zunehmend privat vereinnahmt werden. Dies droht zu einer (weiteren) Monopolisierung von

299

Kontrolle und Geld zu führen, die insbesondere in der Landwirt-
schaft weitreichende Folgen zeitigt. Die Autorin erörtert Ansät-
ze, die Patentierung auf globaler Ebene im Rahmen der Welt-
handelsorganisation (WTO) zu regeln. Abschließend zeichnet sie
nach, wie kritische NGOs und auch Regierungen, die sich in
einer Gruppe der gleichgesinnten Länder zusammengeschlossen
haben, eine weltweite Opposition gegen die Monopolstellung der
Life Science Konzerne aufbauen und wie diese »Globalisierung
von unten« einer maßlosen privaten Verfügungsgewalt über die
Ernährungsgrundlagen dieser Erde Grenzen zu setzen versucht.
(Die Herausgeber)

Patente auf Leben sind oftmals der Kern aller Auseinandersetzungen um Gentechnologie: Multinationale Konzerne verlangen Patente auf genmanipulierte Tiere und Pflanzen, aber auch auf menschliche Gene, Zellen oder gar
Bestandteile. Auch die »Biopiraterie« ist weltweit umstritten: Genetische Ressourcen und traditionelles Wissen
südlicher Länder werden zunehmend von Unternehmen
patentiert und somit als ihr privates »intellektuelles Eigentum« vereinnahmt. Dazu drei Beispiele:

Die US-Firma RiceTec vertreibt ihren eigenen »Basma-
ti«-Reis, auf den sie das Patent besitzt. Die indische Regierung hat das Basmati-Patent vehement mit dem Argument
angefochten, dass es den Export von Basmati-Reis – für
den jährlich ca. 277 Mio. US-$ erlöst werden – gefährdet.
Die Existenz tausender BäuerInnen aus dem Punjab wäre
dadurch bedroht. Doch RiceTecs Verwaltungsrats-
Vorsitzender, Fürst Hans-Adam der II. von und zu Liech-
tenstein, will von einem Verzicht auf das umstrittene Patent nichts wissen.

Aufruhr verursacht hat auch das US-Patent auf die Heilpflanze Ayahuasca, das an die *International Plant Medicine Corporation* (USA) vergeben wurde. Die Pflanze (*Banisteriopsis caapi*) wächst im Regenwald des Amazonas. Tausende indigener Gemeinschaften in Brasilien, Ecuador, Peru und Kolumbien verwenden die Pflanze in religiösen Zeremonien. Ihre außerordentlichen Heilwirkungen sind seit alters her bekannt. Verschiedene indigene Gruppen haben nun vom US-amerikanischen Patentamt die Aufhebung des Patentes verlangt, denn es seien keineswegs die Forscher der *International Plant Medicine Corporation* gewesen, die die Heilwirkung der Pflanze »erfunden« hätten. Das Patentamt hat klein beigegeben und das Patent im Oktober 1999 für nichtig erklärt.

Erfolg hatten auch NGOs aus dem Süden und dem Norden, die gegen ein Patent des Europäischen Patentamtes (EPA) Einspruch erhoben haben. Die US-Firma W.R. Grace hat 1995 ein Fungizid patentiert, das aus Neem-Samen-Öl besteht. Die NGOs monierten, dass die pilzabtöten-de Wirkung von Neem-Samen und Neem-Öl in Indien seit Urzeiten bekannt ist; sie sei keineswegs eine »Erfindung« der US-Firma. Neem-Öl wird in der Ayurvedic-Medizin zur Behandlung von Hautkrankheiten verwendet, die durch Pilze hervorgerufen werden. Die traditionelle indische Landwirtschaft verwendet Neem-Präparate zum Schutz vor Pilzinfektionen. »Hier geht es um Diebstahl von einheimischem und traditionellem Wissen. Dieses Wissen wurde bisher frei und großzügig mit allen geteilt. Nun soll es zum patentierten Monopol-Eigentum von W.R. Grace werden. Das ist Biopiraterie«, meint die indische Ökologin Vandana Shiva. Das EPA sah das ähnlich und hat das Patent im Mai 2000 wegen »fehlender Neuheit« widerrufen.

Der Sieg beim EPA hat weitreichende Bedeutung. Allerdings sind viele ähnliche Patente, die den genetischen Reichtum südlicher Tropenwälder und des darauf bezogenen Wissens zum Inhalt haben, bereits rechtskräftig. Und jeden Tag werden es mehr.

Streit um Kontrolle und viel Geld

Es gibt also Streit um die Patentierung von Tieren, Pflanzen, aber auch von menschlichen Genen, Zellen und weiteren Bestandteilen. Die eine Seite – multinationale Konzerne und die Regierungen der meisten Industrieländer – fordern weltweit eine umfassende Patentgesetzgebung, um gentechnische Erfindungen zu schützen. Die andere Seite – viele Drittweltländer und eine breite Koalition verschiedenster NGOs – widersetzt sich der Patentierung des Lebendigen. Sie besteht darauf, dass das Leben, unser Erbgut und die genetischen Ressourcen dieser Welt niemandes »intellektuelles Eigentum« sind. Der Schauplatz für diese globalen Auseinandersetzungen ist das TRIPS-Abkommen (*Trade Related Property Rights Agreement)* der WTO, das international die Rechte um geistiges Eigentum regelt.[3]

---

3 Auf europäischer Ebene sind Patentrechte mit dem Europäischen Patent-Übereinkommen (EPUE) geregelt. Es wird vom Europäischen Patentamt (EPA) in München umgesetzt. Im Mai 1998 hat die EU eine Patent-Richtlinie verabschiedet, die für Mitgliedsstaaten verbindlich ist. Im folgenden wird die europäische Ebene ausgeblendet; es werden die Konflikte auf der globalen Ebene skizziert.

Um die Tragweite der Debatte über Patente zu verstehen, lohnt es sich, kurz auf das Patentwesen als solches einzugehen. Patente werden oft als das eigentliche Rückgrat des wirtschaftlichen Fortschrittes eingestuft, denn sie garantieren dem Erfinder einen umfassenden Schutz vor Nachahmung bzw. »geistigem Diebstahl«. Die wichtigste Voraussetzung für die Erteilung eines Patentes ist, dass eine »Erfindung« (und nicht bloß eine »Entdeckung«) vorliegt, die vollständig beschreibbar und nachbaubar ist. Das Patentsystem ist seinem Wesen nach für unbelebte Materie, nicht aber für Lebewesen konzipiert. Denn letztere zeichnen sich dadurch aus, dass sie nicht erfunden, nicht vollkommen beschrieben und auch nicht nachgebaut werden können. Darin liegt der großartige und einzigartige Unterschied zwischen Lebewesen und toter Materie. Zudem pflanzen sich Lebewesen fort – im Unterschied zu Maschinen oder Chemikalien.

Monopolisierung als Folge der Patentierung

Durch das Instrument der Patentierung werden Kontroll- und Verwertungsrechte in oftmals monopolartiger Weise privaten Akteuren zugebilligt, die diese zur individuellen Profiterzeugung nutzen. Der Patentinhaber erhält das ausschließliche Recht zur Verwertung des Patentgegenstandes, meist für die Dauer von 15 bis 20 Jahren – »ausschließlich« im wörtlichen Sinne: Er kann Firmen den Zugang verwehren, er kann Lizenzgebühren für die Nutzung der »Erfindung« erheben oder im Tausch Nutzungsrechte an anderen »Erfindungen« erwerben (Kreuz-Lizenz).

Pat R. Mooney von der *Rural Advancement Foundation International*, einer NGO in Winnipeg (Kanada) erklärt:

»Multinationale Konzerne können sich über verschiedene Industriesegmente und in verschiedenen geografischen Märkten Kreuz-Lizenzen zuschanzen; kleinere Firmen haben in diesem weltweiten Mammuthandel keinen Platz mehr. Patente sind folglich der Schlüssel zur exklusiven Kontrolle dieser Lebensprozesse und damit zur Konzentrierung des Weltmarktes auf einige wenige Riesenkonzerne. Daher das ungeheure Interesse. Und das macht sie so gefährlich.« (Koechlin 1998, 25).

Der durch die Patentierung beschleunigte Konzentrationstrend auf dem Saatgutmarkt auf einige wenige *Life-Science-*Konzerne lässt sich bereits deutlich erkennen: 1998 wurden weltweit auf beinahe 28 Mio. Hektar transgene Pflanzen angebaut, vor allem Soja, Mais, Baumwolle, Raps und Kartoffeln. Auffallend ist nicht nur die große Fläche, sondern die Tatsache, dass eine kleine Anzahl transnationaler Konzerne den Markt mit gentechnisch manipulierten Pflanzen dominiert. Gemäss Schätzungen von Sparks Companies beherrschte 1998 die Firma Monsanto 88 % des transgenen US-Saatgutmarktes. Auf diesem weltweit größten Markt kamen AgrEvo (heute Aventis) auf 8 % und Novartis auf 4 % Marktanteil. »Das Portfolio der Gen-Giganten erstreckt sich aber weit über den Saatgutmarkt hinaus«, sagt Pat R. Mooney von RAFI. »Von Pflanzen, zu Tieren, zu menschlichem genetischen Material werden sie schnell zu den Monopol-Beherrschern über die ganze lebendige Vielfalt dieser Erde.« (RAFI-Communiqué 1999).

In den USA haben zwei NGOs Ende 1999 eine großangelegte Antitrust-Klage gegen Monsanto eingereicht, denn die Konzentration des weltweiten Saatgutmarktes stelle eine große Gefahr für die globale Lebensmittelsicherheit dar. »In einigen Jahren wird weltweit kein Bauer mehr eigenes Saatgut selber besitzen können – wenn dies nicht ein Fall von Antitrust-Verletzung ist, dann weiß ich nicht, was es ist«, meinte der NGO-Aktivist und Ökonom Jeremy Rifkin bei der Ankündigung der Klage (Financial Times, 13.9.1999). Die Klage wird von zwanzig renommierten amerikanischen Anwaltsbüros vertreten, die nur dann ihre Honorare beziehen wollen, wenn sie Erfolg haben. Die Sammelklage zielt auf den Kern der Debatte um Gentechnologie in der Landwirtschaft: Darf über den Genpool und die genetischen Ressourcen der Erde privat verfügt werden?

Patentierung greift in die Landwirtschaft ein

Bemerkenswert an Pflanzenpatenten ist auch deren außerordentlich breiter Geltungsbereich. Ein Beispiel: Die US-Firma Monsanto besitzt als Inhaberin des Patentes für die transgene *Round-Up-Ready* Soja (mit der Nummer EP 546 090) nicht nur ausschließliche Nutzungsansprüche auf alle transgenen Sojapflanzen, die gegen das Totalherbizid *Round-Up* resistent sind, sondern überhaupt auf alle gentechnisch veränderten Pflanzen, die eine künstlich herbeigeführte *Round-Up-Ready* Resistenz enthalten, wie Weizen, Reis, Baumwolle, Zuckerrübe, Raps, Flachs, Sonnenblume, Kartoffel, Tabak, Tomate, Alfalfa, Pappel, Ananas, Apfel und Traube (*claim* 28, aus der Patentschrift No. EP 546 090). Das Patent, das 15 Jahre gültig ist, erstreckt sich auch auf alle nachfolgenden Generationen.

Die durch ein Patent garantierten Monopolrechte können für die betroffenen Landwirte direkte Folgen haben. US-Landwirte, die von Monsanto transgenes herbizidresistentes Soja-Saatgut kaufen, müssen erst ein *Technology Agreement* unterschreiben. Sie verpflichten sich unter anderem, nur Monsanto-Herbizide anzuwenden und dürfen aus der Ernte kein eigenes Saatgut für das nächste Jahr gewinnen. Monsanto engagierte Privatdetektive der Firma Pinkerton, um den Bauern nachzustellen und sicherzustellen, dass nur bei Monsanto gekauftes Saatgut verwendet wird. Landwirte, die beim Gebrauch von eigenem Saatgut erwischt wurden, mussten hohe Bußen bezahlen und ihre Felder zerstören, oder sie wurden angezeigt. Offenbar war die durch das Patent gewährte Kontrolle über das Saatgut für Monsanto derart wichtig, dass die Firma dafür viele negative Presseberichte in Kauf nahm.

Ihr hartes Vorgehen machte so deutlich, dass eine jahrhundertealte Praxis – die Gewinnung von eigenem Saatgut aus der Ernte – durch Patentierung zu einer kriminellen Tat wird. Das gentechnisch veränderte und patentierte Sojasaatgut erlaubt der Firma Monsanto also ihre Kontrolle über die Landwirte in zweierlei Hinsicht zu verstärken: Zum einen sind die Landwirte gezwungen, Saatgut und Agrochemie im »Doppelpack« von Monsanto zu kaufen, da das Saatgut gentechnisch auf die firmeneigene Agrochemie »getrimmt« ist. Zum anderen nötigt das Patent den Landwirt zum jährlichen Neueinkauf von Saatgut. Er darf es nicht selber weiterverwenden, muss es jedes Jahr neu kaufen und dafür Lizenzgebühren zahlen.

Umfassende Kontrolle der Landwirtschaft durch »Terminator-Patente«

Noch einen Schritt weiter als die Patentierung geht ein neues gentechnisches Verfahren, das ebenfalls weltweit großen Protest ausgelöst hat: die sogenannte »Terminatortechnologie«. Mit diesem Verfahren kann das Saatgut von verschiedenen Pflanzenkulturen steril gemacht werden. Mit dem US-Patent No. 5723765 erhielten die amerikanische Firma Delta & Pine Land, heute eine Tochterfirma des US-Konzerns Monsanto, und das US-Landwirtschaftsdepartement 1998 das Monopolrecht auf die Terminatortechnologie. Bei dem Verfahren geht es nicht um eine Verbesserung des Saatgutes, sonders ausschließlich darum, das Saatgut durch den Einbau von »Selbstmord«-Gensequenzen unfruchtbar zu machen.

Der Zweck des Verfahrens besteht also darin, dem Patentinhaber die Kontrolle auch über Kulturen zu ermöglichen, auf die er bisher keinen Zugriff hatte. Wenn die Terminatortechnologie tatsächlich funktioniert – bisher reagieren nur Baumwolle und Tabak –, könnte sie massive Auswirkungen auf den seit mehr als zwölftausend Jahre praktizierten Nachbau derjenigen Pflanzen haben, von denen sich ein großer Teil der Weltbevölkerung ernährt: Reis, Weizen, Sorghum, Hirse und Soja. Diese wurden bisher von den *Life-Science*-Industrien wenig beachtet, da ihre Verwendung und Verbreitung kaum kontrollierbar sind: Die Landwirte gewinnen das Saatgut aus der eigenen Ernte. Zahlreiche Proteste aus der ganzen Welt haben inzwischen dazu geführt, dass Monsanto auf das Terminator-Patent verzichtet.

Doch im Windschatten des Terminator-Gen-Patentes sind bereits über drei Dutzend Patente für eng verwandte Technologien vergeben worden (RAFI-Communiqué 1999). Alle großen *Life-Science*-Konzerne, so auch Novartis, Aventis, Zeneca/Astra (GB) oder DuPont (USA), forschen intensiv in diesem Bereich. Allein Novartis besitzt hier ein Dutzend Patente. Meistens geht es darum, dass Gene, die für die Pflanze überlebenswichtige Eigenschaften codieren (wie zum Beispiel Gene für die Samensterilität, für die Fähigkeit, Blüten zu bilden, gesund heranzuwachsen oder Schädlinge abzuwehren), an einen »Gen-Schalter« gekoppelt werden, der von außen an- und abschaltbar ist. Wenn zum Beispiel die Pflanze mit (firmeneigenen) Chemikalien besprüht wird, dann wird der Gen-Schalter »angeschaltet« und aktiviert die entsprechenden Gene. Vitale Pflanzeneigenschaften können auf diese Weise biologisch an die Anwendung von Chemikalien gekoppelt werden. Die Firma erhält damit eine umfassende Kontrolle über das Saatgut.

Der internationale Rahmen der Patentierung: WTO, TRIPS und Patente auf Lebewesen

Die Patentierung von Lebewesen, Genen und Zellen ist erst seit dem WTO-Abkommen, das 1991 in Marrakesch unterschrieben wurde, global möglich. Nach langen Diskussionen über die Frage, ob Leben patentiert werden kann, einigten sich die Staaten. Die TRIPS-Bestimmungen verpflichten alle Vertragsstaaten, sich an die einseitig auf die Patentierung ausgerichteten Regeln des US-Patentrechtes zu halten. Es gibt jedoch eine wichtige Ausnahme. In Artikel 27.3.b heißt es: »Mitgliedstaaten können von der Patentierung ausschließen: Pflanzen und Tiere, die keine Mikroorganismen sind.« Die nationalen Patentgesetze müssen die Patentierung von Mikroorganismen zulassen, doch Pflanzen und Tiere können sie von der Patentierung ausschließen.

Für Pflanzensorten aber müssen die Vertragsstaaten ein anderes »wirksames *sui generis*-System« garantieren. Was ein »wirksames *sui generis*-System« ist, war jahrelang Gegenstand politischen Tauziehens. Die Industrieländer, allen voran die USA, Japan und manche europäische Staaten verlangen eine möglichst umfassende Auslegung des Begriffs, die einem faktischen Patentierungszwang für Tiere und Pflanzen gleichkommt. Viele Drittweltländer setzen sich dagegen zur Wehr. Bis zum 1.1.2000 sollten alle Länder das TRIPS-Abkommen implementiert haben.

Dazu kam es nicht. Das Abkommen, das auf der WTO-Konferenz in Seattle Ende 1999 hätte diskutiert werden sollen, ging im allgemeinen Chaos unter. Zudem kam neue Bewegung in die lange Zeit festgefahrene Debatte. Eine breite Koalition von Drittweltländern, die sich »Gruppe der Gleichgesinnten« (*like minded group*) nennt, möchte die Patent-Debatte neu aufrollen. Sie umfasst alle afrikanischen Länder, sowie Indien, Pakistan, Brasilien, Ecuador, Peru und Paraguay.

Diese verlangen erstens, dass Leben generell nicht patentiert werden darf, weder Tiere, Pflanzen noch Mikroorganismen. Das TRIPS-Abkommen soll entsprechend revidiert werden. Zweitens fordern sie, dass der Artikel 27.3.b des TRIPS-Abkommens so geändert wird, dass auch Wissen und Innovationen von einheimischen und bäuerlichen Gemeinschaften in Drittweltländern geschützt werden können. So soll auch die mündliche Überlieferung von Erfindungen und Wissen unter Schutz gestellt werden können. Drittens dringen sie darauf, dass das TRIPS-Abkommen mit der 1992 in Rio unterzeichneten Konvention über biologische Vielfalt in Übereinstimmung gebracht wird. Diese Konvention sieht unter anderem vor, dass die Biodiversität geschützt und nachhaltig genutzt werden soll, sowie dass die sich aus der Nutzung ergebenden Gewinne gerecht aufgeteilt werden.

Der Vorschlag der »Gruppe der Gleichgesinnten« ist aus zweierlei Gründen bemerkenswert. Zum einen formuliert er die gemeinsame Haltung einer großen Anzahl Drittweltländer, darunter aller afrikanischen Staaten – ein Novum. Damit legt er den Grundstein für eine machtvolle Blockminorität. Zum andern ist die »Gruppe der Gleichgesinnten« offensichtlich gewillt, die Frage der Patentierbarkeit der lebendigen Vielfalt nochmals grundsätzlich aufzurollen und dafür ihr ganzes Gewicht in die Waagschale zu werfen. Dies zeugt von einem neu erwachten Selbstbewusstsein und dem politischen Willen, die eigenen Interessen international auch gegen amerikanischen Druck durchzusetzen. Die TRIPS-Verhandlungen, darin sind sich alle einig, sollen weitergeführt werden. Konkrete Resultate liegen noch nicht vor.

Weltweiter Widerstand:
Globalisierung »von unten« durch NGOs

Die Bildung einer starken »Gruppe der Gleichgesinnten« etwa oder auch der Sieg über das Neem-Patent sind Zeichen dafür, dass eine starke, weltweite Opposition gegen die Monopolstellung der *Life-Science*-Konzerne und gegen deren Versuch entsteht, die Verfügungsgewalt über die Ernährungsgrundlagen der Erde an sich zu reißen.

Die verschiedenen international tätigen NGOs sind hier von zentraler Bedeutung. Eine prominente Rolle spielen das in Barcelona ansässige GRAIN (*Genetic Resources International*), die in den USA und Kanada ansässige RAFI (*Rural Advancement Foundation*), das TWN (*Third World Network*) mit Sitz in Malaysia und Greenpeace (Koechlin 1998, 233). Dank NGOs sind Fragen der Patentierung und der Sicherheit gentechnischer Veränderungen in den vergangenen Jahren immer wieder ins Rampenlicht der öffentlichen Debatte gerückt. Wichtiger Teil der NGO-Arbeit ist die Informations- und Lobby-Arbeit in internationalen Gremien und für Drittweltländer. Dabei geht es auch um die Erarbeitung alternativer Schutzsysteme.

Dank moderner Informationstechnologien wie E-mail ist ein schneller, billiger und demokratischer Informationsaustausch sowie eine globale Vernetzung der auf diesem Gebiet aktiven NGOs möglich. So konnte eine durch E-mail-Informationsdienste gut vorbereitete NGO-Vertreterin aus Ungarn die Freisetzung von genmanipulierten Pflanzen durch verschiedene Großkonzerne in ihrem Land verhindern. Ihre fundierte Kritik veranlasste die ungarischen Behörden zur erneuten Prüfung der (sehr mangelhaften) Anträge.

Den wachsenden Widerstand spürt auch die gentechnische Verfahren anwendende Industrie. Ende der neunziger Jahre hatte sie noch verkündet, dass in absehbarer Zukunft fast alle Lebensmittel GVO (gentechnisch veränderte Organismen) enthalten würden. Es sei »lächerlich«, hatte etwa Ex-Nestlé-Direktor Maucher erklärt, dies nicht zur

Kenntnis nehmen zu wollen. Inzwischen hat sich die Situation radikal geändert. Es gibt in Schweizer Verkaufsregalen keine gentechnisch veränderten Lebensmittel, und kein einziger Freisetzungsversuch mit transgenen Pflanzen wurde bewilligt. Eine große Mehrheit aller EuropäerInnen lehnt Gentech-Lebensmittel ab, und auch in anderen Teilen der Welt wächst die Skepsis rapide an. Nach der EU wollen nun auch Japan, Australien, Südkorea, Neuseeland, Thailand und Südafrika wegen wachsender KonsumentInnen-Kritik und einer internationalen Oppositionsbewegung eine Deklarationspflicht für GVO einführen.

Sogar in den USA bricht der Markt ein. Ein Analystenteam der Deutschen Bank (Deutsche Banc Alex. Brown, USA) kam 1999 in einer Studie zu dem Ergebnis: »GMOs [genetically modified organisms] are dead« und empfahl Anlegern bei den in Frage stehenden Konzernen Zurückhaltung (http://www.biotech-info.net/Deutsche.html). Die Industrie verliere die »Wahrnehmungskriege« bei den KonsumentInnen. Es gebe in absehbarer Zukunft wenig Aussicht, dass sich dies ändere.

Die Skepsis der KonsumentInnen wird nun auch zur Skepsis der Kapitalgeber, die nicht mehr glauben, dass Gentech-Lebensmittel zum großen Geschäft werden. Die »Globalisierung von unten« hat neue Perspektiven eröffnet.

Literatur und Informationen

Brot für die Welt (Hg.), 2000: Von Gen-Piraten und Patenten, Frankfurt.

CIDSE Brüssel, Misereor et al. (Hg.): Patente auf Leben und die Bedrohung der Ernährungssicherheit – Eine christliche und entwicklungspolitische Perspektive, Aachen.

Koechlin, Florianne (Hg.), 1998: Das patentierte Leben, Zürich.

Koechlin, Florianne, (o.J.): »No control on life!«, monatliches mail-out. (www.blauen-institut.ch).

RAFI-Communiqué, 1999: The newsletter of the Rural Advancement Foundation International (RAFI), January/February (www.rafi.org).

Seedling, 1996: The quarterly newsletter of GRAIN (Genetic Resources Action International), Oct. (www.grain.org).

Autorinnen, Autoren und Herausgeberteam

PHYLLIS BENNIS

Ph.D., geb. 1951, Direktorin des »New Internationalism Project« am Institute for Policy Studies (IPS) in Washington und Fellow des Transnational Institute (TNI) in Amsterdam. Ihre Artikel und Kommentare zu den Vereinten Nationen und zum Nahen und Mittleren Osten erscheinen in zahlreichen internationalen Medien, so in: Le Monde diplomatique, CNN International, BBC, The New York Times, Washington Post. Im Juli 2000 ist eine aktualisierte Ausgabe des 1996 erschienenen Buches »Calling the Shots: How Washington Dominates Today's UN« (New York: Interlink Publishing Group) herausgekommen.

RAINER BRAUN

Dipl.-Pol., geb. 1966, Doktorand an der FU Berlin (Politikwissenschaft), seit 1998 Referent im New Yorker Büro der Friedrich-Ebert-Stiftung, 1999 Gastdozent am Menschenrechtszentrum der Columbia University. Veröffentlichungen u.a.: (zusammen mit Brendan Murphy) Credit Ratings and Emerging Economies: Building Confidence in the Process of Globalization, FES Studies on International Financial Architecture (3/2000), Bonn/New York: Friedrich-Ebert-Stfitung.

TANJA BRÜHL

Politologin, geb. 1969, wissenschaftliche Mitarbeiterin am Institut für Politikwissenschaft der Universität Tübingen. Sie arbeitet außerdem in der Projektgruppe Global Policy und im Vorstand von Weltwirtschaft, Ökologie und Entwicklung e.V. (WEED) mit. Veröffentlichungen u.a.: Verweigerung statt

Führung: Die internationale Umweltpolitik der USA, in: Peter Rudolf/Jürgen Wilzewski (Hg.): Weltmacht ohne Gegner. Amerikanische Außenpolitik zu Beginn des 21. Jahrhunderts, Baden-Baden 2000, S. 363-394; (zusammen mit Udo E. Simonis) World Ecology and Global Environmental Governance, Berlin 2001: WZB-paper FS II 01-402.

TOBIAS DEBIEL

Politikwissenschaftler, geb. 1963, wissenschaftlicher Referent der Stiftung Entwicklung und Frieden (SEF) in Bonn; Mitglied der Projektgruppe Global Policy von Weltwirtschaft, Ökologie und Entwicklung e.V. (WEED); Mitarbeit in der Plattform Zivile Konfliktbearbeitung deutscher NRO und in der European Platform for Conflict Prevention and Transformation. Veröffentlichungen u.a.: (Hg. zusammen mit Franz Nuscheler) Der neue Interventionismus, Bonn: J.H.W. Dietz Nachf. 1996; Strengthening the UN as an Effective World Authority: Cooperative Security Versus Hegemonic Crisis Management, in: Global Governance, Boulder (Co.), Vol. 6 (January-March 2000) No. 1, S. 25-41; (zusammen mit Martina Fischer) Krisenprävention und zivile Konfliktbearbeitung durch die EU. Konzepte, Kapazitäten und Kohärenzprobleme, Berlin: Berghof Forschungszentrum für konstruktive Konfliktbearbeitung (Berghof Report Nr. 4, August 2000).

BRIGITTE HAMM

Dr. sc. pol., wissenschaftliche Mitarbeiterin am Institut für Entwicklung und Frieden (INEF), Gerhard-Mercator-Universität Duisburg; Mitglied der Projektgruppe Global Policy von Weltwirtschaft, Ökologie und Entwicklung e.V. (WEED). Sie promovierte zu »Empirische Analysen über politische Menschenrechte – Perspektiven für den internationalen Schutz der Menschenrechte« (siehe auch INEF-Reports 36 und 37, 1999). Zusammen mit Dr. Thomas Fues leitet sie das INEF-Projekt »Die Weltkonferenzen der 1990er Jahre: Bausteine für Global Governance?«. Ein Forschungsinteresse gilt der Verknüpfung der Menschenrechte mit entwicklungspolitischen Strategien. Dazu erscheint in der Zeitschrift Human Rights Quarterly (2001) der Aufsatz »A Human Rights Approach to Development«.

ERNST HILLEBRAND

Dr. phil., geb. 1959, leitet ein Projekt zur Globalisierung und ihren Folgen bei der Friedrich-Ebert-Stiftung. Veröffentlichungen u.a.: (zusammen mit Günther Maihold) Von der Entwicklungspolitik zur globalen Strukturpolitik – Zur Notwendigkeit der Reform eines Politikfeldes, in: Internationale Politik und Gesellschaft, Nr. 4/1999, S. 339-352; Mikro-Außenpolitik: Über die Rückgewinnung außenpolitischer Wirkungsmacht im Zeitalter der Globalisierung, in: Aus Politik und Zeitgeschichte, B 23/1999, S. 17-22.

HARTWIG HUMMEL

PD Dr. rer. soc., geb. 1957, wissenschaftlicher Assistent im Arbeitsbereich Internationale und Vergleichende Politik am Institut für Sozialwissenschaften der Technischen Universität Braunschweig, Mitglied der Projektgruppe Global Policy von Weltwirtschaft, Ökologie und Entwicklung e.V. (WEED), Vorstandsmitglied der Arbeitsgemeinschaft für Friedens- und Konfliktforschung (AFK) und von WEED. Veröffentlichungen u.a.: Der neue Westen: Der Handelskonflikt zwischen den USA und Japan und die Integration der westlichen Gemeinschaft, Münster: agenda 2000; (zusammen mit Ulrich Menzel u.a.) »Kampf der Kulturen« in den internationalen Wirtschaftsbeziehungen?, Münster: Lit 2001.

FLORIANNE KOECHLIN

Biologin, geb. 1948, Geschäftsführerin des Blauen-Instituts (Münchenstein, CH). Sie hat kritische Gutachten im Bereich Gentechnologie verfasst und diverse Kampagnen in diesem Bereich lanciert. Zum Beispiel ist sie verantwortlich für die europäische Koordination von »No patents on life!« und für die Herausgabe eines zweiwöchentlichen Newsletters (http://www.blauen-institut.ch). Außerdem hat sie das europäische Netzwerk GENET aufgebaut, an dem inzwischen zahlreiche kritische NGOs aus ganz Europa beteiligt sind. Veröffentlichungen u.a.: (Hg.) Das patentierte Leben, Zürich: Rotpunktverlag 1998; (Ko-Autorin) Zukunftsmodell Schweiz. Eine Landwirtschaft ohne Gentechnik?, Zürich: FiBL, Oeko-Institut und Blauen-Institut 1999.

ANDREA LIESE

Politologin, geb. 1969, wissenschaftliche Mitarbeiterin an der Universität Bremen. Ihre Arbeitsschwerpunkte sind: Internationale Beziehungen und Menschenrechtspolitik. Ihr Dissertationsprojekt behandelt die Entwicklung internationaler und vor allem innerstaatlicher Menschenrechtspolitik vor dem Hintergrund unterschiedlicher globaler und nationaler Menschenrechtsstandards. Veröffentlichung u.a.: Menschenrechtsschutz durch Nichtregierungsorganisationen, in: Aus Politik und Zeitgeschichte, B 46-47/1998, S. 32-42.

PETER LOCK

Dr. rer. pol., geb. 1941, Koordinator bei EART e.V. (European Association for Research on Transformation) für russisch-deutsche Forschungszusammenarbeit. Forschungsschwerpunkte sind insbesondere die politische Ökonomie gegenwärtiger bewaffneter Konflikte sowie die Ökonomie des militärischen Sektors (vor allem der Rüstungsindustrie).

Veröffentlichungen u.a.: Annäherungen an den langen Nach-krieg in Südosteuropa, in: Berliner Debatte, Initial, 10. Jg. (1999) Nr. 4/5, S. 123-134; Pervasive Illicit Small Arms Availability: A Global Threat, in: HEUNI Papers, No. 14, Helsinki 1999 (auch unter http://www.fn.fi/om/heuni/); Rheinmetall: un paradigme de la restructuration du secteur de la défense en Allemagne, in: Jean-Paul Hébert, Naissance de l'Europe de l'Armement, Cahier d'Etudes Stratégiques 27, Paris 2000, S. 99-116. Siehe auch: www.Peter-Lock.de.

BERND LUDERMANN

M.A., geb. 1961, seit 1994 Redakteur der Vierteljahreszeit-schrift »der überblick«, die vom Evangelischen Entwick-lungsdienst und von Brot für die Welt herausgegeben wird. Er hat ausführlich über Nothilfe im Südsudan und über Hun-gerhilfe in Äthiopien berichtet. Ende 1993 war er sechs Wo-chen Gewaltbeobachter in Südafrika. Veröffentlichungen u.a.: Der Krieg und die Armut im Südsudan stellen die Helfer vor kaum lösbare Probleme, in: der überblick, H. 1/99; Wem hilft die Hungerhilfe? Äthiopien verzeichnet das größte Nah-rungsdefizit seit acht Jahren, in: der überblick , H. 1/00.

JÜRGEN MAIER

geb. 1963, seit 1996 Geschäftsführer des NRO-Forums Um-welt & Entwicklung in Bonn. Veröffentlichungen u.a.: Asiens Aufstieg – eine ökologische Herausforderung, Bremen 1996; Dominanz von Wirtschaftsinteressen? Die Rolle der Men-schenrechte in der deutschen Außenpolitik, in: UN-williges Deutschland, Der WEED-Report zur deutschen UNO-Politik, Bonn 1997; The Crisis of Security in Europe and its Relevance to Asia, in: ASEM – Trading New Silk Routes, Amsterdam 1997; Asiens Aufstieg – eine ökologische Herausforderung, in: Asien zwischen Ökologie und Ökonomie, Wirtschaftswunder ohne Grenzen, Hamburg 1998; Power to the People: The

Future of Electricity Market Liberalisation, in: Economic Instruments for Climate Protection, A U.S.-German Dialogue, Washington 1999.

JENS MARTENS

Dipl. Volkswirt, geb. 1962, Mitglied des geschäftsführenden Vorstandes von Weltwirtschaft, Ökologie & Entwicklung e.V. (WEED), dort verantwortlich für den Programmbereich UN/EU-Nord-Süd-Politik; Mitglied der Projektgruppe Global Policy von WEED. Zahlreiche Veröffentlichungen zu Fragen der UN-Reform sowie der internationalen Umwelt- und Entwicklungspolitik, zuletzt u.a.: Finanzierung für Entwicklung. Die UN-Konferenz über die Zukunft der Entwicklungsfinanzierung 2001, Bonn 2000; (zusammen mit Klaus Hüfner) UNO-Reform zwischen Utopie und Realität, Frankfurt/M. 2000; (zusammen mit James A. Paul) The Coffers are not Empty: Financing for Sustainable Development and the Role of the United Nations, in: Martina Metzger/Birgit Reichenstein (Eds.): Challenges for International Organizations in the 21st Century, London/New York 2000.

JAMES A. PAUL

Ph.D., geb. 1941, Geschäftsführer des Global Policy Forum in New York und Vorsitzender der NGO Working Group on the Security Council. Er ist Mitherausgeber des »Oxford Companion to Politics of the World« und hat für zahlreiche Organisationen als Berater gearbeitet, so u.a. für Human Rights Watch, The John Hay Whitney Foundation und Oxford University Press. Er ist Autor von drei Büchern und mehr als hundert Artikeln. Früher war er Geschäftsführer des Middle East Research and Information Project.

DUŠAN RELIJIĆ

geb. 1956 in Belgrad, studierte Kommunikationswissenschaften, Politik und Philosophie in Wien. Er war bis Sommer 2000 Leiter des Medien- und Demokratieprogramms am Europäischen Medieninstitut in Düsseldorf. Derzeit arbeitet er in Berlin. Veröffentlichungen u.a.: Killing Screens. Medien in Zeiten von Konflikten, Düsseldorf: Droste 1998.

KEES VAN DER PIJL

Ph.D., geb. 1947, bis Ende 1999 stellvertretender Leiter des Forschungsinstituts für Internationale Politische Ökonomie der Universität Amsterdam (RECIPE), seit Januar 2000 Professor für Internationale Beziehungen und Direktor des Centre for Global Political Economy an der University of Sussex in Brighton (Großbritannien). Veröffentlichungen u.a.: Vordenker der Weltpolitik, Opladen: Leske + Budrich 1996; Transnational Classes and International Relations, London/New York: Routledge 1998.